应用型高校产教融合系列教材

邮轮目的地管理

孙瑞红　叶欣梁　高艳辉 ◎ 编著

清华大学出版社

北　京

内 容 简 介

本书是一部全面介绍邮轮旅游目的地管理理论和实践的专业图书。全书共十章，从邮轮目的地的基础理论和关键概念入手，为读者构建了坚实的理论框架；详细讲解了邮轮目的地的演变过程与分类，阐释了不同类型邮轮目的地的特性与需求。本书内容丰富，覆盖了邮轮目的地概念与演变、地方理论、生命周期理论、邮轮旅游资源开发管理、邮轮产品与服务管理、邮轮活动管理、产业链管理、营销管理、可持续管理等多个重要领域。通过详细的理论阐述和丰富的实践案例，本书旨在帮助读者深入理解邮轮旅游目的地的复杂性和动态性，掌握有效的管理和营销策略，以促进邮轮旅游目的地的可持续发展。

本书根据产教融合的先进教育理念编写，以案例分析和习题练习相结合的方式，增强了内容的实操性与互动性，帮助读者深刻理解与应用邮轮目的地管理的专业知识。

本书既可作为相关专业的高等教材，也可作为邮轮旅游行业从业者和管理者的培训及自我提升的参考用书。此外，对邮轮旅游及目的地管理感兴趣的读者也能通过本书获得宝贵的知识。

图书在版编目（CIP）数据

邮轮目的地管理 / 孙瑞红，叶欣梁，高艳辉编著 .
北京：清华大学出版社，2024. 9. -- (应用型高校产教
融合系列教材). -- ISBN 978-7-302-67315-6

Ⅰ . F590.3

中国国家版本馆 CIP 数据核字第 20245UL101 号

责任编辑：吴　雷
封面设计：何凤霞
责任校对：王荣静
责任印制：丛怀宇

出版发行：清华大学出版社
   网　　　址：https://www.tup.com.cn，https://www.wqxuetang.com
   地　　　址：北京清华大学学研大厦 A 座　　　　邮　　编：100084
   社 总 机：010-83470000　　　　　　　　　　邮　　购：010-62786544
   投稿与读者服务：010-62776969，c-service@tup.tsinghua.edu.cn
   质 量 反 馈：010-62772015，zhiliang@tup.tsinghua.edu.cn
印 装 者：三河市科茂嘉荣印务有限公司
经　　销：全国新华书店
开　　本：185mm×260mm　　　印　　张：13.75　　　字　　数：306 千字
版　　次：2024 年 9 月第 1 版　　　印　　次：2024 年 9 月第 1 次印刷
定　　价：49.00 元

产品编号：105643-01

丛书序

　　教材是知识传播的主要载体、教学的根本依据、人才培养的重要基石。《国务院办公厅关于深化产教融合的若干意见》明确提出，要深化"引企入教"改革，支持引导企业深度参与职业学校、高等学校教育教学改革，多种方式参与学校专业规划、教材开发、教学设计、课程设置、实习实训，促进企业需求融入人才培养环节。随着科技的飞速发展和产业结构的不断升级，高等教育与产业界的紧密结合已成为培养创新型人才、推动社会进步的重要途径。产教融合不仅是教育与产业协同发展的必然趋势，更是提高教育质量、促进学生就业、服务经济社会发展的有效手段。

　　上海工程技术大学是教育部"卓越工程师教育培养计划"首批试点高校、全国地方高校新工科建设牵头单位、上海市"高水平地方应用型高校"试点建设单位，具有40多年的产学合作教育经验。学校坚持依托现代产业办学、服务经济社会发展的办学宗旨，以现代产业发展需求为导向，学科群、专业群对接产业链和技术链，以产学研战略联盟为平台，与行业、企业共同构建了协同办学、协同育人、协同创新的"三协同"模式。

　　在实施"卓越工程师教育培养计划"期间，学校自2010年开始陆续出版了一系列卓越工程师教育培养计划配套教材，为培养出具备卓越能力的工程师作出了贡献。时隔10多年，为贯彻国家有关战略要求，落实《国务院办公厅关于深化产教融合的若干意见》，结合《现代产业学院建设指南（试行）》《上海工程技术大学合作教育新方案实施意见》文件精神，进一步编写了这套强调科学性、先进性、原创性、适用性的高质量应用型高校产教融合系列教材，深入推动产教融合实践与探索，加强校企合作，引导行业企业深度参与教材编写，提升人才培养的适应性，旨在培养学生的创新思维和实践能力，为学生提供更加贴近实际、更具前瞻性的学习材料，使他们在学习过程中能够更好地适应未来职业发展的需要。

　　在教材编写过程中，始终坚持以习近平新时代中国特色社会主义思想为指导，全面贯彻党的教育方针，落实立德树人根本任务，质量为先，立足于合作教育的传承与创新，突出产教融合、校企合作特色，校企双元开发，注重理论与实践、案例等相结合，以真实生产项目、典型工作任务、案例等为载体，构建项目化、任务式、模块化、基于实际生产工作过程的教材体系，力求通过与企业的紧密合作，紧跟产业发展趋势和行业人才需求，将行业、产业、企业发展的新技术、新工艺、新规范纳入教材，使教材既具有理论深度，能够反映未来技术发展，又具有实践指导意义，使学生能够在学习过程中与行业需求保持同步。

系列教材注重培养学生的创新能力和实践能力。通过设置丰富的实践案例和实验项目，引导学生将所学知识应用于实际问题的解决中。相信通过这样的学习方式，学生将更加具备竞争力，成为推动经济社会发展的有生力量。

本套应用型高校产教融合系列教材的出版，既是学校教育教学改革成果的集中展示，也是对未来产教融合教育发展的积极探索。教材的特色和价值不仅体现在内容的全面性和前沿性上，更体现在其对于产教融合教育模式的深入探索和实践上。期待系列教材能够为高等教育改革和创新人才培养贡献力量，为广大学生和教育工作者提供一个全新的教学平台，共同推动产教融合教育的发展和创新，更好地赋能新质生产力发展。

中国工程院院士、中国工程院原常务副院长

2024 年 5 月

本书为上海工程技术大学"产教融合"系列教材，在上海工程技术大学产教融合系列教材总编委会、邮轮系列编委会指导下，按照产教融合教材建设要求编写完成。本书由上海工程技术大学和上海吴淞口国际邮轮港发展有限公司共同完成编写。

邮轮目的地管理是指对邮轮旅游目的地的规划、开发、管理和营销等一整套综合性的管理活动，它不仅涉及邮轮旅游本身的服务质量和游客体验，更关乎目的地的整体形象和可持续发展。随着经济的发展和人们旅游需求的多样化，邮轮旅游逐渐成为国际旅游市场的重要组成部分，并且邮轮旅游的发展也促进了邮轮目的地管理的兴起。邮轮目的地管理与传统旅游目的地管理的不同之处在于，邮轮旅游是一种具有高度流动性的旅游形式，游客的停留时间较短，而邮轮运营商需要在有限的停留时间内，为游客提供丰富多彩的旅游体验。因此，在邮轮目的地管理中，除了邮轮和岸上旅游目的地管理中的规划、资源开发、服务质量和营销等方面的内容，还需要特别关注邮轮产业链管理、文化交流和融合、智能技术的应用等特定问题。

本书将从邮轮目的地基础概念、邮轮目的地演变及分类、目的地相关理论、邮轮旅游资源开发管理、邮轮产品与服务管理、邮轮活动管理、邮轮目的地产业链管理、邮轮目的地营销管理、邮轮目的地的可持续管理等多个方面，探讨邮轮目的地管理的内容、方法和实践问题。同时，我们也将关注如何应对复杂多变的市场环境，提高管理者的管理水平和专业能力，推动邮轮目的地管理的可持续发展。

本书由上海工程技术大学管理学院旅游与营销系和上海吴淞口国际邮轮港发展有限公司合作编写，孙瑞红负责整本书的框架与章节拟定、组织编写等工作，叶欣梁负责整本书的章节完善与内容审查，高艳辉负责本书的案例策划与组织。本书编写过程中由崔希、梅寒、罗友、周珍、全洪巍、赵羽翮等负责资料收集、材料整理与文字编写、格式校对等工作。全书由孙瑞红、叶欣梁、高艳辉编著。

在编写《邮轮目的地管理》教材的过程中，我们深感责任重大，也深感自身的不足。我们希望本书能够为邮轮旅游行业的发展贡献一分力量，为邮轮目的地管理的研究和实践提供一些参考和借鉴。然而，由于我们的能力和水平有限，本书难免存在不足之处，欢迎读者批评指正。同时，我们也希望通过与读者的交流和互动，不断改进和完善本书的内容和结构，为邮轮旅游行业的发展贡献更多的力量。

编著者

2024 年 6 月

目 录

第一章　邮轮目的地导论

【本章学习目标】

理解和掌握目的地理论和概念，包括旅游目的地、邮轮目的地等基本概念和特征，探究目的地对于邮轮旅游的重要性。

辨析邮轮是否应被视为目的地的观点，了解学界对此问题的主要看法，并从邮轮旅游实践的角度阐述邮轮作为目的地的优势和挑战。

理解和掌握邮轮旅游目的地的基本概念、系统构成和空间结构，了解邮轮旅游目的地的特殊性及其对游客和旅游体验的影响。

【导入案例】　　中国首艘国产大型邮轮"爱达·魔都号"

在浩瀚的海洋中，漂浮着一座座"浮动的海上城市"，它们就是迷人的大型邮轮。这种巨轮不仅仅是船舶的极致体现，更是集高端酒店、娱乐中心于一体的豪华场所。它们是人类智慧与艺术的结晶，是巨型系统工程的具体展现。邮轮，这个被视为全球最复杂的单一机电产品，也一直被中国造船人视为造船工业"皇冠上的一颗明珠"。

2023 年 11 月 5 日，上海这座国际大都市见证了一个历史性的时刻——中国首艘国产大型邮轮"爱达·魔都号"的命名交付仪式正式举行。这艘邮轮不仅仅是中国造船业的一次巨大突破，更是中国邮轮产业走向世界舞台的重要里程碑。

"爱达·魔都号"的总吨位高达 13.55 万吨，船长 323.6 米，船高 72.2 米。这个庞大的身躯相当于 24 层楼高，足以让人们在海平面上仰望它的雄伟。该邮轮上配置了 2 125 间豪华客房，最多可载乘客 5 246 人。在这个超过 4 万平方米的公共区域内，各类设施一应俱全，从餐厅、剧院到健身房等，应有尽有。"爱达·魔都号"无愧于"海上城市"这一称号，它为乘客提供了完美的海上生活体验。

这艘邮轮的魅力不仅仅在于它的规模，还包括它的豪华设施。它的上层建筑生活区高达 16 层，内设各类休闲设施，如剧院、特色餐馆、购物广场、艺术走廊和水上乐园等。例如，巴伐利亚酒廊内安置了八个精酿啤酒发酵罐，为游客提供最新鲜的啤酒；而"波罗的海"主题餐厅内的蓝白配色仿佛让人置身于美丽的希腊小镇。至于船上的餐饮，覆盖了各种口味，从自助餐、西餐、日料到火锅、铁板烧等，满足了各类人士的口味需求。

除了提供基本的住宿和餐饮服务外，"爱达·魔都号"还为乘客提供了丰富多样的公共区域服务设施。邮轮上设有海上最大的免税店和首个开心麻花海上专场等，为乘客带来了全新的海上娱乐体验。在这里，游客可以尽情享受音乐、舞蹈、戏剧等各类表演，感受海上娱乐的独特魅力。

作为首艘国产大型邮轮，"爱达·魔都号"在涂装设计上也充满了东方韵味。船体涂装以"丝绸之路"为主题，身系"敦煌飞天彩带"，形成强烈的文化标识。邮轮内的艺术长廊挂满了珍贵画作，这些画作将在首航前揭开面纱，为游客带来独特的艺术享受。

2024 年元旦，"爱达·魔都号"正式投入运营，执航以上海为母港的国际邮轮航线。游客们可以登上这艘豪华邮轮，感受海上的浪漫与魅力。同时，邮轮公司还适时推出海上丝绸之路邮轮航线，让古丝绸之路的智慧与力量在 21 世纪海上丝绸之路上继续破浪远航。

（资料来源：新华网，国产首艘大型邮轮命名交付 我国造船业集齐"三颗明珠"，http://www.sh.news.cn/20231105/7147c3f57b844de28788c686a84872b6/c.html，本文由作者根据原文整理所得）

本案例中的邮轮包含了哪些功能、设施和服务？这体现了目的地的哪些特征？邮轮体现了旅游目的地的哪些特征？如何平衡邮轮作为旅游目的地和交通工具的双重角色？"爱达·魔都号"邮轮旅游目的地的空间结构是怎样的？这对于游客的旅游体验有何影响？

第一节　目的地理论基础

一、旅游目的地的语源与演变

旅游目的地随着历史的推移和社会的发展而经历了显著的概念演变。"目的地"（destination）一词最初源于拉丁语"destinatio"，意味着被指定或决定的地点，它在早期主要用来指代旅行者计划中的最终到达点，即旅途的终点。然而，随着时间的推移，尤其是工业革命后交通运输方式的革新，人类探索世界的能力和范围得到了极大的扩展，这直接影响了旅游目的地的定义和范围。

随着 19 世纪蒸汽船和铁路的普及，旅游业开始兴起，人们对于旅行的兴趣不再局限于到达某个特定的地点，而是开始注重旅途中的体验和目的地所提供的文化、历史和自然景观。这一时期，旅游目的地的概念开始从单一的地理位置扩展到包括了一系列旅游吸引物和体验的综合性地域。

进入 20 世纪，随着喷气式飞机的问世和国际旅游业的蓬勃发展，旅游目的地的概念进一步扩展。目的地不再仅仅是物理空间上的一个点，而是成了一个包含丰富旅游资源、多样化服务设施和独特文化体验的广泛区域。这个时期的旅游目的地可以是一个城市、一个国家，甚至是一个跨越多个地区的旅游线路。

全球化的推进使得旅游目的地的概念进一步国际化和多元化。在 21 世纪的今天，旅游目的地已经成为一个包含经济、社会、文化和环境等多个维度的复杂系统。它们不仅提供了自然和文化的吸引力，还包括了现代化的服务设施、便捷的交通网络和可持续的旅游实践。现代旅游目的地的概念强调了旅游体验的质量和多样性，以及对当地社区和环境的积极影响。

总体来看，旅游目的地的演变反映了人类社会对于旅行和探索的不断追求和重新定义。从最初的地理终点到如今的综合性旅游体验，旅游目的地已经成为连接不同文化、促进经济发展和保护自然环境的重要平台。随着全球化和技术创新的不断推进，旅游目的地将继续演化，满足人们对于探索世界、体验生活的不断增长的需求。

二、旅游目的地的定义与特征

1. 旅游目的地的定义

所有的旅游目的地都能被视为目的地，但并非所有的目的地都能被视为旅游目的地。旅游目的地通常带有明确的旅游意义，特指那些为满足旅游需求而设立的、具有一定旅游吸引力的地点。Leiper（1979）在"旅游系统模型"中，定义了旅游目的地为旅游者活动的主要场所，并强调它是旅游者出行的目的地。MacIntosh 和 McClelland（1981）认为，旅游目的地是能够激发旅游者产生旅游动机，由旅游吸引物与旅游接待设施组成的各类地域空间要素的总和，是旅游者停留与活动的复合型地域空间。Bieger（1998）定义旅游目的地为"具有旅游功能或资源，以及提供如住宿、餐饮和其他活动的地点"。Page 和 Connell（2006）定义旅游目的地为"可以提供住宿设施以供旅游者停留一晚以上的地点，并包含其他相关旅游资源和吸引力"。总之，旅游目的地是一个综合性的旅游地域空间概念，由旅游吸引物、服务设施、交通和辅助性服务等多个方面组成。旅游目的地应该具备吸引游客前来参观和旅游的能力，同时也要提供完善的旅游设施和服务，满足游客的需求和期望。

2. 旅游目的地的特征

诸多学者探讨了旅游目的地的概念与特征，强调了旅游目的地的综合性、吸引物性质、可持续发展等重要方面。综合来看，旅游目的地的特征可以总结为以下几个方面：

（1）综合性。旅游目的地是一个综合性的地域空间概念，它包括各种不同的要素和组成部分，如旅游资源、基础设施、服务等。这些要素之间相互联系、相互依存，共同构成了一个完整的旅游目的地。

（2）吸引物性质。旅游目的地必须具备一定的吸引力和独特性，才能够吸引游客前来旅游。这种吸引力可以来自于自然景观、文化遗产、人文景观等方面，也可以来自于当地特色的民俗风情和地方文化等方面。

（3）可持续发展。旅游目的地的发展必须考虑环境保护和生态可持续性。在开发和管理旅游目的地的过程中，需要注重保护当地的环境和文化资源，同时也要考虑当地社区和居民的参与和发展，实现经济、社会和环境的协调发展。

（4）地域空间特性。旅游目的地通常具有明确的地理空间范围和地域特性，它具有一定的自然环境特征和人文历史背景，同时也受到政治、经济和社会等因素的影响和制约。

（5）服务设施和管理。旅游目的地需要提供完善的旅游服务设施和管理体系，以满足游客的需求和期望。这些服务设施包括住宿、餐饮、交通、导游服务等方面，管理体系则包括市场营销策略、安全管理措施等。

（6）社会文化影响。旅游目的地的发展会对当地的社会文化产生影响。在旅游过程中，游客与当地居民进行交流和互动，这可能会对当地的文化和价值观产生影响和冲击。同时，当地社区和居民也会对游客产生影响和制约。

三、旅游目的地的理论基础

旅游目的地的理论基础涉及多个方面，包括旅游系统理论、旅游流理论以及推拉理论等。这些理论不仅为我们提供了深入理解旅游目的地形成与发展的框架，还为我们评估和优化旅游目的地提供了有力的工具。

1. 旅游系统理论

旅游系统理论将旅游活动视为一个由旅游客源地、旅游目的地和旅游通道构成的复杂网络。Leiper（1983）的模型强调了旅游交通的中心作用，并指出旅游目的地在整合旅游需求和供给中的关键角色。旅游目的地作为这个系统中的关键环节，汇聚了旅游资源的吸引力、服务设施的完善度以及旅游者的体验感知。Gunn（1988）和 Ritchie 与 Crouch（2000）的理论发展了对旅游目的地空间结构和竞争力的理解，提出了包括自然资源、文化资源、基础设施等在内的多元素构成。

图 1-1 展示了旅游系统与目的地构成，突出了旅游客源地、旅游目的地和旅游通道 3个空间要素。旅游目的地是旅游系统中最为核心的组成部分。它们拥有吸引旅游者前来参观和旅游的资源和吸引物，通过提供各种旅游产品和服务，满足旅游者的需求，为游客提供愉悦的旅游体验。同时，旅游目的地还承担着保护和传承当地文化遗产、促进地方经济发展的重要责任。旅游客源地是旅游系统中的需求方，它们产生旅游需求并拥有潜在的游客资源。旅游通道是连接旅游客源地和旅游目的地的通道，它不仅承担着传递旅游流、信息流的功能，还承担着物资流、资金流、人才流等其他流的传递作用。

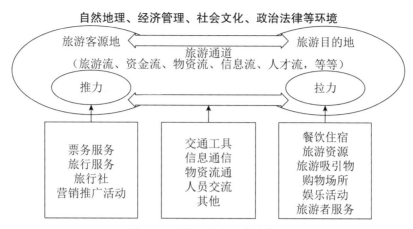

图 1-1　旅游系统与目的地构成

2. 旅游流理论

旅游流是指旅游者从客源地到旅游目的地之间的流动，是旅游活动中的重要现象之一。旅游流理论是一种研究旅游流现象的理论模型，它探讨了旅游流的产生、特征和影响因素。旅游流理论通常包括旅游流的产生、特征、影响因素和效应等方面。旅游流的产生受到多种因素的影响，如旅游动机、旅游需求、旅游资源吸引力、旅游服务设施等。旅游流的特征包括流量、流向、持续时间、旅游者行为和偏好等。旅游流与信息流、资金流、物资流、人才流等关系密切，它们之间相互作用、相互影响。旅游流的产生和发展需要信息流、资金流、物资流和人才流的支持和推动，而旅游流的发展又会对这些流产生重要的影响和作用。

3. 推拉理论

"推拉理论"（push and pull theory）是一种解释旅游流产生和流动的理论模型，强调了推力和拉力之间的相互作用以及目的地营销和宣传的重要性。推力因素（push factors）和拉力因素（pull factors）是影响旅游者进行旅游决策的重要因素。"推力"是指推动旅游者离开自己的居住地，前往某个特定旅游目的地的因素。这些因素包括旅游客源地的票务服务、旅行服务、营销推广活动等。这些服务通常由旅游代理商、旅行社等提供。"拉力"是指吸引旅游者前往某个特定旅游目的地的各种因素的总和。这些因素包括旅游目的地的餐饮住宿、旅游资源、旅游吸引物、购物场所、娱乐活动、旅游者服务等。这些因素是旅游者前往特定目的地的原因和动机，它们使旅游者对某个旅游目的地产生兴趣和吸引力。在推拉理论中，"推力"和"拉力"相互作用，共同影响旅游者的决策过程。旅游客源地的"推力"推动旅游者离开自己的居住地，旅游目的地的"拉力"则吸引旅游者前往目的地。这种相互作用的结果是旅游流的产生和流动。

4. 旅游目的地 5A 理论

旅游目的地 5A 理论是由美国旅游学家麦金托什（Mac Intosh）和麦克林（Mc Clelland）于 1981 年提出的，旨在评估旅游目的地的吸引力。"5A"代表了旅游目的地的 5 个方面：吸引力（attraction）、可进入性（accessibility）、可接受性（acceptability）、可支付性（affordability）、可获得性（availability）。

（1）吸引力是指旅游目的地的自然和文化景观的独特性和吸引力。它可能包括历史遗迹、自然风光、博物馆、艺术画廊、音乐会、体育活动等。这些因素使得旅游目的地对于各种不同的游客具有吸引力。

（2）可进入性包括旅游目的地的可达性和易达性。这可能涉及交通工具、道路状况、停车设施等。良好的可进入性可以使潜在的游客更容易到达目的地。

（3）可接受性包括当地居民对旅游者的态度以及旅游目的地的质量标准，如当地人的友好程度、服务质量、卫生状况等。可接受性涉及文化、社会和环境等方面对旅游发展的接纳程度，类似于"社会文化接受度"或"社会适应性"。

（4）可支付性是指旅游目的地的价格水平和游客的支付能力。它可能涉及住宿、餐饮、交通、娱乐等费用，通常用来描述旅游产品或服务的价格是否合理，以及游客是否能够负担得起，也可理解为"价格合理性"或"经济可承受性"。

（5）可获得性涉及旅游目的地在空间和时间上的可达性，以及旅游目的地的季节性、空间容量、旅游设施的可用性。可获得性能够使得旅游目的地适应不同的市场需求。

5A 理论的意义在于它提供了一个全面的框架，用于评估和提升旅游目的地的吸引力，从而增加游客的数量和逗留时间，促进当地旅游业的发展。同时，5A 理论还可以帮助旅游目的地了解游客的需求和期望，从而提升服务质量及管理水平，提高游客满意度。

四、邮轮是不是旅游目的地

关于邮轮是否能被视为旅游目的地的问题，有着不同的争论。争论主要集中在两个方面：①邮轮是旅游交通工具，是旅途中转站，连接着不同的目的地，但邮轮本身是否可以被认为是目的地还有待商榷；②邮轮是流动的，不具备固定的地理位置，与目的地的地理特征不相符。本书也将从这两个方面展开论述。

1. 邮轮是交通工具，是否可以被认为是目的地

"二战"以前是传统邮轮客运业发展的黄金时期。那时，喷气式飞机还没出现，邮轮客运没有强有力的竞争对手，邮轮是当时跨洋航行的首要选择。邮轮主要履行交通工具的职责，将游客从一个地方输送到另一个地方。邮轮的高档餐饮住宿和娱乐等服务仅提供给头等舱乘客。"二战"后，喷气式飞机开始客运业务的商业化，邮轮客运没落，诸多邮轮公司破产倒闭。幸存的邮轮公司都寻找向旅游业务转型，旅游度假业务成为邮轮主营业务，旅游者也成为邮轮的最主要客源市场，邮轮上提供的餐饮住宿娱乐等活动也日益大众化。在这种情况下，邮轮本身已经具备了一个旅游目的地的所有要素。现在，豪华邮轮更像是海上的旅游综合体、主题公园和度假胜地。游客在邮轮上的时间往往比他们在陆地上玩耍的时间更长，邮轮提供的旅游体验更为丰富多样，甚至有的游客宁愿待在邮轮上也不愿下船去岸上观光。因此，邮轮可以被视为一种旅游目的地。

邮轮是否为目的地也需要用相关的理论进行严密的论证。首先，我们从旅游目的地定义出发，旅游目的地是一个综合性的旅游地域空间概念，由旅游吸引物、服务设施、交通

和辅助性服务等多个方面组成。旅游目的地应该具备吸引游客前来参观和旅游的能力，同时也要提供完善的旅游设施和服务，满足游客的需求和期望。随着邮轮旅游业的发展，如今的邮轮越来越像一个"漂浮的五星级酒店与度假胜地"，它不仅仅是一个交通工具，而且也提供了食宿、娱乐、休闲等许多旅游活动。邮轮的航线经常会将一系列的港口串联起来，形成一个独特的旅游环路。在这个环路上，邮轮不仅仅是将旅客带往各个港口，而且本身也是游客享受航行体验、娱乐活动、美食等的场所。

可以说，现代邮轮本身已经具备了一个旅游目的地所应具备的所有要素。由于游客在邮轮上的时间往往比他们在陆地上玩耍的时间更长，显然，游客们并不只是将邮轮作为去另一个地方的交通工具，他们在邮轮上寻求的是一种旅游体验，包括观海、游泳、享受美食等。从这个角度看，邮轮在提供旅游所需的设施和服务、形成独特的旅游体验等方面都具备了旅游目的地的特征。因此，我们认为邮轮可以被视为一种旅游目的地。

总之，现代邮轮已经不以客运作为其经营手段，而转为为乘客提供完整优质的休闲度假体验。邮轮会配备餐饮、娱乐设施、各种活动，以及舒适的住宿环境，能让游客在航行途中就享受到丰富的体验。它相当于一个移动的度假胜地，一个大型旅游综合体，一座海上旅游城市。并且，邮轮也会停靠在各个港口，让游客有机会下船参观和探索当地的城市和景点。在这种情况下，邮轮本身以及它停靠的各个城市和景点，统一起来构成了整个旅游的目的地。

2. 目的地是地理位置还是地理空间？

旅游目的地作为旅游活动的目标地点，与地理概念紧密相连。从地理学的角度来看，旅游目的地不仅是一个具体的地点，更蕴含着丰富的地理意义。旅游的目的地是具体的地理位置，还是特定的地理空间呢？是两者兼而有之，还是各有侧重？这就需要进行深入的辨析和讨论。

地理位置和地理空间是地理学的两个重要概念。地理位置通常代表一个具体的坐标位置或相对位置。它描述的是一个具体的地点在地球上的确切位置，可以通过绝对坐标（如经纬度）或相对位置（如邻近地标或其他地点）来定义。地理位置主要关注的是"在哪里"。旅游目的地与地理位置紧密相关，这主要基于以下几个方面的原因：第一，旅游行为本质上是从一个地方到另一个地方的移动行为，因此，目的地的地理位置是决定旅游行为的重要因素之一。位置的远近、交通的便利程度、与其他旅游目的地的相对位置等都会影响旅游者的选择。第二，地理位置决定了目的地的自然和文化特征。比如，一个目的地的气候、地貌、生物多样性、历史文化等都与其地理位置密切相关。第三，地理位置对目的地的旅游市场定位有重要影响。比如，某些地理位置适合发展海滨度假旅游、山地徒步旅游，而有些地方更适合发展历史文化旅游、城市观光旅游等。第四，地理位置也会影响旅游目的地的国际竞争力。例如，某些国家和地区由于地理位置优越、交通便利，成了旅游热点。因此，地理位置是旅游目的地研究中的重要因素，它影响着旅游行为的决策、目的地的资源条件和市场定位、旅游发展策略的制定等多个方面。

地理空间则是一个更抽象和更广泛的概念，代表的是地理现象在空间上的分布和相互联系。空间特性，包括距离、方向、形状、大小、模式和连接。地理空间不仅关心物理位置，还关心相邻的空间单位如何相互关联和影响。总体来说，地理位置关注的是特定的、具体的点，而地理空间关注的是地理现象的整体分布和相互关系。旅游目的地与地理空间之间存在密切的关系，主要表现在以下几个方面：一是地理环境决定了旅游资源的稀缺性和独特性，它会对旅游体验产生影响。地理位置的不同，决定了各个旅游目的地具有不同的自然资源和文化资源，这些都是其吸引游客的重要因素，都会对游客的旅游体验产生直接影响。二是地理空间影响了旅游目的地的交通便利性。地理空间的位置、地形等条件，会直接影响游客前往旅游目的地的交通路线和交通方式，进而影响旅游目的地的接待量和旅游业的发展。三是地理空间关系会影响旅游区域协同发展。不同的地理空间，如城市与农村、内陆与海洋等，对旅游的需求和发展模式有不同的要求，需要进行合理的规划和协调。四是地理空间特征会影响旅游目的地的可持续发展。如地理环境的脆弱性、生态环境的保护等都需要在旅游开发过程中予以重视。因此，地理空间对旅游目的地的形成、发展和运营都产生了重要影响。

旅游目的地不仅被视为一个具体的地理位置，而且能体现更广泛的地理空间概念。从地理位置的角度看，旅游目的地是特定的地点或区域。例如，你计划去巴黎旅行，巴黎就是你的旅游目的地，它就表示了一个具体的地理位置。从地理空间的角度看，旅游目的地涵盖了各种地理现象在空间上的分布和相互关系，包括自然景观、人文景观、设施配置等。例如，一个旅游目的地可能包含了多个旅游景点，这些景点之间的空间关系、旅游线路的规划等都是地理空间的内容。因此，旅游目的地既表示一个具体的地理位置，也表现了一种地理空间的关系。

从地理位置的角度看，邮轮是一种移动性的交通工具，它没有固定的地理位置，但是其具体的地理位置可以被实时定位。从地理空间的视角来看，邮轮提供了完备的设施、丰富的活动和独特的体验，自身就可以构成一个旅游目的地。邮轮不仅可以提供具体的地理位置，还可在一个地理空间范围内提供设施、活动和体验。因此，在现代邮轮旅游中，邮轮已发展成为一个综合性的旅游目的地，提供包括餐饮、住宿和娱乐在内的全方位服务，为乘客营造了移动的旅游空间。

五、什么是邮轮目的地？

邮轮目的地在旅游研究中是一个相对复杂的理论问题。传统上，旅游目的地的定义是游客为了旅游体验而选择的地点。但在邮轮旅游中，这个定义显得有些复杂，因为邮轮旅游包含了两个互相关联的目的地：邮轮本身和邮轮访问的旅游目的地。

一方面，邮轮本身被视为一种特殊的旅游目的地。这是因为现代邮轮为游客提供了完整的旅游体验，包括住宿、餐饮、娱乐、休闲等设施和服务，与传统的陆地旅游目的地完全不同。因此，在理论上，我们可以将邮轮定义为一个动态的、移动的旅游目的地。游客在邮轮上不仅可以观赏沿途风光，还可以享受各种船上设施和服务，获得独特的旅游体验。

另一方面，邮轮访问的旅游目的地是邮轮旅游的重要组成部分，它们也是游客选择邮轮旅游的重要原因之一。这些港口具有丰富的自然和文化旅游资源，为游客提供了深度的、具有地域特色的旅游体验。从这个角度看，我们可以将这些港口定义为邮轮的静态旅游目的地。

综合考虑，邮轮目的地可以被视为一个动态和静态的旅游目的地体系，包括邮轮本身和邮轮途经的旅游目的地。这个体系给游客提供了丰富多元的旅游选择，使得邮轮旅游成了一种深受欢迎的旅游形式。

第二节 邮轮目的地演变及分类

一、邮轮的历史发展和演变

邮轮的历史可追溯到 19 世纪初期，当时邮轮主要作为洲际或远距离水上邮件传递的工具。早期邮轮通常由货运船只改装而成，不如现代邮轮舒适。

1. 起源阶段（1840—1910 年）

这一阶段，邮轮主要以蒸汽驱动，也是跨越大西洋的重要交通工具，重点服务于运送邮件和人员。服务对象主要是新大陆的移民和商人。19 世纪末，随着科技进步，出现了一系列的创新。柴油发动机技术的出现使得船只的航行速度大大提高，这极大地缩短了航行时间，提高了旅客旅游的效率，对邮轮业产生了深远的影响。邮轮运营模式主要是收取船票费用，盈利主要来自运送邮件和客运收入。这个阶段的代表性邮轮是白星航运公司的"大西洋号"。

2. 豪华阶段（1910 年至"二战"）

技术上，这一阶段的邮轮普遍利用内燃机驱动，速度有了明显提升。随着钢铁冶炼和造船技术的进步，船只的规模和载客量也大大增加。原本只能容纳几百人的小型邮轮逐渐被载客量数千人的大型邮轮所取代。这使得邮轮业能够为更多的游客提供海上旅行服务。

船只的休闲娱乐设施和服务也趋于豪华化。电力的引入也使得邮轮的船舱、餐厅、娱乐设施等得到了升级和改造。邮轮变得更加豪华和舒适，游客可以享受到更加舒适和便利的服务。同时，电力也催生了更多的娱乐活动，如电影等，使得游客在船上的娱乐生活更加丰富。

功能上，邮轮不仅继续充当跨海交通工具，更成为一种旅行体验方式，主要服务于中高收入阶层。运营模式中的盈利主要依靠客运，部分大型豪华邮轮则从销售高价船票、举办各种娱乐活动等多途径实现盈利。该阶段代表性邮轮是白星航运公司的"泰坦尼克号"。

3. 衰退阶段（"二战"后至 20 世纪 60 年代）

"二战"后，喷气式飞机迅速发展，成为军用和商用航空的关键交通工具。邮轮作为交通工具的地位受到了挑战。1958 年 10 月 26 日，泛美航空的"波音 707"首次实现了纽约和巴黎之间的定期直飞，这一事件被看作是真正意义上的大规模商业喷气式飞机客运的开始。随着喷气式飞机的广泛应用，航空运输逐渐成了一种更为快捷、方便和高效的交通方式，邮轮客运逐渐失去了作为客运交通工具的市场竞争力。这一阶段邮轮航行的服务对象逐渐发生变化，转向为长期航行的客户提供服务。

4. 复兴阶段（20世纪60年代后至今）

在航空业带来的竞争压力之下，传统邮轮客运业发展不断萎缩，不少邮轮客运公司破产倒闭，邮轮公司被迫转型，转而为游客提供观光休闲和度假娱乐服务，邮轮逐渐走向"邮轮化"。邮轮的首要属性从海上交通工具转型为海上旅游目的地。邮轮公司将船只改造成为服务旅游度假的豪华邮轮，提供更丰富和多样化的度假产品和休闲服务，以吸引更多的游客。这些豪华邮轮通常拥有漂亮的外观、宽敞的船舱、高档精致的餐厅、各式各样的娱乐设施等，使得游客在船上可以享受到更加舒适和愉悦的旅行体验。邮轮公司通过和地方旅游局、物产公司等进行合作开发各种岸上观光项目，丰富邮轮旅游产品和多元化旅游业务。

这个阶段，科技不断发展，邮轮的设计和建造技术取得了巨大的进步，船体更宽大，航速更快。皇家加勒比公司建造了系列20万吨级的超大型邮轮，如"海洋绿洲号""海洋和悦号""海洋奇迹号"等。邮轮建造还引入了更多的创新和技术，如信息技术、节能技术等。例如，"海洋量子号"引入了VR娱乐体验、机器人调酒、分子料理餐饮、空中降伞、海上冲浪、"北极星"等高科技休闲娱乐体验。邮轮建造也引入了破冰船技术，邮轮旅游范围延伸到了南极和北极。邮轮行程也更为灵活多样，从几天到几个月不等。邮轮开始普及至每个阶层，服务对象进一步拓展，改变了只针对富裕阶层的状态。邮轮开始向更广大的消费者开放，其中包括家庭、年轻人以及退休老人等。运营模式也越来越服务化，涉及餐饮、娱乐、购物等多个领域，通过"全包"模式吸引游客。盈利模式也逐渐多元化。除了船票价格收入外，娱乐、购物、餐饮以及海上赌场收入等全部计入邮轮公司的总收入。同时，邮轮公司还通过售卖岸上观光旅游产品、提供旅行保险、机票等增值服务来获得利润。邮轮业迎来了更大的机遇和发展空间。

拓展阅读1.1
传统邮轮客运
公司的命运

总体来说，从交通工具到豪华旅行，再到现代全方位的邮轮度假，邮轮业在历史长河中不断进步，其服务对象和运营模式也一直在变化，这使得今天的邮轮旅行体验非常丰富和多元。

二、邮轮目的地的演进历程

邮轮最早作为水上交通工具，其目的地的选择与其航行目标、动力、补给等密切相关。随着科技进步和商贸发展，邮轮航行的目的地更加多样化。整体来说，不同历史阶段，邮轮航行的目的地呈现不同的特征。

1. 19世纪初期至中期

邮轮主要作为洲际或远距离水上邮件传递的工具，同时为乘客提供海上旅行服务。这一阶段的邮轮目的地多为港口城市或海岛，如英国的南安普顿、美国的纽约和加拿大的多伦多等。这些目的地通常是为了满足邮轮乘客在旅行中购物、用餐和住宿等需求。

2. 19 世纪晚期至 20 世纪中期

随着造船技术的进步和人们对旅游的需求不断增加，邮轮公司开始将船只改造成为豪华邮轮，提供更为舒适和奢华的服务，以吸引更多的游客。这一阶段的目的地开始扩大到欧洲的许多港口城市，如利物浦、勒阿弗尔等，以及加勒比海地区的一些海岛，如巴哈马、百慕大等。这些目的地通常是为了满足邮轮乘客在旅行中参加社交活动、享受豪华设施和探索异国文化等需求。

3. 20 世纪中后期

随着航空运输的发展和邮轮业的市场竞争日益激烈，邮轮公司开始寻求更多的创新和突破。这一阶段的目的地开始扩大到世界各地，包括亚洲、南美洲、非洲等地的港口城市和海岛。这些目的地通常是为了满足邮轮乘客对于探索世界各地文化、自然景观和异域风情等需求。同时，邮轮公司还开始引入更多的娱乐活动和节目，如音乐会、舞蹈表演、水上滑梯等，以吸引更多的游客。

4. 21 世纪后至今

随着科技的不断发展，邮轮公司开始引入更多的创新和技术，如信息技术、节能技术等，以提供更加优质的服务和旅游体验。这一阶段的目的地更加多元化和个性化，包括各种不同类型的旅游目的地，如极地探险、野生动物观赏、历史遗迹探索等。这些目的地通常是为了满足邮轮乘客对于深度旅游和文化探索等需求。同时，邮轮公司还开始与当地旅游机构或政府合作，共同推动当地旅游经济的发展。

总体来说，随着时间的推移和科技的进步，邮轮的目的地不断扩大和多样化，以满足不同阶段游客的需求。同时，邮轮公司也不断引入各种创新技术，以提供更加优质的服务和旅游体验。

三、邮轮目的地的分类

邮轮目的地的分类标准多种多样，以下是几种常见的邮轮目的地分类。

（1）按地理区域分类：根据邮轮目的地的地理位置，可以分为海洋目的地、海岛目的地、沿海目的地等。其中，海洋目的地包括如加勒比海、墨西哥湾等；海岛目的地则包括太平洋、大西洋、印度洋等海岛，如马尔代夫、夏威夷、巴厘岛等；沿海目的地则包括沿海城市和港口，如悉尼、新加坡、里约热内卢等。

（2）按旅游类型分类：根据邮轮目的地的旅游类型，可以分为自然旅游目的地和人文旅游目的地。自然旅游目的地主要强调自然景观和生态环境，如冰川、珊瑚礁、国家公园等；人文旅游目的地则主要强调文化遗产和历史遗迹等，如博物馆、古迹遗址、艺术馆等。

拓展阅读1.2
加勒比海邮轮
旅游

（3）按气候类型分类：根据邮轮目的地的气候类型，可以分为热带目的地、亚热带目的地、温带目的地和寒带目的地等。热带目的地通常包括赤道附近的地区，如夏威夷、巴哈马群岛等；亚热带目的地通常包括北半球温带以南的地区，如地中海沿岸、日本等；温带目的地通常包括北半球中纬度地区，如美国西海岸、欧洲西北部等；寒带目的地则通常包括北极和南极地区。

（4）按旅游主题分类：根据邮轮目的地的旅游主题，可以分为浪漫度假目的地、家庭亲子目的地、冒险刺激目的地等。浪漫度假目的地主要强调休闲、放松和浪漫氛围，如马尔代夫、巴厘岛等；家庭亲子目的地则主要适合家庭和孩子，如迪士尼乐园、环球影城等；冒险刺激目的地则主要强调冒险和刺激体验，如夏威夷的冲浪胜地等。

（5）按旅游设施分类：根据邮轮目的地的旅游设施，可以分为豪华型目的地和亲民型目的地。豪华型目的地通常提供高档酒店、私人管家等服务，如四季酒店、文华东方酒店等；亲民型目的地则更注重经济实惠和舒适性，如青年旅社、快捷酒店等。

四、邮轮旅游目的地的内涵与外延

邮轮旅游目的地的内涵指的是目的地所能提供的旅游资源，包括自然环境、文化遗产、历史遗址、旅游设施等方面。邮轮旅游目的地的外延则指的是邮轮旅游目的地所能涵盖的范围和地理位置，包括不同的国家和地区。

1. 自然环境

邮轮旅游目的地通常会选择具有特色自然景观和自然保护区的城市或海岛进行停靠。例如，加勒比海地区拥有壮观的珊瑚礁和海洋生物，希腊则拥有美丽的海岸线和蓝白相间的小镇，而挪威峡湾有迷人的峡湾和重峦叠嶂的群山。美丽的自然环境不仅可以令旅游者心旷神怡，而且可以提供丰富的海上活动和游览项目。

2. 文化遗产

邮轮旅游可以让旅游者通过参观当地的文化遗产，了解有关这些城市或国家的历史、文化以及特色艺术和建筑风格。如在希腊雅典，旅游者可以参观被誉为人类文明摇篮之一的雅典卫城；在意大利的威尼斯，旅游者可以感受古老的城市和其著名的运河及桥梁的历史文化。

3. 历史遗址

邮轮旅游可以带着旅游者前往拥有丰富历史遗迹的城市和国家，如罗马、埃及等，旅游者可以深入了解当地的历史、文化、建筑和文物等。除了人类创造的历史文物，自然历史和生态遗产也非常重要。例如，雅典是古希腊文明的摇篮，拥有卫城、帕特农神庙等世界文化遗产。米克诺斯则以其独特的建筑风格和美丽的海滩而闻名，也是邮轮旅游航线中的热门目的地。

4. 旅游设施

选择合适的旅游设施可以让邮轮旅游更具有吸引力和人性化体验。例如，国际上一些著名的邮轮公司，都会在邮轮旅游目的地的码头附近提供网吧、热带海滩、咖啡店和购物商场等配套设施，这样旅游者可以悠闲休息或者感受当地的文化氛围。

5. 地理位置

邮轮旅游需要考虑停靠城市或国家的距离、旅游成本、交通便捷程度等因素。由于邮轮旅游中的多数行程时间较短，通常仅停留在海岸线附近或在数个目的地之间往返，这样可以充分节约旅游者的时间和费用，为旅游者提供更为便捷的服务。

拓展阅读1.3
南极邮轮旅游
兴起与挑战

第三节　邮轮目的地系统的构成及要素

一、邮轮目的地系统

邮轮目的地系统是一个涵盖了邮轮旅游全过程的综合性服务网络，它不仅包括邮轮本身作为旅游目的地的物理和功能属性，还涉及邮轮运营的各个方面，如航线规划、港口设施、旅游活动、客户服务、市场营销、安全管理等。这一系统旨在为游客提供一个无缝对接、全方位体验的旅游环境。

邮轮目的地系统是指以邮轮为核心，整合了邮轮上的住宿、餐饮、娱乐等服务，以及邮轮停靠的各个港口和相关旅游活动，从而形成的一个完整的旅游服务体系。这个系统不仅关注游客在邮轮上的体验，而且关注游客在岸上的旅游活动，以及整个旅游过程中的服务和支持。

邮轮目的地系统的内涵包括了邮轮公司提供的各类服务和设施（如客房、餐厅、娱乐场所、健身中心等）以及邮轮上工作人员提供的服务，如客房服务、旅游咨询、安全指导等。其外延则可扩展到邮轮停靠的港口城市和周边地区的旅游资源（包括景点、文化活动、购物设施等）以及邮轮公司与港口管理机构之间的合作关系。

邮轮目的地系统具有综合性、移动性、封闭性和互动性。邮轮目的地系统整合了多种旅游服务和资源，提供从出行前的预订到旅行中的体验，再到旅行后反馈的一站式服务。邮轮作为移动的目的地，其旅游体验随着邮轮的移动而变化，每个停靠港口都可能带来新的旅游体验。邮轮作为一个相对封闭的旅游环境，其内部管理和服务标准对游客体验有着决定性的影响。邮轮目的地系统中的各个要素，如邮轮公司、港口管理、游客等，相互之间存在着密切的互动关系，共同影响着系统的运作效果。

邮轮目的地系统的构建和优化对于提升游客的旅游体验、增强邮轮公司的市场竞争力以及推动相关地区旅游业的发展具有重要意义。通过不断改进服务质量、丰富旅游活动、加强安全管理和市场营销，邮轮目的地系统能够更好地满足游客的需求，为他们提供更加美好和难忘的旅游体验。

二、邮轮目的地要素

邮轮旅游已成为游客最喜爱的旅游体验之一。邮轮旅游不仅仅是一种轻松的度假方式，同时也是探索不同文化、了解不同风景和体验世界的机会。与此同时，随着技术的进步和信息化时代的来临，邮轮旅游目的地系统的构建和完善也变得尤为重要。

1. 邮轮

邮轮可以视为一种特殊的旅游目的地。首先，邮轮旅游作为一种旅游形式，具有其独特的吸引力和特性，满足了旅游目的地的定义。邮轮旅游以其特有的海上风光、豪华设施和丰富的娱乐活动吸引了大量的游客。邮轮旅游的吸引力在于它提供了一种轻松、休闲和享受的旅游体验，许多游客对此非常感兴趣。其次，邮轮旅游以其特有的海上旅游体验和独特的服务项目，如海上游艇、SPA、游泳池、剧院等，为游客提供了不同于陆地旅游的特殊体验。这种独特性使邮轮成为游客愿意前往的目的地之一。再次，邮轮旅游提供了丰富的旅游产品和服务，如客房、餐饮、娱乐、演出、免税购物等，以满足游客的各种需求。这些产品和服务使游客能够在邮轮上度过愉快的假期。最后，游客在邮轮上度过的时间通常较长，这为邮轮公司带来了较高的收入。游客在船上消费的项目包括餐饮、娱乐、购物等，这些消费成为邮轮公司的重要收入来源。综上所述，邮轮作为一种旅游交通工具，虽然并不具有固定的地理空间，但以其特有的吸引力和服务，为游客提供了旅游目的地所具备的要素。

拓展阅读1.4
海洋绿洲号邮轮介绍

2. 邮轮访问港和岸上旅游目的地

邮轮访问港，作为邮轮旅游的交通枢纽，主要承担邮轮停靠及游客上下船的功能。这些港口城市或地区通常提供基础的旅游服务和设施，但并非游客主要的旅游目的地。与之相对，岸上旅游目的地则是指邮轮访问港周边的旅游景点或地区，它们具有独特的自然、历史、文化等特征，为游客提供了丰富的旅游体验。

在邮轮旅游中，邮轮访问港与岸上旅游目的地紧密相连。邮轮访问港作为游客上下船的起点和终点，同时也是游客探索当地文化和风情的窗口。岸上旅游目的地则是游客在邮轮旅程中主要停留和游览的场所，它们为游客提供了深入了解和体验当地文化的机会。

邮轮旅游行程规划是确保游客获得最佳旅游体验的关键环节。邮轮公司通常会与专业的旅游企业合作，利用先进的在线行程规划工具，根据游客的偏好和需求，定制个性化的旅游计划。这些计划不仅考虑了游客对岸上旅游地的选择，还综合分析了交通方式、住宿方案和餐饮建议，以确保游客在有限的时间内获得最丰富的旅游体验。

3. 邮轮游客

游客绝对是邮轮目的地系统的重要因素，他们在系统中起到了至关重要的作用，主要体现在以下几个方面。第一，需求驱动：游客的需求决定了邮轮公司提供哪种类型的产品和服务。游客的旅游需求、喜好和期望，会影响邮轮行程的设计、船上服务和设施的提供，以及港口等旅游目的地开发的方向。第二，经济驱动：游客的消费是邮轮销售收入的主要来源。游客在邮轮上的消费，以及在停靠港口的消费，为邮轮公司和港口带来经济收益。第三，对目的地的影响：游客的活动会对目的地产生一定的影响，包括环境影响、社会影响和文化影响。游客的行为和消费模式会对旅游环境，包括物质环境和社会环境，产生重要影响。第四，反馈与评价：游客的反馈和评价，会影响其他潜在游客对邮轮旅游和特定邮轮的选择，对邮轮公司的形象和声誉产生重大影响。同时，游客的反馈也将帮助邮轮公司了解优点和不足，进行持续改进。因此，游客在邮轮目的地系统中起到了关键作用，他们的满意与否直接影响了系统的成功与否。理解和满足游客的需求、期望和兴趣，是邮轮公司和目的地加强管理、提高服务质量、实现可持续发展的重要途径。

4. 邮轮运营系统

邮轮运营系统是邮轮目的地系统的核心组成部分，它涵盖了从航线规划到船舶停靠、物资补给以及安全管理等多个关键环节。这一系统的高效运作，不仅直接关系邮轮公司的经济效益，更会对游客的旅游体验产生深远影响。

首先，航线规划是邮轮运营系统的基石。邮轮公司需要综合考虑市场需求、船舶特性、旅游资源分布以及目的地吸引力等因素，精心策划出既能满足游客旅游需求，又能实现经济效益的航线。

其次，船舶停靠是邮轮运营系统中的重要环节。邮轮需要在各个目的地港口停靠，以便游客上下船和参观当地景点。因此，港口设施的完善程度会直接影响邮轮停靠的效率和游客的满意度。邮轮公司需要与港口管理部门密切合作，确保码头的停靠能力、装卸设备以及仓储设施等满足邮轮停靠的需求。

再次，物资补给也是邮轮运营系统不可或缺的部分。邮轮在长时间的航行过程中，需要不断补给各种物资，包括食品、燃料、淡水等。邮轮公司需要与目的地供应商建立稳定的合作关系，确保物资补给的及时性和质量。同时，还需要考虑物资补给的成本和效率，以降低运营成本并提高经济效益。

最后，安全管理是邮轮运营系统的重中之重。邮轮旅游涉及众多游客的生命财产安全，因此安全管理必须贯穿于整个运营过程中。邮轮公司需要建立完善的安全管理制度和应急预案，加强船舶设备的维护和检修，提高船员的安全意识和应急处理能力。同时，还需要与当地政府和相关机构保持密切沟通，共同维护邮轮旅游的安全稳定。

综上所述，邮轮运营系统是邮轮目的地系统的重要组成部分，它涵盖了航线规划、船舶停靠、物资补给和安全管理等多个方面。通过不断优化和完善这一系统，邮轮公司可以提高运营效率、降低成本、提升游客满意度，从而在激烈的市场竞争中立于不败之地。

三、邮轮目的地系统的优化与完善

邮轮旅游目的地系统的优化与发展，应该以提升游客满意度、增强竞争力、实现可持续发展以及促进地方经济为目标。可以通过服务质量、产品创新、市场定位、环境保护和社区参与5个维度来展开。这些维度的选择基于服务营销理论、可持续发展理论、市场细分理论和社区参与发展理论。

1. 服务质量

在邮轮旅游目的地的发展中，服务质量无疑是提升游客满意度和忠诚度的关键因素。服务营销理论明确指出，优质的服务能够带来良好的口碑效应，进而促进目的地的持续发展。因此，邮轮公司应致力于提升住宿、餐饮、娱乐和休闲活动的服务质量，为游客提供个性化和差异化的服务体验。邮轮公司应通过加强员工培训，提高服务意识和专业技能；优化服务流程，确保高效顺畅的游客体验；建立顾客反馈机制，及时了解游客需求并进行改进。皇家加勒比邮轮公司就是一个成功案例，其引入的"金锚服务计划"显著提升了员工的服务水平，从而赢得了游客的广泛赞誉。

2. 产品创新

随着市场竞争的加剧，产品创新已成为邮轮旅游目的地保持竞争力的关键策略。通过市场研究，邮轮公司可以深入了解消费者的需求和喜好，结合技术创新，推出特色航线、主题邮轮和特殊活动等新产品。这些创新产品不仅能够吸引更多游客，还能提升目的地的品牌形象和知名度。诺唯真邮轮公司推出的"自由式邮轮体验"打破了传统邮轮旅游的束缚，允许游客根据个人喜好自由选择餐饮和活动，为游客提供了更加自由、个性化的旅游体验。

3. 市场定位

精准的市场定位是邮轮旅游目的地实现差异化发展的关键。市场细分理论告诉我们，不同消费者群体有着不同的需求和偏好。因此，邮轮公司应针对不同目标市场提供定制化的服务和产品。通过市场调研和数据分析，邮轮公司可以更加准确地了解不同市场群体的特点，从而制定相应的营销策略和推广活动。公主邮轮公司针对中国市场推出的"中式服务"就充分考虑了中国游客的文化背景和饮食习惯，提供了更加符合中国游客需求的服务。

4. 环境保护

在追求经济效益的同时，邮轮旅游目的地还应注重环境保护和可持续发展。可持续发展理论强调了经济发展与环境保护之间的平衡。因此，邮轮公司应采取节能减排措施，推广绿色旅游理念，保护海洋和目的地环境。通过使用环保材料和技术、开展环境保护教育及合作开发海洋生态保护项目，邮轮公司可以实现经济效益和生态效益的双赢。荷美邮轮公司实施的"海洋承诺计划"就是一个成功的案例。该计划通过一系列环保措施减少了对环境的影响，树立了良好的企业形象。

5. 社区参与

社区参与发展理论强调了当地社区在旅游目的地发展中的重要作用。加强与目的地社区的合作，促进当地文化和经济的发展，是实现邮轮旅游目的地可持续发展的重要途径。邮轮公司可以通过提供就业机会、支持当地小企业和参与社区活动等方式，与当地社区建立紧密的合作关系，实现共赢发展。皇家加勒比邮轮公司在阿拉斯加的"社区伙伴计划"，通过支持当地文化和经济活动，不仅促进了当地社区的发展，也提升了邮轮旅游目的地的吸引力和影响力。

总之，邮轮旅游目的地系统的构成和完善对于邮轮旅游经营具有重要的意义。目的地信息库完善、行程规划、船票预订和游记分享是邮轮旅游目的地系统的核心部分。通过系统完备的功能和信息，游客可以便捷地融入邮轮旅游这一生活方式，并且从中获得更好的旅游体验。邮轮旅游目的地系统的构建和完善，可以帮助邮轮公司提高旅游服务和质量，为游客提供更好的服务方案，以增加商业竞争优势。随着互联网技术不断发展，未来邮轮旅游目的地系统将会更加智能化，也将会带来更好的旅游体验和更高的商业价值。

【本章小结】

本章作为本书的绪论部分，初步介绍了邮轮旅游目的地的概念界定及内涵外延、系统构成，以及邮轮旅游目的地系统的构成及要素。我们通过对比国内外学者对邮轮目的地概念的不同理解，并结合我国邮轮旅游的发展阶段，全面探讨了邮轮旅游目的地的内涵与外延，详细阐述了邮轮目的地系统的构成要素、基本特征和服务标准。

通过本章的学习，读者可以获得对邮轮旅游目的地基本概念的深入理解和对全球邮轮旅游空间格局的广泛认识。本章内容旨在为读者提供一个坚实的理论基础，帮助读者更好地掌握邮轮旅游目的地的基本框架和特点，为后续深入学习和研究邮轮旅游目的地的管理与发展打下基础。

【典型案例分析】 "邮轮中的豪华邮轮"——海洋和悦号

随着邮轮旅游业的持续发展，各种邮轮品牌和船舶不断涌现，为游客提供了多样化的选择。邮轮旅游作为一种休闲度假方式，已经逐渐成为越来越多人的选择。邮轮旅游不仅可以欣赏美丽的海景，还可以体验不同的文化和风俗，品尝各种美食，享受五星级的服务。

"邮轮中的豪华邮轮"——海洋和悦号（Oasis of the Seas）以其超凡的游客体验、一流的设施和服务赢得了全球游客的青睐。海洋和悦号是皇家加勒比国际邮轮公司（Royal Caribbean International）旗下的一艘超级邮轮，于2009年10月投入使用。作为全球最大的邮轮之一，海洋和悦号的吨位达到了22.77万吨，全长362米，宽37米，高度为63米，可搭载6 360名游客和2 100名船员，是一座名副其实的"海上城市"。

海洋和悦号在设计上极具创新，船上设施一应俱全。首先，船上拥有众多的餐厅、酒吧和咖啡馆，提供各种美食和美酒。海洋和悦号提供了各种餐厅、酒吧和咖啡馆，可让游客品尝到世界各地的美食。无论是传统的法国料理、意大利比萨，还是日式寿司、印度咖喱，都能在船上找到。其次，船上还有各种主题餐厅，如海鲜餐厅、烤肉餐厅、素食餐厅等，满足了不同口味和饮食需求。除了美食，船上的娱乐设施也非常丰富。游客可以在音乐厅中欣赏世界级的演出。最后，船上还有各种水上活动，如冲浪、潜水等，让游客充分体验海洋的魅力。船上还有一条名为"Zip Line"的索道滑翔，让游客可以在空中飞越船桅杆；一个名为"FlowRider"的冲浪模拟器，可以让游客在船上体验冲浪的乐趣。这为寻求刺激的游客提供了与众不同的体验。

除了运动设施外，船上的家庭娱乐设施也不可或缺。海洋和悦号上有一个冰雪公园，游客可以在这里滑冰、滑雪和玩雪地高尔夫。船上还有一个名为"Abyss"的超级跳水装置，游客可以在这里体验从高处跳入水中的刺激。此外，船上还有众多的购物、美容和SPA设施。游客可以在这里尽情购物、放松身心，享受全方位的服务。

在船舱方面，海洋和悦号提供了各种各样的客房和套房供游客选择。一些房间设有私人阳台，可以让游客尽情欣赏海景。此外，部分套房还配有巨大的双层床，适合家庭或朋友一起入住。同时，船上的员工十分体贴入微，为游客提供最优质的服务。他们能够记住每一位游客的喜好，甚至在晚上为游客提供一杯他们最爱的饮料。这种个性化的服务让游客感受到家的温暖。

海洋和悦号还为游客提供了丰富多彩的活动和演出。船上有一支名为"OceanTones"的爵士乐队，为游客演奏优美动听的音乐。此外，船上还有各种世界级的演出，如魔术表演、舞蹈表演等。海洋和悦号还经常组织各种主题之夜活动，如海盗之夜、环球之夜等，让游客在游玩的同时了解世界各地的文化。

海洋和悦号还注重儿童的娱乐设施和活动。船上设立了一个名为"Seuss at Sea"的主题公园，孩子们可以在这里参加各种有趣的游戏和活动。船上还有专门的儿童泳池和水上乐园，以及各种适合儿童参加的手工艺品和烹饪课程。这些设施和活动可让孩子们在邮轮上度过一个愉快的假期。

在服务质量方面，海洋和悦号始终秉持着"超越期待"的理念。船上的员工热情友好、专业负责，能够满足游客的各种需求。同时，船上的服务也十分细致周到，如在每个房间的床头都有紧急呼叫按钮，方便游客随时寻求帮助。这种无微不至的服务让游客感受到温暖与关怀。

海洋和悦号邮轮凭借其超凡的游客体验、一流的设施和服务赢得了全球游客的青睐。无论是家庭出游还是朋友聚会，海洋和悦号都是一个绝佳的选择。它不仅是一艘豪华邮轮，更是一个能够满足游客各种需求、带来无限乐趣和惊喜的海上乐园。在这里，游客可以尽情享受邮轮旅游带来的乐趣。

（资料来源：搜狐网，美国造价 75 亿美元，全球最豪华加勒比"和悦号"邮轮，https://www.sohu.com/a/128193677_412545，本文由作者根据原文整理所得）

请根据该案例思考以下问题：

海洋和悦号是如何提升其吸引力的？同岸上旅游目的地相比，邮轮应该在哪些方面形成自己的目的地特色？海洋和悦号邮轮的设计和设施有哪些创新？这些创新是如何改善和提升游客体验的？

【复习思考题】

1. 邮轮旅游目的地的概念是什么？

2. 关于邮轮目的地系统有哪些理论和观点？

3. 邮轮旅游目的地的构成包含哪些要素？

4. 邮轮目的地系统如何进行优化和完善？

5. 成功的邮轮目的地是怎样的？

【在线测试题】扫描二维码，在线答题。

第二章　理论基础

【本章学习目标】

掌握区位理论、空间理论和地方理论的基本概念及其在邮轮目的地管理中的应用，深入理解这些理论如何帮助优化邮轮目的地的选择和开发。

理解地方依恋理论及其对邮轮旅游目的地管理的意义，包括如何通过增强游客的地方依恋感提升目的地吸引力。

学习旅游目的地生命周期理论及其在邮轮目的地管理中的应用，包括如何应对不同生命周期阶段面临的挑战。

【导入案例】　　她卖掉房产，选择成为邮轮的终身乘客

在人生的某个转角，我们或许都会面临这样的选择：是安于现状，还是勇敢追求未知的旅程？对于 Lee Wachtstetter 来说，她选择了后者。丈夫去世后，她卖掉了房子，选择了一种不同寻常的生活方式——在邮轮上度过余生。

Lee Wachtstetter，这位充满活力和魅力的老奶奶，用她的行动向我们展示了生活的无限可能。在连续 8 年的时间里，她把邮轮当成了自己的家，穿越大洋，完成了环球旅行。她的事迹被广泛报道，成为了一个备受关注的传奇人物。

她的选择并非出于冲动，而是深思熟虑后的决定。与丈夫共度了大半生的 Lee Wachtstetter，在丈夫去世后，经历了深深的孤独和痛苦。然而，她没有被悲伤所困，而是选择了以一种特殊的方式怀念丈夫。她卖掉了房子，只保留了一些珍贵的纪念品。她认为，物质上的东西无法与她在邮轮上获得的经历和回忆相提并论。

在邮轮上，Lee Wachtstetter 过上了全新的生活。她参加了各种活动和课程，包括舞蹈、烹饪、清洁、娱乐等。她与其他乘客分享彼此的故事和经历，结交了许多新朋友。邮轮上的生活让她重新找到了快乐和生活的意义，也让她重新发现了自己。

虽然已经年过九旬，但 Lee Wachtstetter 仍然保持着年轻人的活力和对生活的热爱。她喜欢跳舞、做针线活、品尝美食并结识新朋友。她也会通过邮件与家人保持联系，分享自己的生活经历和感受。在邮轮上，Lee Wachtstetter 找到了属于自己的乐园。她怀念过去的时光，珍惜与家人的联系。虽然年龄渐长，但她的生活仍然充满了活力和热情。

她的故事不仅令人惊叹，更展现了她对生活的独特理解和勇气。她用行动证明了生活不一定要受限于固定的环境和模式，只要有勇气和决心，每个人都可以创造属于自己的精彩旅程。她的故事也启发着我们，要珍惜当下，勇敢追求自己的梦想和热爱，让生活成为一段充满探索和发现的奇妙旅程。

作为一位退休的注册护士，Lee Wachtstetter 在年轻时曾梦想环游世界。然而，由于种种原因，这个梦想被搁置了。直到丈夫去世后，她才勇敢地追求自己的梦想。这 8 年的邮轮生活不仅让她实现了年轻时的梦想，更让她重新找到了生活的意义和目标。

如今，Lee Wachtstetter 的故事已经成为了传奇。她的勇气和决心激励了许多人去追求自己的梦想和热爱。她的事迹告诉我们，不论年龄大小，我们都可以重新开始新的生活旅程。只要我们勇敢地迈出第一步，就一定能找到属于自己的精彩世界。

她的故事不仅让我们重新审视自己的生活方式和价值观，更让我们明白勇气和决心对于人生旅程的重要性。在她的故事中，我们看到了一个充满智慧和勇气的灵魂对生活的热爱和追求。

（资料来源：Brian Warner, Celebrity Net Wort, Retire On A Luxury Cruise Ship! This Woman Has Done It For 10 Years，https://www.celebritynetworth.com，本文由作者根据原文整理所得）

本案例中，你认为 Lee Wachtstetter 对邮轮的依恋是否可以视为一种地方依恋？邮轮旅游对 Lee Wachtstetter 的吸引力是什么？你认为这是否与邮轮旅游的独特吸引力有关？

第一节　区位理论、空间理论、地方理论

一、区位理论概念及演变

区位理论研究产品或服务的生产和销售在空间分布上的最合理位置。区位理论认为，产地和消费地之间的距离是影响经济活动的重要因素，因此选择合适的区位可以提高生产效率和降低运输成本。区位理论（location theory）起源于 20 世纪初，它是一种研究地理空间和经济活动相互关系的理论方法。区位理论的发展历程可以追溯到经济学家阿尔弗雷德·韦伯（Alfred Weber）在 1909 年所写的《区位论》（*Theory of the Location of*

Industries）一书。韦伯提出了著名的"三种产业类型"的区位理论，即重力模型（gravity model）。他的重力模型奠定了区位理论的基础。瓦尔特·克里斯塔勒（Walter Christaller）将区位理论应用于人类定居模式的研究，提出了中心 / 地区理论（central place theory），描述了城市和市场中心的空间分布规律。奥古斯特·勒什（August Lösch）在克里斯塔勒的基础上，进一步发展了中心 / 地区理论，提出了交通线理论（transportation lines theory）。

1. 区位理论的核心思想

区位理论的核心思想可以归纳为"三最原则"。一是最小运输成本原则：生产企业应该尽量靠近原材料的产地，消费企业应尽量靠近市场，以减少生产过程中的运输成本。因此，企业在选择生产和销售位置时要考虑运输成本和距离的影响，选择位于交通中心、物流枢纽或交通便利的地理位置，从而降低物流成本和时间成本。二是最优化的运输信息原则：企业在选择生产和销售位置时，需要考虑运输路线的信息和成本，以便选择最优的运输路线和方式，进一步降低运输成本和提高生产效率。三是最大化市场销售原则：企业应该选择位于市场潜力大、经济和人口集中、消费需求强的地理位置，以实现销售增长和市场占有率的提高。

区位理论主要关注生产和销售的空间分布，以最小化运输成本、优化运输信息和最大化市场销售为核心思想。该理论对于企业的空间战略和经济决策具有重要的指导意义，在物流、产业布局和市场开拓方面具有实际应用。

2. 由区位理论延伸出的其他理论

1）产业集聚理论与产业聚类理论

产业集聚理论（industrial agglomeration theory）和产业聚类理论（industrial clustering theory）都是描述产业空间分布和经济发展的理论，但在焦点和视角上略有差异。产业集聚理论关注的是企业在同一地区的聚集现象。该理论认为，企业在特定地域内的集聚可以带来规模经济、技术互补和创新的优势。这种聚集会促使企业之间的交流和合作更加便利，提高生产效率和竞争力。产业集聚理论强调的是相互关系和协同效应，即企业聚集形成的产业集群使得整个地区在该产业领域具备了特殊的竞争优势。这个理论还强调了地理位置、资源分配、技能和劳动力等因素对产业聚集的影响。

相比之下，产业聚类理论更加广义和综合。它不仅考虑了企业在同一地区的聚集，还关注了包括供应链、服务提供商、大学研究机构以及政府机构等在内的各种相关产业组成的整体聚集现象。而产业集群是一个更加广泛的概念，强调了在特定地域内相关产业之间的联系和互补。产业聚类理论探究的重点在于全方位的产业链和生态系统，这些因素密切关联并共同形成一个聚集的整体。

产业集聚理论和产业聚类理论的共同点在于它们都认为聚集可以为企业带来经济效益和竞争力的提升。而差异在于产业集聚理论更专注于企业的规模经济和技术互补的优势，而产业聚类理论着眼于更广泛的产业生态系统和产业链的协同效应。这两个理论相互补充，共同为解释产业空间布局和经济发展提供了重要的理论框架。

2）增长极理论、空间网络理论与区域发展理论

增长极理论（growth pole theory）指出，某些特定的地理区域会成为经济增长的核心节点，引领周边地区的发展。这一理论强调地理区域之间的差异和互补性，以及地理位置对于经济增长的重要性。增长极理论不仅关注产业的集聚，还考虑了城市和地区的功能分工、分工间的交互作用以及整体区域的可持续发展。

空间网络理论（spatial networks theory）考察了地理空间中的连接和交通网络对经济活动的影响。该理论强调了交通和连接的重要性，并探讨了网络拓扑结构、距离、可达性等因素对于区域发展和经济增长的影响。

区域发展理论（regional development theory）关注的是不同地理区域之间的差异和发展不平衡问题。它研究了区域特征、资源配置、政策干预等因素对于区域经济增长和发展的影响。区位理论为区域发展理论提供了关于区位选择和区域间互动的重要基础。

这些理论在一定程度上都源于区位理论，通过对区位选择、地理空间和经济活动之间关系的研究，拓展了区位理论的范畴，并为经济地理学和区域发展研究提供了新的理论框架和分析工具。

二、空间理论概念与演变

空间理论（spatial theory）是地理学、社会学、文化学等学科中的一个重要理论分支，旨在研究人类社会行为与空间的关系。它关注人类如何感知、利用和赋予意义于空间，并通过空间的结构和组织来理解社会、文化和经济等现象。空间指的是具有三维特征的地域或地方。空间可以是物理空间，如地球的地理空间，也可以是社会空间，如城市的组织结构和人际关系网络。空间感知是指个体对空间环境的感知和认知过程。个体通过感知空间的物理特征、结构和氛围，来理解和适应空间环境。

1. 空间理论的基础与演变

经典地理学是空间理论的起点，集中关注地理空间的形成、分布和变化规律。这一阶段的研究主要聚焦于地形、气候、土地利用等自然地理要素对空间的影响。社会空间理论强调社会关系在空间组织和空间使用中的重要性。它关注空间与社会行为、社会结构和权力关系的相互作用。文化地理学将空间与文化联系起来，研究文化如何塑造和表达于空间。研究者开始关注空间中的符号、象征和意义，并研究不同文化背景下的空间感知和使用差异。后现代空间理论质疑传统的空间概念和框架，强调空间的多样性、流动性和碎片性。它关注日常生活中的非正式空间和边缘空间，并强调权力和身份在空间组织中的作用。全球空间理论关注全球化对空间的影响和重塑。后人类空间理论是空间理论的新兴分支，关注人类与非人类实体（如技术、机器和自然环境）之间的空间关系。它探讨人类与人工智能、虚拟现实等新技术之间的交互，以及人类与自然环境之间的关系。空间正义理论强调空间不平等和社会正义的问题。它关注特定地区或社群的资源分配和服务供应不平等问题，并提出改善空间正义的政策和实践。

2. 空间理论的研究内容

空间理论通常考察以下几个方面的关系：

（1）空间与社会的关系。空间理论主张空间不仅是人类活动的舞台，也是社会关系的产物。社会关系和社会实践被空间结构和空间组织所塑造，而空间结构和组织又受到社会行为和社会意义的影响。

（2）空间与权力的关系。空间理论关注空间中权力和社会关系的交织。空间的设计和布局可以体现特定社会团体的权力和地位，同时也可以塑造和约束人们的社会行为和身份。

（3）空间与身份认同的关系。空间理论认为空间是个体身份认同的重要表达场所。个体通过选择、塑造和使用特定的空间来表达自己的身份认同和个人价值观。

（4）空间与文化的关系。空间理论强调空间与文化之间的相互关系。不同文化背景下的人们对空间的感知和使用方式存在差异，而空间又成为文化意义和符号的呈现场所。

随着时间的推移，空间理论不断发展演进，从经典地理学到后人类空间理论，涵盖了更广泛的研究领域和新兴议题。它不仅在地理学领域，还在社会学、文化学、建筑学等学科中得到广泛应用和拓展，并为我们理解和解释人类社会和文化行为提供了有益的视角。

三、地方理论与场所理论

1. 地方理论与场所理论的辨析

地方理论和场所理论都被归为"place theory"的范畴。然而，由于在中文中，"地方"和"场所"这两个术语具有不同的语境和含义。因此，在翻译时为了刻画不同理论视角和研究方法的差别，也为了更符合中文读者的语言习惯，"place theory"被分别翻译为"地方理论"和"场所理论"。"place"可以承载不同的基本含义：它既可以指地理位置（具体的地点），也可以指具有个人或社会意义的场所（经历过的、有感知的地方），类似于中文中的"地方"和"场所"的概念。因此，"地方理论"更侧重于地理、环境和空间视角的研究，而"场所理论"更侧重于社会、文化和经验视角的研究。

当"place"被解释为"地点"的含义时，它通常在地理、环境或城市规划的背景下加以讨论。"地方"主要指的是位置的物理方面，如大小、边界、地理特征和位置属性。在这个意义上，主要探讨地点相关因素（如交通便利性、地理气候和自然资源）对人类行为或社会发展的影响。此时这个理论被称为"地方理论"，即狭义的"place theory"。

当"place"被解释为"场所"的含义时，它更多与文化地理学、社会学或心理学的观点相一致，"地方"被定义为赋予独特体验、个人情感和文化意义的场所。与物理特征不同，这种含义下的地方理论主要探讨人类与地方的情感关系、人们对地方的认同感以及与地方相关的社会/文化记忆和叙事。此时这种理论被称为"场所理论"，是广义的"place theory"。

2. 地方理论的核心思想与理论内涵

地方理论的概念起源于地理学，强调地方（place）的意义源于其具有的独特性和特定性，是社会和环境交融的产物。它理解的地方不仅仅是一个地理空间，更是一个含有丰富社会、文化、历史、环境内涵的空间。地方理论的核心思想在于：每个地方都有其独特的如社会、经济和文化等的特征，这些特征为了解地方对人的行为和活动产生的影响提供了有价值的视角。

地方理论的理论内涵主要包括以下几个方面：

• 个体与地方的关系：地方理论关注个体和地方之间的紧密联系，强调个体的行为、经验和感知都深受所在地方的影响。

• 地方的社会建构：地方并不仅仅是一个物理存在，还是一个由社会行动、历史文化、环境等方面建构而成的概念。

• 地方的独特性和连通性：每个地方都有其独有的特征，同时地方之间又存在连通性。

地方理论的发展演变包括了从科学分析到人文关注，以及从封闭系统到开放系统的转变。在现代地理学的发展过程中，地方理论逐步从关注物理性质和地理位置转向了对地方的文化内涵、社会意蕴的关注，地方成为了人类社会文化生活的载体和反映。同时，现代地方理论也越来越强调地方与全球化的关系，既关注地方的独特性，也强调地方的开放性，认为地方是全球与本地相互作用与影响的结果。

3. 场所理论的核心思想与理论内涵

场所理论是一种研究和理解我们生活中的具体场所如家庭、街区、城市等的理论，它为我们理解人类的社会和文化行为提供了一个空间视角。

场所理论的核心思想，是强调人与环境的关系，认为人们与他们生活的地方有着深厚的联系，人的行为、思维方式，甚至身份认同都受到周围环境的深刻影响。在这种观念下，"场所"不再是一个物理的地点，而是一个具有特定的社会、文化意义和情感价值的地方。

场所理论的理论内涵包括以下几个方面：

（1）"地方感（场所精神）"：场所理论主张人们对特定场所的感知影响了他们的行为和情绪。人们对场所的感知包括其物理特性，如空间的大小、布局、颜色、光线，以及与其相联系的社会和个人的记忆和经验。

（2）"地方依恋（场所依恋）"：人们对一个特定场所的强烈情感连接被称为场所依恋。这种依恋可能源于个人和场所的历史联系，也可能源于场所能满足个人的身份和归属感需求。

（3）"地方认同（场所身份）"：场所理论主张场所对人的身份有着重要影响。人们往往会通过他们生活的地方来定义自己，同时他们也会通过行动来定义他们的场所。

场所理论的发展演变经历了由粗犷到细致，由物质到精神，由静态到动态的过程。最初的场所概念主要关注的是物理空间和地理位置的影响，后来开始注重人对场所的感知和理解，以及人的活动如何创造和改变场所。现代的场所理论不仅关注具体的空间和地点，还开始关注空间的社会和文化内涵，以及空间和其他因素（如全球化、社区建设）的关系。其中，对全球化和地方化如何在特定场所中表现和交织的探究，成为当今场所理论的重要趋势。

四、区位理论、空间理论和地方理论在邮轮目的地管理中的应用

区位理论、空间理论和地方理论在邮轮目的地管理中有着广泛的应用。

1. 资源开发方面

区位理论强调了地理位置对于目的地资源开发的重要性。在邮轮目的地管理中，该理论可以帮助决策者选择适合开发邮轮旅游的地理位置。通过考虑目的地的地理条件、交通便利性和游客需求，可以确定最佳的资源开发策略和资源配置，以提供最具吸引力和竞争力的旅游产品或服务。

拓展阅读2.1
邮轮营造的地方感

邮轮目的地的空间布局也需要保证其便于游客的到达和游览，提升旅游吸引力和效益。区位理论可以辅助邮轮目的地就地理位置、交通、市场等因素来设计城市空间结构以及设施布局。例如，通过分析邮轮终端设施的建设和运营，以优化邮轮目的地的空间布局和设施布局，提高游客体验和服务品质。

2. 产品和服务设计、活动管理方面

空间理论和地方理论在产品和服务设计中发挥着重要的指导作用。空间理论强调地理空间分布对产品或服务设计的影响，而地方理论关注目的地独特的文化、历史和环境特色。在邮轮目的地管理中，这些理论可以帮助设计师根据目的地的特点，创造出具有独特体验和差异化优势的旅游产品或服务。通过合理利用目的地的空间布局和特色资源，可以提供多样化的邮轮旅游产品或服务，满足不同游客的需求和偏好。

区位理论对于活动管理的主要影响在于确定活动的地理位置和场地选择。通过运用区位理论，可以在目的地中选择合适的场地来举办各类活动，如演出、展览、体育比赛等，以丰富游客的体验和增强目的地的吸引力。同时，地方理论可以帮助举办者理解目的地的文化价值观和社会习俗，以适应和尊重当地文化，并确保活动与目的地的特色相协调。

3. 文旅融合和跨文化管理方面

邮轮旅游需要文化管理和文旅融合，通过合理整合文化元素和旅游活动，可以满足游客对于文化体验的需求，促进跨文化交流和相互理解。区位理论可以帮助决策者选择适合文化管理的地理位置。通过分析邮轮目的地的地理条件、文化背景和交通便利性等因素，选择符合文化管理目标的地理位置。空间理论在邮轮目的地文化管理中起到重要的指导作用。空间理论强调地理空间的分布对于文化管理的影响。在邮轮目的地中，该理论可以指导文化活动、场所设计和文化体验的布局。通过合理利用和规划目的地的空间布局，可以创造出符合当地文化特色和游客需求的文化体验空间。地方理论着重研究目的地的独特文化、历史和社区特色，并强调当地居民参与和文化保护的重要性。在文化管理中，地方理论可以帮助决策者理解目的地的文化价值观、社会习俗和可持续保护的需求。通过与当地社区合作，开展文化交流项目、传统艺术品推广、当地特色活动等，可以促进目的地文化的传承和保护。

邮轮目的地管理会涉及不同文化背景的游客和当地居民之间的交流和互动，以及不同

文化背景的管理者和员工之间的工作配合。区位理论在跨文化管理中可以帮助决策者选择适合跨文化交流的地理位置。通过分析不同目的地的地理条件、文化背景和交通便利性等因素，可以选择具有跨文化交流潜力的地理位置作为邮轮目的地，方便游客进行文化交流和体验。跨文化管理需要考虑目的地的地理和文化环境，借助地方理论来提供游客和当地居民间的文化交汇点，促进相互理解和共存。通过加强跨文化培训、提供多语言服务、尊重当地文化习俗、促进文化交流等方式，可以有效管理不同文化之间的互动。空间理论强调地理空间的分布对于跨文化交流的影响，可以指导邮轮目的地场所设计、活动布局和参与者互动的安排。通过合理利用和规划目的地的空间布局，可以创造出促进跨文化交流的场所和环境。

4. 市场拓展和营销管理方面

区位理论可以通过分析目的地所在区域的市场结构和竞争状况，为市场拓展提供依据。邮轮目的地管理可以借助区位理论的方法来评估不同市场的潜力和可行性，并确定适合的市场定位和目标客户群。此外，地方理论的应用还可以帮助开发者巧妙地融入当地文化和社区，提高游客的满意度和口碑效应，从而扩大市场份额。

在邮轮目的地管理中，区位理论和地方理论为营销管理提供理论支持。区位理论可帮助确定市场定位，并制定相应的市场营销策略，如选择适当的推广渠道和销售网络。地方理论重视地方特色和文化，可为市场营销提供增值点。通过充分展现目的地的独特文化资源、历史遗产和环境特色，可以塑造具有吸引力的营销故事和品牌形象，吸引更多游客。

5. 可持续管理方面

区位理论和地方理论可以推动邮轮目的地管理的可持续发展。区位理论强调资源的合理利用和保护，尤其是对自然环境的保护。地方理论强调当地居民的参与和资源的可持续管理。在邮轮目的地管理中，可以借助这些理论来制定可持续发展策略，平衡旅游业发展与环境、社会和文化的保护。通过推行环保措施、提倡文化保护、合理规划旅游线路和限制游客数量等方式，实现可持续管理目标。

此外，区位理论还可以帮助评估目的地的安全状况，选择相对安全的区域进行邮轮停靠和旅游活动。地方理论则强调对目的地当地社区及其安全标准和要求的了解。在邮轮目的地管理中，可以借助这些理论来制定安全管理策略，包括确保航行安全、提供紧急救援和应急处理能力，以及强调安全意识培训和防范措施。

综上所述，区位理论、空间理论和地方理论在邮轮目的地管理中有着广泛的应用。它们可以辅助决策者在资源开发、产品和服务设计、活动管理、市场拓展、跨文化管理、营销管理、可持续管理等方面进行合理的决策，从而提高目的地的吸引力、竞争力和可持续发展能力。

第二节　地方依恋理论

一、地方依恋概念及演变

1. 理论介绍

地方依恋理论（place attachment theory），也被称为场所依恋，其来源可以追溯到 20 世纪 80 年代，当时一些心理学家和地理学家开始研究人们对某个地方产生情感依赖的心理现象。在 20 世纪 80 年代中期到 90 年代初，地方依恋理论在美国得到了较大的发展。该理论最初主要被应用于环境心理学研究，随后逐渐延伸至社会学、地理学、社区发展等领域。

地方依恋是指个体对某一地方产生的独特的、强烈的、持久的情感连接。这种连接可能基于个体的个人经历，也可能源于个体对某一地方的认知或者身份认同。它的特征主要表现在三个方面：①行为特征，即人们倾向于反复访问和使用他们依恋的地方；②感知特征，即人们倾向于积极评价他们依恋的地方，同时对此地的变化极为敏感；③情感特征，即人们常常将依恋的地方看作是他们的一个重要组成部分，对此地有深深的依恋和归属感。

2. 地方依恋的情感层次

地方依恋的情感程度划分和标准并不统一，因为它涉及心理状态和情感联结的主观评估。然而，多数研究测量地方依恋程度的依据是频繁且持续的互动以及与特定地方的情感关联，如记忆、感知和体验等。地方依恋通常可分为地方依赖、地方认同、地方情感关联（place affect）、地方社会联结（social bonding to the place）等类型。每种地方依恋的程度都会影响个人的行为和决策，如"继续待在这个地方"还是"离开"。

根据人们对地方的感知、认知和情感连接的深度和复杂性的变化，如图 2-1 所示，学者们将地方依恋的情感从低到高大致划分为地方熟悉感、地方归属感、地方认同感、地方依赖感、根深蒂固感五个层次。

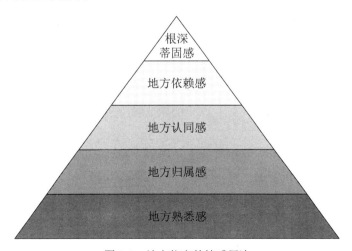

图 2-1　地方依恋的情感层次

（1）地方熟悉感：这是最基础的情感层次，是人们对一个地方的基本感知和了解。这个阶段的依恋主要建立在地方的熟悉性上。

（2）地方归属感：在对地方有一定了解，并且熟悉地方环境的基础上，人们可能会产生一种归属感，感觉自己是这个地方的一部分。

（3）地方认同感：当人们对一个地方有深厚的了解，并且认可和欣赏这个地方的价值和特质的时候，他们可能会产生认同感，把这个地方视为自我身份的一部分。

（4）地方依赖感：在认同感的基础上，如果人们在生活中高度依赖这个地方，可能产生依赖感，感觉离开这个地方就无法正常生活。

（5）根深蒂固感：这是最高的情感层次，在依赖感的基础上，人们对地方的情感已经根深蒂固，离开这个地方可能会引起强烈的痛苦和不安。

二、地方依恋理论与地方理论、场所精神、地方营造的关系

1. 地方依恋理论与地方理论的关系

地方依恋理论和地方理论是互相联系的，但它们重点关注的是人与地方关系的不同方面。地方依恋理论主要聚焦于个人与特定地点形成的情感和心理联系，包括因个人或集体经验、记忆和日常活动而产生的情感联系、归属感和认同感。地方理论通常与人文地理学和城市规划科目相连，主要关注的是构成并创造一种独特的地方感觉的物理、社会、经济和文化属性。它研究这些属性是如何影响个人对环境的感知和与环境的互动。这两种理论之间的主要区别在于它们各自的研究焦点：地方依恋理论关注的是个人与他们的环境之间的关系，而地方理论更多地关注环境因素对地方独特性的贡献。

地方依恋理论与地方理论是互相关联的，并且相互补充。地方依恋理论强调的情感联系和个人经验为地方理论中"地方"概念的理解增加了深度。同时，地方理论中探索的环境特性往往是形成地方依恋的催化剂。例如，理解地方理论可以帮助城市规划师设计出有强烈的地方依恋的环境，从而提高居民的满意度和归属感。理解地方依恋理论也有助于保存地方理论中对地方认同感有贡献的文化和历史特性。

2. 地方依恋与场所精神的关系

场所精神（sense of place），或译为"地方感"，通常指的是个人或群体对某个特定地理位置或社区的独特感知和理解，包括对其特色、价值、历史、风貌的认知，以及对其中融入的情感、记忆与社会关系的体验。相比之下，地方依恋更侧重于描述人们对特定地方产生深厚情感联系和强烈的归属感。它可能涵盖情感投射、社会和文化联系、记忆的共享以及身份认同等因素。

两者虽都聚焦于个体或群体与地方的关系，但着重点不同。场所精神旨在描绘对地方的综合感知和理解，地方依恋则更着重于情感的连接和归属感。一方面，强烈的地方依恋可以增强场所精神，使人们更加深刻地理解和感知地方特性。另一方面，丰富的场所精神也有可能促进地方依恋的形成，当人们对地方有了深入的理解和感知后，可能会对其产生更深的情感联系和归属感。

3. 地方营造理论

地方营造理论（place-making theory）主要是研究如何通过社区建设、建筑设计以及环境改善等方式，使个体能产生对某个地方的依恋，即创造让人们喜爱的地方。地方营造理论的核心思想包括：关注每个地方的独特性，重视社区参与和环境友善，促进居民对社区的归属感和满意度。

同样，地方营造理论也关注人与地方的连接，但比地方依恋理论更进一步。如果说地方依恋理论重在分析人们为何会对特定场所产生情感连接，那么地方营造理论更关注如何通过具体的实践去营造有助于产生和加强这种情感连接的地方。

因此，地方依恋理论和地方营造理论可以互相配合使用。地方依恋理论可以提供理论指导，帮助我们理解为何人们会对某些地方产生依恋，并推测什么样的地方能引起人们的依恋；地方营造理论则提供了相关方法和实践，指导我们如何去营造有助于产生和加强地方依恋的地方。

三、地方依恋理论在邮轮目的地管理中的应用

地方依恋理论在邮轮目的地管理中的应用涉及多个方面，主要包括营造邮轮目的地的地方感、提升邮轮与游客的情感连接和依恋感。

1. 营造邮轮目的地的地方感

一方面，地方营造包括在邮轮上重塑和展现地方感。邮轮设计应该突出地方元素，如画廊中的艺术作品、餐厅的食物甚至船内装饰等，都可以选取一些具有当地特征的元素，这样会让游客对目的地有更深层次的交流和认识，从而使得游客对目的地产生亲近感和依赖感。将反映独特地方特色的设计元素引入邮轮的内部空间中，如在娱乐设施内展示地方文化艺术品等，能够增强游客的旅游体验，让他们更好地了解和感受目的地的文化魅力。这种做法不仅能够丰富游客的旅游体验，而且有助于推广和保护地方文化和艺术，促进当地经济的发展。因此，邮轮公司应该注重将反映地方特色的设计元素融入邮轮的内部空间中，为游客提供更加丰富多彩的旅游体验。

另一方面，在游客服务方面，邮轮公司也可以通过组织特色活动来营造地方感。例如，提供目的地文化历史介绍、语言课程、当地风俗习惯的分享等。同时，还可以通过设定主题晚会、美食烹饪课程、工艺品制作等活动，引导游客深入了解和体验目的地的文化。船上的餐饮、娱乐和公共区域的设计，也应当尽可能反映目的地的特色，让游客在邮轮上就能感受到到达目的地的体验。

2. 提升邮轮与游客的情感连接和依恋感

首先，邮轮公司应选择具有鲜明地方特色的目的地。在选择航行路线时，不仅要充分考虑目的地的风光和特色，还要关注其文化、历史、风俗等方面。为游客提供更多的信息和背景知识，唤起他们对目的地的好奇心和探索欲望，从而增强他们对目的地的情感连接。邮轮公司应选择在拥有特色自然景观和独特文化的地方停靠，营造一个纵深的、融合了地方特色的游览路径，来引导游客深入体验地方文化，如参观名胜古迹、参与当地的节

庆或民俗活动、品尝当地美食等。

其次，邮轮公司还可以与当地社区进行合作，通过提供当地的特色商品或与当地公司合作提供独特的景点游等方式，引导游客深入了解和接触目的地的地方文化。邮轮公司也可以通过支持当地的社区建设来助力目的地的发展，这样既可以帮助目的地保持其独特性，同时也可以增强游客的地方依恋感。

再次，邮轮公司还可以通过举办各种活动，如文化研讨会、手工艺教学等，让游客更深入地体验和欣赏目的地的独特之处，提升他们的地方情感。同时，这些活动还可以促使游客与当地社区建立联系，增强他们的地方归属感。

最后，邮轮公司还可以通过环保活动，如海滩清洁、植树造林等参与当地的环保工作，让游客产生为目的地环保出一份力的感觉，从而加强游客与目的地的环境联系，深化地方依恋感。

拓展阅读2.2
皇家加勒比邮
轮公司的社区
项目

在地方依恋理论中，情感和认知都是不可忽视的。在邮轮目的地管理中，通过提供独特的游客体验，让游客对目的地有深刻的认知，从而产生强烈的情感连接和依恋感，这不仅能提升邮轮的吸引力，还能增加游客的满意度，对目的地的长期发展也有积极影响。

第三节　旅游区生命周期理论及拓展

一、旅游区生命周期理论（TALC）

旅游区生命周期理论（tourism area life cycle，TALC）是由英国地理学家 Richard W. Butler 在 1980 年提出的。该理论主要源于产品生命周期理论，它假设旅游区（多指旅游目的地，如一个景区、城市或者国家）会经历探索、发展、成熟和衰退四个阶段。Richard W. Butler 观察到许多旅游目的地都有一个类似的发展与衰退的过程，这个过程与产品的生命周期非常相似，因此他借鉴产品生命周期的概念，提出旅游区生命周期理论。这个理论自从提出以来，已成为旅游地理学、旅游规划和目的地管理研究的重要理论之一。

自 1980 年 Butler 提出 TALC 理论以来，众多学者进行了大量实证研究并对模型进行了扩展和修正。有的学者认为，旅游地的发展并非只有线性的"起–落"过程，更可能是一个"起–落–转型–再起"的周期性过程。因此，有的学者在 Butler 的基础上新增了"再生"或"持续发展"阶段。旅游区生命周期理论揭示了旅游目的地发展与变迁的一般规律，对于理解和引导旅游目的地的规划和管理，提升旅游目的地的竞争力、促进目的地的可持续发展，具有重要的理论和实践价值。

旅游区生命周期理论为旅游目的地的发展提供了理论框架和模型，可以帮助目的地管理者更好地预测目的地的发展趋势、制定相应的发展策略、促进变革并延长目的地的生命周期。但同时该理论也受到了批评，如认为它过于简单化，没有考虑到外部因素对目的地的影响，泛泛而谈的经验主义建议也不切实际。在后来的发展中，旅游区生命周期理论与

其他理论取长补短，如与可持续发展理论、创新与创业理论、旅游体验理论等结合并融合创新，激发了目的地管理理论的深化多元发展。

二、TALC 理论与其他理论的融合拓展

1. 创新创业理论与 TALC 理论的融合发展

旅游目的地的发展与创新创业紧密相关。部署创新创业策略能够改变旅游目的地的生命周期，尤其是在旅游目的地进入衰退阶段时，创新和创业尤显重要。

在旅游目的地的发展阶段，创新是关键。旅游产品、服务、营销策略的创新能吸引更多游客，促进旅游业的快速发展。然而，这个阶段也需考虑可持续性，否则可能导致资源的过度利用，对环境和社区产生负面影响。到了成熟阶段，地方企业和创业者需要不断创新，以保持竞争优势、提升旅游目的地吸引力。适当的创业活动如引入新的经营理念、运用科技提升服务水平、激发地方特色等，既能延长目的地的生命周期，也能使旅游业得以持续发展。衰退阶段中，旅游目的地将面临重大挑战，需要通过创新创业挽救和更新旅游业。创新可能包括改造原有的旅游产品、开发新的旅游项目、实施新的市场营销策略等。同时，鼓励创业，尤其是社会创业，如社区旅游、文化保护等，可以为当地社区带来新的经济活动，帮助振兴旅游目的地。

创新创业思维对旅游目的地的振兴至关重要，特别是在衰退阶段或危机阶段，创新创业能帮助旅游目的地找到新的发展机遇，实现可持续发展。创新不仅对产品开发和市场营销十分重要，并且对旅游业组织结构、管理方式、商业模式等方面有重大影响。旅游目的地管理者应鼓励创业行为，创建一个可以孵化新企业、新产品和新服务的环境，以促进目的地的持续发展。旅游目的地管理者应该关注创新创业活动对目的地社区和环境可能带来的影响，既要确保经济效益，也要考虑社会和环境效益，实现旅游业的可持续发展。

2. 可持续发展理论与 TALC 理论的融合发展

可持续发展理论强调在满足当前需求的同时，不损害未来世代的需求。旅游区生命周期理论揭示了目的地的发展会经历不同阶段，管理者可以利用这一理论，预见旅游目的地未来可能面临的挑战和变化，有计划地制定长远的发展策略。结合两者，管理者可以注重目的地的长期可持续性发展，考虑经济、社会和环境的因素，以便在目的地生命周期的各个阶段提供可持续的旅游产品和服务。

可持续发展理论强调社会、环境和经济三个方面的持续发展。结合这一理论，旅游目的地在各个生命周期阶段都应考虑到环境保护和社区福利，而不仅仅是经济收益。如果可持续发展理念在早期阶段就被引入，可避免目的地的过度开发和退化。在成熟阶段和衰退阶段，强调可持续发展可以引领目的地走向再生或再创新，从而延长旅游目的地的生命周期。例如，可以挖掘和开发新的可持续旅游资源，改善旅游设施，实施可持续旅游策略等。

通过反思和学习旅游区生命周期的各个阶段，旅游目的地可以获取如何平衡资源利用和保护、如何处理目的地的成长和衰退等方面的知识，促进创新和可持续性规划体系的形成。可持续发展理论也强调参与性决策和公平性，与旅游区生命周期理论结合，可以促进

各利益相关者的参与和讨论，把社区的发展融入旅游目的地的规划和管理中。

总之，结合可持续发展和旅游区生命周期理论能帮助更好地理解旅游目的地的发展阶段并预测它们的未来。这样可以帮助决策者更好地制定和实施旅游发展策略，实现目的地的长期可持续发展。

3. 旅游体验理论与 TALC 理论的融合发展

旅游体验理论与 TALC 理论结合在一起，可以更好地理解旅游目的地如何吸引并留住游客，以及如何管理和改进游客的体验。以下是一些可能的理论拓展和启示：

在探索阶段和发展阶段，游客的新奇体验是至关重要的。因此，旅游目的地应提供独特和吸引人的景点或活动，以吸引游客并提供难忘的体验。在成熟阶段，稳定的旅游人次可能会导致服务质量下降，进而影响游客体验。因此，旅游目的地应在这个阶段强调游客体验的提升，如提升服务质量、优化旅游环境等。在衰退阶段，旅游目的地可能需要创新或转型以提升游客体验，延长生命周期。这可能包括开发新的旅游产品、改善旅游设施或引入新的旅游活动等，以提供更新鲜和更吸引人的体验。

理解旅游体验理论对于提升游客满意度、形成旅游目的地品牌及保证旅游业的可持续发展都有重要作用。例如，通过增强对旅游目的地文化和社会的理解和尊重，游客体验可以被极大地提升，从而有利于提高游客忠诚度，降低旅游对环境和文化资源的负面影响。作为旅游目的地，理解和改善游客的全程体验，包括前期期待、过程体验以及后期回忆，在各个阶段通过独特的策略和方法，可以有效确保游客满意度并保持游客回头率。

拓展阅读2.3 Lindblad Expeditions延长与国家地理的合作关系

总之，融合旅游体验理论和 TALC 理论，有助于旅游目的地全面、深入地理解游客的需求与期望，从而进行更有效的目的地规划与管理，最终实现旅游业的可持续发展。

三、TALC 理论在邮轮目的地管理中的应用

TALC 理论在邮轮目的地管理中的应用主要涉及如何管理邮轮目的地的发展阶段，以及如何制定和调整相应的旅游业策略，以下是具体应用：

（1）TALC 理论可以帮助邮轮目的地开展全过程管理。在邮轮目的地刚开始被开发的阶段，旅游管理者应以了解邮轮游客需求、提供基础设施和服务为重点。例如，初步建设相关旅游硬件设施，如邮轮码头、游客接待中心等。在发展阶段，当邮轮目的地开始成为游客的热门选择时，应关注旅游规模的持续扩大，同时着力提升游客体验，增加各类旅游项目，并着手规划以预防可能的过度开发问题。成熟阶段邮轮目的地的游客量往往达到饱和，管理者应考虑如何通过优化服务和设施，提升邮轮游客的满意度和忠诚度，如提高服务质量，丰富旅游产品类型，改善游客体验，保持邮轮目的地的竞争力。在衰退阶段，当邮轮目的地开始流失游客时，管理者需要积极寻找原因，并寻找应对战略。可能的策略包括改进和创新旅游产品，引入新的旅游元素以提升目的地形象。如果邮轮目的地进入衰退阶段，管理者可以通过再生策略，尝试恢复或重塑目的地的吸引力。这可能需要较大的投

资，如开发新的设施、改善环境或进行大规模的营销活动。

（2）发挥可持续发展理论、创新创业理论和旅游体验理论对目的地生命周期延长和再生的指导作用。在发展和成熟阶段，邮轮企业可以通过创新的方法增强旅行体验，如引入新的航线、提供新颖的文化娱乐活动、推出独特菜品等。同时，邮轮企业还可以鼓励创业理念，与新兴的旅游企业或者旅游目的地进行合作，提供新的、吸引游客的产品和服务。在各个阶段，邮轮企业都需要重视游客体验，提供高质量的服务，提高游客满意度。在提供旅游服务时，要注意满足游客的各种需求，并实现游客与目的地、社区的有效互动。各阶段都需要考虑环境改变对邮轮目的地选择的影响，以及邮轮旅游对目的地环境的影响。例如，避免过度开发，选择生态友善的目的地，并在游客活动中注重讲解环保知识。

以上每个阶段只有针对旅游目的地的特色和游客需求，配合适合的市场营销策略和服务，才能确保邮轮目的地的持续发展。同时，邮轮目的地管理者也需要密切关注旅游业内外的趋势和动态，灵活应对可能的变化和挑战。

【本章小结】

本章深入探讨了各种研究理论及方法，通过对地方理论、区位理论、空间理论、地方依恋理论与生命周期理论等核心理论的分析，探讨了这些理论在邮轮目的地管理中的实际应用。全面的理论框架不仅为邮轮目的地的管理提供了丰富的理论支撑，也促进了对这些理论在具体实践中融合创新的深度探讨。

本章的内容对读者尤为重要，因其不仅帮助读者系统地理解邮轮目的地管理过程中的关键理论，还提供了一种理论与实践相结合的视角，形成了对邮轮旅游发展现状及其未来趋势的深刻洞察。通过本章的学习，读者能够获得关于如何有效运用这些理论来指导邮轮目的地管理和发展的实用知识，为进一步的研究和实践提供坚实的理论指导和灵感启发。

【典型案例分析】 驶向更绿色的未来：世界上第一艘零排放邮轮公司的可持续发展之旅

随着全球对环境问题的日益关注，可持续旅游已成为业界关注的焦点。作为一家历史悠久的海上旅游公司，挪威的海达路德游轮在这方面走在了行业的前列，它致力于打造零排放的邮轮，减少对环境的影响，同时关注社会责任的履行，为当地社区和经济作出贡献。

一、船舶管理与环保措施

海达路德游轮早在 2013 年就开始推行"禁止集装箱系统"战略，以减少化学物质的使用，并确保环境质量和对生态系统的保护。这一战略的推行意味着公司在船舶管理上对环保的重视，并采取切实措施来减少对海洋环境的影响。

为了进一步减少对海洋环境的影响，海达路德游轮在船舶管理中推出了更加严格的环保管理计划。2019 年，所有船都装备了"微塑料捕捉器"，以减少随废水排放到海中的人造微粒。这一举措对于保护海洋生态系统具有重要意义，也显示出公司对环境保护的决心和行动力。

为了保护洁净的北极和南极海域，海达路德游轮使用最先进的机器技术，以减少两极地区的排放。许多船的机器已经改造为使用液化天然气（LNG），因为它是一种比传统燃油更清洁的燃料。这种燃料的使用可以显著减少硫氧化物、氮氧化物和温室气体的排放，从而降低对大气的污染。

此外，海达路德游轮还注重提高能源效率，通过采用先进的船舶设计和技术创新来降低能耗，减少对化石燃料的依赖。这种节能措施有助于减少运营成本，同时也有助于保护环境。

二、绿色技术与创新

在绿色技术与创新方面，海达路德游轮也不断探索和实践。它们试验安装了船上温室，以增加食品自给率，并让船员有机会生产健康食品。此外，海达路德游轮还关注可再生能源的利用，积极探索太阳能、风能等可再生能源在邮轮上的应用，以替代传统的化石燃料。通过使用可再生能源，公司可以进一步减少对环境的负面影响，并推动清洁能源技术的发展。

在电动汽车、无人机和太阳能电池板等领域，海达路德游轮也有许多绿色技术和创新的实践。它致力于将这些技术应用于邮轮旅游中，为游客提供更加便捷、环保的服务。这种创新的应用不仅有助于提高运营效率，还能为游客带来独特的体验。

三、社会责任与当地社区发展

海达路德游轮致力于为当地社区和经济作出贡献。该公司注重使用当地的劳动力，鼓励游客购买当地的产品，并积极寻找机会支持当地社区进行慈善活动。这种做法有助于促进当地经济的发展和社区的繁荣。

同时，海达路德游轮还为当地旅游业的发展贡献了很多力量。它帮助当地提高旅游质量和多样性，为游客提供更加丰富和独特的旅游体验。通过与当地社区的合作和交流，海达路德游轮将可持续发展的理念融入旅游活动中，推动当地生态和文化的保护与传承。

此外，海达路德游轮还制订了员工参与计划，允许员工参与海洋和海岸的清理工作，促进员工提高环保认知。这种员工参与计划有助于实现公司的愿景和宗旨，推动可持续发展目标的实现，同时也能增强员工的社会责任感和环保意识，形成良好的企业文化。

四、品牌宣传与可持续发展理念传播

海达路德游轮在宣传自己的品牌时，非常强调其可持续性和社会责任履行。在其网站和各个市场推广渠道上，该公司经常以"在海洋中领先，可持续发展"的标语为卖点，宣传自己在减少碳足迹、保护海洋环境和开展社会事业方面的成就和贡献。这种宣传方式有助于提高公司的知名度和声誉，吸引更多关注可持续发展的游客选择海达路德游轮的服务。

此外，海达路德游轮还积极参与各种国际可持续发展论坛和活动，与其他企业和组织共同探讨可持续发展的路径和解决方案。通过分享自己的成功案例和实践经验，海达路德游轮为推动整个行业的可持续发展作出贡献。

（资料来源：Automds 绿色合规专家，驶向更绿色的未来：世界上第一艘零排放游轮，https://www.sohu.com/a/685720595_120588350，本文由作者根据原文整理所得）

请根据该案例思考以下问题：

目的地的环境保护能对其生命周期起到什么作用？邮轮环保和绿色措施会带来什么样的成本和收益？怎样看待这种绿色投入？

【复习思考题】

1. 地方理论的演变分为哪几个阶段？

2. 生命周期理论在邮轮旅游目的地管理中的应用有哪些？

3. 吸引力理论包括哪几个部分？

4. 简述区位理论的三个原则。

5. 可持续发展理论的内涵有哪些？

【在线测试题】扫描二维码，在线答题。

第三章 邮轮目的地文化管理

【本章学习目标】

理解邮轮文化多元性的概念及其在邮轮旅游中的表现，掌握管理文化多元性的策略，以促进文化交流和包容性。

分析邮轮目的地与客源地之间的文化差异与冲突，学习有效的跨文化管理和沟通技巧，以减少文化冲突。

探讨文化交流在邮轮旅游中的重要性，学习如何设计和实施跨文化交流活动，提升游客和当地社区之间的文化理解和尊重。

【导入案例】　　　　　　　邮轮上的跨文化管理

对于一艘航行于世界不同水域和港口的商船来说，在其上面工作的海员通常来自不同国家和地区。他们代表着各种文化背景、宗教信仰和风俗习惯，这使得商船成为了一个小型的"地球村"。在这样一个多元文化的环境中，跨文化交流与合作成为不可或缺的要素。

根据 Hanzu-Pazara 和 Arsenie 在 2010 年的调查研究，世界上 70%～80% 的商船船队都采用了跨文化海员混派的策略。这种趋势不仅反映了全球化背景下各国经济交流的密切程度，也体现了航运业对于多元化人才的需求。随着专业技能、供需比例和人力成本等因素的变化，国际航行船舶上跨文化海员混派的现象越来越普遍。尤其是在邮轮行业，每年需要雇用约 30 万名来自 118 个国籍的海员。这些海员为邮轮提供了丰富的文化背景和专业知识，为游客带来了独特的体验。

根据由联合国贸易和发展会议（UNCTAD）发布的《2021 年海上运输报告》，2021 年全球海员人数为 1 892 720 人，其中高级海员 857 540 人，执行高级海员支持工作的熟练海员有 1 035 180 人。全球前五大国际海员供应国依次是菲律宾、俄罗斯、印度尼

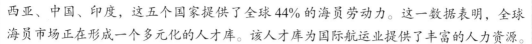

西亚、中国、印度，这五个国家提供了全球44%的海员劳动力。这一数据表明，全球海员市场正在形成一个多元化的人才库。该人才库为国际航运业提供了丰富的人力资源。

在船舶配员方面，亚洲国家船东所属的商船多以中国、菲律宾、印尼、印度、缅甸、孟加拉国海员为主，而欧美国家船东所属的商船除本国海员外，还大量使用俄罗斯、乌克兰、波兰、克罗地亚、中国、菲律宾、印度等第三方国家的海员。这种多元化的海员构成有助于提高船舶的安全和效率，同时也有助于促进各国之间的文化交流与合作。

根据"文化人"假设的观点，人是文化的产物，人的意识和行为会打上某种文化的烙印。来自不同国家和地区的海员，其意识形态和行为模式除了受国际公约、习惯做法等的影响之外，也必然受到其国家文化的影响。因此，要提高团队的整合能力，确保团队成员有清晰的目标、相关的技能、相互的信任、良好的沟通、恰当的领导，作为船上管理人员特别是船长，应了解相关国家的国家文化，正视海员受国家文化影响而存在的个体差异，熟悉跨文化管理知识。

为了实现有效的跨文化沟通与管理，船上管理人员需要具备跨文化意识。他们需要认识到文化差异的存在，尊重不同海员的背景和习惯。通过了解不同国家的文化特点、价值观念和沟通方式，管理人员能够更好地与海员进行交流与合作。同时，培训也是提高跨文化管理能力的重要途径。通过培训，管理人员可以学习跨文化管理的理论知识和实践技巧，从而更好地应对多元文化环境中的挑战。

在全球化的背景下，国际航运业将继续发展壮大。随着船舶大型化、智能化和环保化趋势的加速推进，对于多元化人才的需求也将进一步增加。因此，加强跨文化交流与合作，提高管理人员的领导力和文化素养，将有助于推动国际航运业的可持续发展。

（资料来源：信德海事，国家文化对海员的影响及海员跨文化管理之浅见，https://www.sohu.com/a/336801141_175033，本文由作者根据原文整理所得）

本案例中，来自不同国家和地区的海员在意识形态和行为模式上主要受到哪些因素的影响？如何提高跨文化海员团队的整合能力？邮轮文化管理方面有哪些特别之处？

第一节　邮轮文化多元性

一、文化多元性及价值

文化多元性理论指出，社会中存在文化差异和多样性，应当鼓励人们尊重和接纳这种多样性。文化多元性使得人们能够接触到更多的文化元素、观念和生活方式。这为个体和社会带来了更多选择和丰富经验，增强了人类的创造力和创新性。文化多元性使不同文化之间能够进行交流、互动和相互学习。这有助于缓解文化冲突，促进文化之间的理解、尊重和融合。文化多元性对于保护和传承人类的文化遗产非常重要。每种文化都有独特的价值和特色，只有通过保护和传承这些文化，才能确保其持久存在。文化多元性还促进了社会平等和社会正义的实现。通过尊重和接纳不同文化背景的人们，可以建立一个包容性和公正的社会环境，减少歧视和偏见。

邮轮上的乘客来自不同的国家，邮轮作为旅游目的地，提供了各种不同的娱乐活动、餐饮和购物选择，因此邮轮文化呈现出多样性和丰富性。船队的多元文化和航线的多元文化是邮轮文化中两个不同但又相互关联的方面，它们都体现了邮轮文化的多元性。

在邮轮目的地管理中，文化多元性理论起到了重要的指导作用。首先，邮轮目的地管理可以通过提供文化教育和体验活动来展示和促进文化多元性。旅客可以学习和接触不同的文化，从而提高对多元文化的理解和尊重。其次，文化多元性理论鼓励跨文化交流和互动。邮轮目的地管理可以提供机会让游客与当地居民交流并了解其文化，同时鼓励游客之间的文化交流和互动。再次，邮轮目的地管理需要考虑游客的多样性和文化特点。通过了解和尊重游客的不同文化背景，管理者可以为游客提供更多个性化、符合其文化需求的服务。最后，邮轮目的地管理也要考虑保护和传承当地的原住民文化特色。通过保护和弘扬当地文化，管理者可以为游客提供真正独特的文化体验。

综上所述，文化多元性理论为邮轮目的地管理提供了指导。该理论强调了尊重、接纳和促进文化多样性，同时鼓励跨文化交流和个体身份的多样性。邮轮目的地管理可以通过提供文化教育、促进交流和满足游客多元化需求来践行文化多元性理论的原则。

二、邮轮船队的多元文化

1. 邮轮公司的多元文化

邮轮公司的文化对邮轮船队的文化起着决定性和塑造性的作用。作为整个邮轮运营的核心，公司文化不仅引导着船队的运营理念和服务标准，还深刻影响着船队在品牌形象、客户体验以及员工行为等方面的表现。邮轮公司的文化通常会在品牌定位中明确体现，这一定位直接影响着邮轮船队的文化。邮轮公司文化决定了船队的整体风格、服务理念和客户体验，还影响着船队在不同市场中的文化适应性和灵活性。全球化背景下，邮轮公司必须适应不同地区的文化差异，这就需要公司文化具备高度的包容性和适应性。表 3-1 介绍了全球两大邮轮集团——嘉年华和皇家加勒比的品牌和经营概况。

表 3-1　邮轮公司的多元文化

项　　目	公　　司	
	嘉年华邮轮	皇家加勒比
公司概况	嘉年华邮轮（嘉年华邮轮公司）是全球最大的邮轮公司之一，总部位于美国佛罗里达州迈阿密市。嘉年华邮轮集团在全球邮轮业中的市场份额居首位，具有巨大的市场影响力	皇家加勒比是全球最大的邮轮品牌之一，也是全球最大的邮轮公司之一，成立于1968年，总部位于美国佛罗里达州迈阿密市。皇家加勒比邮轮集团的市场份额仅次于嘉年华，是全球第二大邮轮集团

续表

项 目	公 司	
	嘉年华邮轮	皇家加勒比
品牌	嘉年华集团旗下共有 10 个邮轮品牌，分别是嘉年华邮轮（Carnival Cruise Line）、公主邮轮（Princess Cruises）、荷美邮轮（Holland America Line）、世邦邮轮（Seabourn）、冠达邮轮（Cunard Line）、歌诗达邮轮（Costa Cruises）、阿依达邮轮（AIDA）、P&O Cruises（UK）、P&O Cruises（Australia）	皇家加勒比集团旗下拥有 4 个邮轮品牌，分别是皇家加勒比国际邮轮（Royal Caribbean International）、精致邮轮（Celebrity Cruises）、精钻邮轮（Azamara Club Cruises）、银海邮轮（Silversea Cruises）
航线、目的地	嘉年华邮轮集团的品牌各自有独特的市场定位和服务特色，从平价到豪华，应有尽有，满足不同类型的游客需求。航线和目的地涵盖了北美、加勒比海、百慕大群岛、墨西哥、阿拉斯加、夏威夷、欧洲、巴哈马、澳大利亚及新西兰等国家和地区	皇家加勒比邮轮集团的品牌注重提供创新和多样化的邮轮体验，从极致奢华到亲民游轮，满足各类客户的不同需求。航线和目的地遍及加勒比海、阿拉斯加、加拿大、欧洲、中东、亚洲 70 多个国家和地区

2. 邮轮船只的多元文化

邮轮船只的多元文化指不同邮轮公司设计和经营的邮轮，在船只设计、品牌文化、餐饮选择、娱乐活动、目的地选择、服务等方面展现出的不同特色和风格。邮轮船只的文化多元性确实可以从邮轮品牌、设计理念、服务特色、航线选择和目标客户群体等多个方面来展现。我们分别选取了美国皇家加勒比海洋绿洲号邮轮、英国冠达玛丽女皇二号邮轮、瑞士 MSC 地中海荣耀号邮轮、中国爱达·魔都号邮轮作为典型代表来分析邮轮船只的文化多元性。

（1）海洋绿洲号作为皇家加勒比旗下的巨无霸，其设计理念中融入了大量的创新元素，如船上的中央公园、旋转木马等，这些都体现了美国文化中对于创新、自由和娱乐的追求。它的服务特色也在于提供多样化的娱乐设施和丰富的活动，满足了不同客户群体的需求，尤其是家庭和年轻游客。这种以创新和娱乐为核心的文化，使得海洋绿洲号在邮轮市场上独树一帜。

（2）玛丽女皇二号则展现了英国冠达邮轮的传统与典雅。其宽阔的楼梯、宽敞的甲板和现代风格的餐厅都体现了英国文化中的庄重与贵族气息。同时，该邮轮提供的各种娱乐项目和美食也反映了英国文化的多元化和包容性。这种传统与现代相结合的文化，为游客提供了一种高贵而典雅的旅行体验。

（3）MSC 地中海荣耀号作为 MSC 地中海邮轮旗下的豪华邮轮，其设计理念中融入了浓郁的欧洲奢华风格。从"荣耀大道"到"施华洛世奇水晶旋梯"，每一处都彰显着欧洲文化的精致与浪漫。此外，该邮轮还提供了地道的欧洲美食和精彩的剧院表演，让游客在航行中就能感受到浓厚的欧洲文化氛围。

（4）爱达·魔都号作为中国自主研发的邮轮，其文化特色自然与中国文化紧密相连。

从名字到内部装饰，都融入了中国元素，如龙凤呈祥、富贵花开等主题。同时，该邮轮还提供了丰富的文化节目和活动，如文化讲座、文化展览等，让游客在航行中深入了解中华文化的魅力和传承。这种以中国文化为主题的邮轮，为游客提供了一种全新的文化体验。

这四艘邮轮分别代表了不同的文化特色和服务理念，为游客提供了多样化的选择。游客能在这些邮轮中找到适合自己的旅行体验。邮轮船只的文化多元性，使得邮轮旅行不仅是一种交通方式，更是一种文化交流和体验的方式。

3. 邮轮员工的多元文化

拥有来自不同文化背景的员工对于满足游客的多样化服务需求至关重要。员工的文化多样性不仅增强了乘客的旅行体验，还促进了不同文化间的相互理解和尊重。

邮轮公司招聘的员工多为精通多种语言、具备丰富文化敏感度，并在员工培训时强调跨文化交流技巧。这种培训确保了员工可以为不同文化背景的乘客提供高水平服务。邮轮的工作人员擅长的语言，如英语、西班牙语、法语等，以便与国际乘客有效沟通。员工还应介绍各种食物文化，庆祝不同国家的节日，通过展示各种艺术和表演形式，丰富整个行程的内容。

邮轮业因其全球化的客户群和多样化的服务需求，从不同国家招募多语言和多技能的员工。菲律宾是邮轮员工的主要来源地之一，这得益于菲律宾人英语流利、服务态度极佳并且专业技能全面。印度也是一大人员来源地，印度员工凭借出色的英语沟通技巧、适应新环境的能力和高水平的教育背景受到青睐。同样，印度尼西亚的员工因具备良好的语言沟通能力和旅游服务经验而成为重要的招募对象。中国、泰国等国家也贡献了大量员工，他们以专业技能、语言能力和优秀的工作态度为邮轮行业增添活力。此外，来自罗马尼亚、乌克兰和俄罗斯的技术型人才，在邮轮运营和维护领域发挥着重要作用。而巴西、墨西哥、南非等国的人才在舞蹈、音乐和娱乐表演方面展现出卓越才能，为乘客提供多元化的娱乐体验。邮轮公司之所以选择这些员工群体，不仅因为他们的专业水平，而且因为这些员工能够适应邮轮快速成长的需求，能够满足国际旅客的多元化服务预期。

在全球的就业市场中，邮轮行业因其竞争力的薪水和全面的福利体系吸引了众多专业人才，他们选择在邮轮上工作，不仅是为了追求经济上的利益，更是因为这一职业能够为他们提供独特的职业成长机会、探索世界的途径，以及与来自不同文化背景的同事们相处的宝贵经历。邮轮工作人员的多样性进一步丰富了客户的旅游体验，同时促进了文化之间的交流与理解。这些员工不仅在语言和文化上存在差异，而且有着不同的职业背景和技能。

以皇家加勒比国际邮轮公司为例，它是一家跨国公司，其员工来自世界各地。2022年，雇用了来自130多个国家的102 000名员工（包括94 300名船员和8 200名岸上员工），占世界国籍的60%。按照性别角色划分，岸上的员工57%是女性，43%是男性；船上的员工中22%是女性，78%是男性。按照地区划分性别占比，在北美、中美和加勒比地区的共12 455名员工，其中男性和女性分别占58%、42%；南美地区共4 291名员工，其中男性和女性分别占60%、40%；欧洲、中东和非洲地区共13 789名员工，其中男性和女性分别占 69%、31%；亚洲、澳大利亚和大洋洲地区共 50 667 名员工，其中男性和女性分别占 83%、17%。

二、邮轮航线的多元文化

邮轮航线的多元文化是指在邮轮航行的不同航线中（主要是客源国到目的国的航线过程），旅客可以接触到来自不同文化背景的人们，了解不同的文化习俗、美食、艺术等方面的内容。邮轮航线的多元文化是邮轮旅游的一大特色，可让旅客在短时间内接触到多个国家、地区的文化，增长自己的见识和体验不同的文化。邮轮航线的多元文化也是促进国际文化交流和合作的重要途径。在邮轮上，旅客可以通过参加各种文化活动、品尝各国美食、参观当地景点等方式，了解不同文化的特点，从而促进文化多样性和交流。

站在客源国和目的地国的文化多元角度，各国有不同的文化特点及邮轮上的文化注意事项。例如，自由、个性化、多样性是美国文化的特点，在邮轮上，美国游客通常比较随意、开放，习惯于放松、享受生活，也比较注重个人隐私和自由。中国文化的特点就是尊重传统、注重礼仪、讲究文化底蕴，中国游客通常比较注重礼节、尊重他人，也比较热情、好客，喜欢结交新朋友。德国文化的特点是严谨、注重效率、讲究规划，德国游客通常比较注重时间、计划和效率，也比较注重环保和可持续发展。优雅、有礼、传统是英国文化的特点。英国游客通常比较注重礼仪、传统和文化，也比较喜欢品尝美食和参加各种文化活动。独立、乐观、好玩是澳大利亚文化的特点，澳大利亚游客通常比较随意、自由，也比较热爱户外运动和探险旅游。邮轮上游客之间的文化交流和融合非常普遍，不同文化之间的互动和交流也丰富了邮轮旅游的内容和体验。

1. 邮轮客源国的多元文化

邮轮客源国的文化多元性是邮轮旅游的一大特点，不同国家的游客在邮轮上相遇、交流、学习，形成了独特的旅游文化氛围。

从客源市场的角度来讲，2019 年全球邮轮客源量达到 3 000 万人次，比 2018 年增长了 7%。根据国际邮轮行业协会（CLIA）发布的数据，截至 2019 年，美国是邮轮客源最大的国家，占全球邮轮市场总量的 35.5%。根据 2019 年的数据，美国境内共有超过 25 个港口提供邮轮服务，年邮轮旅游人次超过 1 400 万。美国的邮轮业发展较早，邮轮业发展很发达的区域包括美国西海岸和东海岸，它们的邮轮文化具有丰富的多元性。其中美国东海岸地区汇聚了世界各地的多元文化，可以让人们在一次旅行中领略到了不同种族、语言和风俗的魅力。东海岸的加勒比海是世界上最热门的度假胜地之一，该地区包括许多著名的岛屿，如巴哈马、牙买加、古巴、波多黎各等，这些岛屿以其独特的文化、美丽的海滩和丰富的自然资源而著称。中国是全球增长最快的邮轮客源国之一。2019 年，中国成为世界第二大邮轮客源国，客源量占全球总量的 14%。德国是欧洲最大的邮轮客源国之一，德国境内共有 4 个港口提供邮轮服务，年邮轮旅游人次超过 250 万。英国境内共有 5 个港口提供邮轮服务，年邮轮旅游人次超过 240 万。在欧洲，意大利、西班牙和法国也是

拓展阅读3.1
邮轮游客间的
文化冲突

重要的邮轮客源国。澳大利亚是南半球最大的邮轮客源国之一，澳大利亚共有 8 个港口提供邮轮服务，年邮轮旅游人次超过 150 万。随着全球旅游业的不断发展，邮轮市场的客源国市场也在不断扩大和变化。

从客源市场的角度来讲，根据国际邮轮行业协会（CLIA）2023 年发布的数据，北美仍然是最大的客源市场，其他地区邮轮客源市场有所增加，尤其是地中海的客源市场。根据图 3-1，从 2019 年和 2022 年的客运量对比中可以看出，2022 年各个地区大都还未恢复至 2019 年的客运数量，但是北美地区仍然稳居客源第一的地位，其次是西欧、亚洲等地区。其中亚洲地区的客运降幅较大，从疫情前的 3 738 千人的客运量降至 791 千人，未来亚洲邮轮客源量的恢复还有待提升。北美地区仍然是最大的邮轮客源市场，主要是因为该地区的经济发达、人口富裕、旅游消费水平高，同时也因为该地区的海岸线长，港口数量多，方便邮轮公司进行航线调整和航程安排。北美地区的文化多元性表现在许多方面，例如，种族和民族多样性：北美地区有许多不同的种族和民族，这些群体之间的文化差异和相互影响，形成了北美地区独特的文化多元性。北美地区的宗教信仰也非常多元化，包括基督教、犹太教、伊斯兰教、佛教等，这些宗教信仰对北美地区的文化、社会和政治等各个方面都产生了影响。北美地区的风俗习惯也非常多元化，不同的地区和群体有不同的习俗和传统，这些文化习俗给北美地区的文化多元性带来了更加丰富的内涵。北美地区拥有丰富的艺术和文化资源，包括电影、音乐、文学、美术等，这些艺术和文化对北美地区的文化多元性作出了重要的贡献。

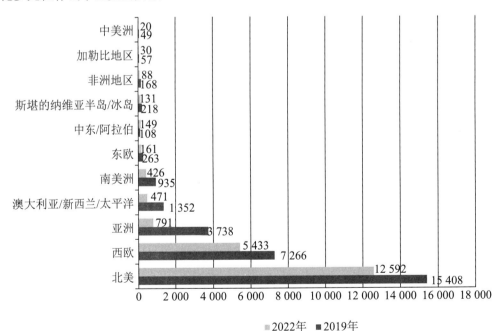

图 3-1　2019 年与 2022 年邮轮市场客运量对比（单位：千人）

（资料来源：国际邮轮协会 CLIA 官网，https://cruising.org/en.）

2. 邮轮目的国的多元文化

全球超过 200 多个国家和地区都是邮轮目的地国家，它们的表现风格因国家而异。

从客源市场的角度来讲，截至 2019 年国际邮轮协会的数据，最大的邮轮目的地国家是加勒比海的巴哈马。巴哈马有众多的海滩、水上活动和文化景点，是游客前往的热门地区之一。其中，加勒比海地区是非常受欢迎的邮轮目的地，有许多美丽的岛屿和海滩，以及丰富的文化和历史遗产。其他受欢迎的邮轮目的地国家还包括墨西哥、美国、加拿大等。中国、日本、新加坡和韩国等国家都在积极推动邮轮旅游业的发展，并建设了大型的邮轮港口和旅游设施。尤其是在中国，各个城市在不断扩建邮轮港口。2019 年，中国已成为全球第二大邮轮目的地市场。此外，东南亚的邮轮市场也在逐步崛起，越来越多的游客选择前往印度尼西亚、泰国、马来西亚、越南等地旅行。

根据国际邮轮协会的数据，截至 2022 年，旅游者首选的邮轮目的地仍然是加勒比海地区，其次是中部和西地中海、欧洲北部、阿拉斯加、纳西海岸、东地中海及亚洲等。加勒比地区是首选邮轮目的地的原因主要是拥有优美的自然环境、多元化的文化和便捷的邮轮服务。在气候和景色方面，加勒比地区具有热带气候，全年气温保持在 25℃ 至 30℃，且阳光充足，适合游客进行各种户外活动，如水上运动、海滩休闲等。加勒比地区的海岸线较长，有很多美丽的海滩和海湾，如牙买加、巴哈马等地，同时还有很多热带雨林、珊瑚礁、火山岛等景点，吸引了大量游客。在文化的多样性方面，加勒比地区有着丰富的文化遗产，由于受英国、法国、荷兰、西班牙等欧洲国家的影响，以及非洲、印度等其他文化的融合，形成了独特的文化景观。在便利的邮轮服务方面，加勒比地区的邮轮服务非常发达，有着完善的港口设施和各类邮轮航线，邮轮公司提供的舒适的住宿和各种娱乐设施也吸引了大量游客。

第二节　邮轮情景下的文化差异与冲突

文化差异是指不同社会、国家或地区之间的文化特征和差异。文化冲突指的是当不同文化之间的价值观、信仰、行为习惯或期望发生冲突或矛盾时的情况，它通常发生在不同文化背景的人之间，可能是由于对事物的理解、行为方式、社交习惯或思维模式的不同解读而引起的。文化冲突可以是个人层面的，也可能在组织、社区或国家之间出现。在跨文化环境中，文化冲突可能由价值观差异、意识形态和语言障碍、行为和礼仪差异造成。了解和尊重不同文化之间的差异，有效的跨文化沟通和合作，以及开放的态度和包容的心态，都是减少文化冲突的关键。通过对文化差异的理解和学习，人们可以更好地处理冲突，并寻求解决方案以促进和谐的跨文化关系。

一、邮轮目的地与客源地的文化差异与冲突

文化本身没有具体形态，主要通过文化承载体——人进行表现，同样通过旅游者消费行为的偏好，可以体现中西方邮轮旅游文化的差异。邮轮旅行是一种独特的旅游方式，在

邮轮上的旅客可以前往各种目的地体验不同的文化和风情。然而，由于不同国家和地区之间存在文化差异，旅客可能也会遇到一些挑战。地区之间的礼仪规范、饮食习惯、社交习惯、语言障碍等可能导致邮轮目的地与客源地间的文化冲突。不过，在各种文化差异中，也可以发现一些特色和乐趣。

（1）礼仪和社交规范方面，目的地的独特礼仪规范可以为游客带来全新的体验。例如，在亚洲国家，如日本，行为要求通常更加谦逊和恭敬，这表现在对他人的尊重和沉稳态度上。在东南亚的一些国家，如泰国和印度尼西亚，游客可能会体验到友好热情的欢迎仪式以及美丽的民俗表演，这些都是当地文化的独特特色。但是，不同国家和地区有不同的社交礼仪和规范，比如问候方式、身体接触、礼节性的礼物等。例如，在某些亚洲国家，鞠躬是一种常见的问候方式，而在西方国家可能不常见。这种差异可能导致旅客在目的地的表现不当，引起冲突或误解。

（2）饮食习惯方面，目的地的特色美食可以为旅客带来愉悦的味蕾体验。例如，意大利的比萨、中国的麻辣火锅、日本的寿司等，都是各自国家的经典美食。在邮轮上，旅客可以品尝到来自不同文化的美食，这为他们提供了一个品味多样性的绝佳机会。但是，不同国家和地区的饮食习惯也存在差异，包括食物种类、用餐时间、吃饭的方式等。旅客可能因为不喜欢当地的美食选择，而导致抱怨或引起冲突。

文化差异会带来新鲜感，但也意味着交流障碍。不同国家和地区有不同的宗教信仰和风俗习惯。旅客由于对目的地的宗教仪式和规定不熟悉，可能会无意中触犯当地的宗教信仰，可能导致文化冲突和困扰。例如，不同国家和地区对衣着和外貌有不同的要求和期望。旅客由于不清楚目的地的着装规定，可能会因为穿着不当或不符合当地期望而引起冲突。在某些情况下，旅客也可能因为无法用当地语言与当地人进行有效沟通，导致误解和不便。语言障碍可能导致旅客无法准确表达自己的需求或理解当地的指示。这可能引起沟通问题和冲突。

总之，邮轮旅行是一个充满多样文化体验的机会。虽然文化差异可能会带来一些挑战和冲突，但通过积极的态度和对目的地特色的认知，旅客也可以更好地享受旅行，增进对不同文化的理解和尊重。同时，邮轮旅行也为旅客提供了一个互动和学习的平台，让他们迅速融入当地文化，并创造难忘的旅行回忆。旅客可以参加文化交流活动，如学习当地的舞蹈、音乐或制作手工艺品，来增进对目的地文化的理解和欣赏。在邮轮旅行中，提前了解目的地的文化差异是非常重要的。旅客可以通过阅读指南、参加旅游讲座或与当地导游进行交流，获得有关目的地文化的基本知识。这将帮助旅客避免一些常见的文化误解，并更好地适应和尊重当地的习俗。

二、邮轮游客与邮轮运营公司的文化差异

邮轮游客与邮轮运营公司之间的文化差异会导致文化冲突。乘邮轮出海度假原本是一种舒适的休闲方式，但发生在游客与邮轮运营公司之间的文化冲突也会引起其他乘客的恐慌。邮轮游客通常期望得到高质量的服务，

拓展阅读3.2
邮轮与游客的
冲突解决

倘若冲突出现，如何解决冲突便是邮轮运营公司所面对的关键问题。

1. 餐饮文化差异

在邮轮旅行中，餐饮文化冲突是常见的问题之一。不同国家和地区的饮食习惯、口味和餐饮服务标准可能存在很大的差异，这可能会引起旅客的不适和不满。食物种类和口味、用餐礼仪、食品安全和卫生、餐饮服务标准等方面都可能存在餐饮文化冲突。

1）食物种类和口味差异

不同国家和地区的饮食习惯和口味不同，有些旅客可能会对当地的食物和口味感到不适应或不喜欢。例如，中东国家的饮食通常遵循伊斯兰教规，禁止食用猪肉和饮酒。中国餐饮文化的特点是食材丰富、烹饪方法多样。在邮轮上，可能会出现中国游客希望有更多的中国传统美食，而其他游客可能不太适应中国菜的口味或食材。日本餐饮文化注重新鲜、精致、卫生。在邮轮上，可能会出现日本游客对食物的卫生和新鲜程度有更高的要求，而其他游客可能认为这种要求过于苛刻。印度餐饮文化通常以素食为主，同时使用各种香料和调味料。在邮轮上，可能会出现印度游客希望有更多的素食选项，同时要求食物有更多的香料和辛辣味道，而其他游客可能不太适应这种口味。

2）用餐礼仪存在差异

不同地区和文化的用餐礼仪存在差异，如有些国家餐桌上是讲究吃饭速度的，而有些国家则非常注重餐桌上的社交氛围。在邮轮旅游中，可能会出现不同文化之间的饮食礼仪冲突。中国餐饮文化注重"家庭式"用餐，即在餐桌上摆上许多菜肴，供所有人共享。在邮轮上，可能会出现中国游客在自己的餐桌上分享食物，而其他游客可能并不理解这种行为。日本餐饮文化非常注重细节和礼仪。例如，在用餐时，人们通常会使用特定的餐具和饮具，以及特定的姿势和方式，以显示对食物和他人的尊重。这些行为在其他国家则可能会被视为是不必要的。

3）食品安全和卫生标准差异

不同国家和地区的食品安全和卫生标准不同，有些旅客可能会对当地的餐饮服务存在质疑或担忧。不同国家和地区的餐饮服务标准也不同，有些旅客可能会对当地的餐饮服务存在不满或不理解。在欧美国家，食品卫生标准相对较高，餐饮食品安全问题得到了更好的保障。在邮轮上，可能会出现这些游客对食品卫生要求很高，而其他游客可能认为这种要求过于苛刻。在一些国家，如印度和印度尼西亚，食品中可能会添加一些传统的香料和调味料，但可能会对某些人造成不适或过敏。

4）餐饮服务标准的要求和标准差异

不同国家和地区对餐饮服务标准的要求和标准存在差异，因此在邮轮旅游中也会出现冲突。在一些亚洲国家，如中国或日本，服务员通常会非常热情主动地为客人提供服务，甚至可能会在客人不需要的时候给予帮助。而在欧美国家，服务员通常会更加尊重客人的隐私和自由，不会过于主动地介入客人的个人空间。在邮轮上，可能会出现不同国家和地区的游客对服务员的态度和行为有不同的期望和要求，由此会引起一些冲突。在一些亚洲国家，如中国或印度，服务员通常会非常注重客人的感受和需求，会尽可能地满足客人的要求。而在欧美国家，服务员通常会更加注重效率和服务质量，可能不会过多顾及客人的个人需求。

为了避免餐饮文化冲突，邮轮公司通常会提供多样化的食物种类和口味选择，同时也会提供一些文化培训和服务，帮助游客了解当地的饮食文化和习惯。游客也可以提前了解目的地的饮食文化和特色，做好心理准备，并尊重当地的饮食习惯和文化。

2. 礼仪文化差异

邮轮旅行是一种跨文化的旅行方式，旅客和员工来自不同的国家和地区，可能会遇到一些礼仪文化差异和冲突。亚洲和西方国家在文化和社交礼仪方面存在较大的差异。例如，亚洲国家的社交礼仪较为严格，而西方国家比较注重个人自由。

1）社交礼仪和文化习惯差异

不同国家和地区有不同的社交礼仪和文化习惯，这可能会造成交流和理解上的困难。在一些亚洲国家，如中国或日本的社交礼仪非常讲究，包括对长辈的尊敬、对客人的热情招待、对礼物的重视等，认为送礼物是一种必要的社交礼仪。而有些国家认为过于频繁地送礼物会被认为是有意图的。而在欧美国家，社交礼仪则相对简单，更注重人际交往中的自由和平等。在邮轮上，则可能会出现不同国家和地区的游客对社交礼仪的要求和标准存在不同的期望和要求，由此会引起一些冲突。

2）衣着要求差异

不同国家和地区对衣着的要求也不同。在一些亚洲国家，如中国或日本，客人通常会在公共场所穿着整洁、得体的服装，注重仪态和礼仪。而在欧美国家，客人通常会比较注重舒适和自由，可能会穿着更加休闲的服装。在邮轮上，可能会出现不同国家和地区的游客对衣着要求有不同的期望和要求。例如，中东国家对女性的衣着要求相对较为严格，女性需要穿着长袍或头巾等传统服装，而欧美国家的女性通常可以随意穿着，不受严格衣着要求的限制。

3）性别差异

不同国家和地区对性别差异的处理也不同，在有些文化中男女之间的社交互动是不允许的，由此可能会造成交流和理解上的困难。在一些国家和地区，如日本的男性通常需要承担家庭的经济责任，女性则更多承担家庭生活和教育的责任。而在欧美国家，男女平等的观念更为普遍，男女在社会和家庭中的角色更加平等。因此，邮轮上可能会出现因不同国家和地区的游客对性别角色的认识和期望不同而导致的冲突。

为了避免社交礼仪和文化习惯差异与冲突，邮轮公司通常会提供一些文化培训和服务，帮助旅客和员工更好地了解和尊重不同的文化和习惯，避免不必要的冲突和误解。

3. 娱乐文化差异

在邮轮上，游客可以享受到各种娱乐和文化活动，如音乐会、舞蹈表演、文化展览等。然而，在不同国家和地区之间，由于文化差异的存在，有时候也会出现开放与保守的文化冲突以及娱乐类型的选择差异。

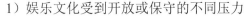

1）娱乐文化受到开放或保守的不同压力

酒精和烟草的消费在某些国家和地区，如中东和伊斯兰国家，被视为不道德的行为，因此被禁止。但在其他国家和地区，酒吧等场所却是娱乐的重要组成部分。如邮轮上举行一些晚会活动就要注意酒精和烟草的提供范围。某些国家和地区男性和女性在公共场合中的行为和衣着要求相对保守，如覆盖身体、不露出肩膀等，如印度和中东等地区，裸露的身体通常被视为不当的行为，因此被禁止。但在欧美等地区，裸露的身体被视为一种自由和放松的行为。所以，邮轮一些宴会在衣着要求方面，就要注意个别地区的衣着自由，不可强制要求。为了避免文化冲突的发生，邮轮公司通常会根据不同国家和地区的文化差异，调整邮轮上的娱乐和文化活动。例如，在相对保守的国家或地区，邮轮公司可能会有所限制或调整某些娱乐活动的形式和内容，以尊重当地的文化观念。同时，游客也应该在邮轮旅游中尊重当地文化和习俗，以避免不必要的文化冲突。

2）娱乐类型偏好的差异

一是对音乐和舞蹈的风格有不同的期望和要求。不同国家和地区的音乐和舞蹈风格存在差异，例如某些国家的旅客喜欢欧式古典舞蹈和华尔兹舞蹈，而其他国家的游客则更喜欢拉丁舞和街舞。二是对男女跳舞的方式有不同的期望和要求。中东国家对于男女跳舞有严格的限制，需要保持一定的距离和风度。而在欧美国家，男女跳舞相对自由，可以更加亲密和放松。三是对演出节目要求也存在差异，例如在某些国家，戏剧和音乐剧是最受欢迎的演出形式，而在其他国家，马戏团和杂技表演更受欢迎。欧美人更喜欢音乐剧、喜剧和魔术表演，演出内容通常比较轻松、欢快。而在一些亚洲国家，戏曲、舞剧和武术表演更为流行。四是对演出节目的风格有不同的期望和要求。中东国家对涉及宗教、政治或性别敏感的演出节目有严格的限制，不能出现挑衅性或亵渎性的内容。而在欧美国家，演出节目通常比较自由和开放，可以包含更多的社会敏感话题。五是游戏和竞技项目也存在文化差异。

邮轮娱乐文化差异与冲突可以通过相互尊重和理解来解决。旅客可以在旅行前了解当地的娱乐文化，尊重当地的娱乐习俗和文化，避免造成不必要的误解和冲突。邮轮公司也应当在娱乐节目设计时，考虑到不同文化之间的差异，尽可能地满足旅客的需求和喜好，增进旅客的满意度和体验感。

4. 服务文化差异

邮轮服务文化的矛盾和冲突可能是由于不同国家和地区的文化差异所致。

1）购物文化差异

不同国家和地区的购物文化存在差异。例如，西方国家消费者普遍重视个人隐私，购物时更倾向于自主选择，不喜欢被过多打扰。而在东方文化中，购物往往更注重人与人之间的互动与交流，消费者会期待销售人员提供更多的建议和帮助。西方文化倾向于个性化和品牌化消费，重视商品的品质和设计，而东方文化更注重实用性和性价比。这种差异源于不同的价值观念和消费观念。在邮轮上，不同国家和地区的游客可能对商品的内容有不同的期望和要求。

2）饮水习惯差异

饮水习惯在不同文化之间存在显著差异，这些差异不仅反映了生活方式的选择，也体现了文化价值观和环境因素的影响。在西方国家，饮用冷水或冰水是一种普遍习惯，这与他们的饮食习惯和生活节奏密切相关。而在中国传统中，热茶不仅是一种饮品，更是一种文化象征。茶文化在中国历史悠久，喝茶被认为有助于消化、养生，同时也是一种社交活动。因此，热水或温水在中国更为常见。此外，由于对水质安全的担忧，瓶装水和过滤水也逐渐成为许多中国家庭和公共场所的选择。了解这些文化差异对于国际交流和服务提供至关重要，它要求员工在提供饮水服务时，能够考虑到不同文化背景下的需求和偏好，以确保每位顾客都能感受到尊重和舒适。

3）服务态度差异

不同国家和地区的服务态度存在差异。热带海岛国家的服务人员一向以主动热情著称，服务周到细致；而有的国家更注重个人的隐私和私人空间，自助服务和消费更受欢迎。不同国家和地区的服务标准也存在差异。日本的服务标准非常严格，要求服务员必须按照规定的流程和标准为客人提供服务；而美国更注重服务员的自由发挥和创新。

中外在服务观念和态度上存在明显的文化差异。在中国，服务强调人情味和周到细致，服务人员通常更加注重与客户建立和谐的关系，倾向于提供个性化、全方位的服务。而在西方国家，服务更注重标准化和效率，服务人员通常更加注重提供快速、专业的服务，以满足客户的需求。这些差异源于不同的文化背景和价值观。了解并尊重这些文化差异，对于提升服务质量、促进国际交流与合作具有重要意义。

5. 法律文化差异

由于历史、文化、政治、经济等因素的影响，各国和地区的法律文化存在明显的差异。邮轮上因法律差异而产生的冲突主要涉及国籍和法律管辖权、责任和赔偿、合同和条款、法律适用和执行等方面。

1）国籍和法律管辖权差异

邮轮通常在一个国家注册，其船上的员工和乘客却可能来自不同的国家，这种情况就可能会出现法律管辖权的问题。当发生争议时，邮轮的国籍和航行地点、乘客和员工的国籍等都会影响该争议的法律管辖权。邮轮注册地所在国家被视为邮轮的"国籍国"。邮轮国籍国的法律体系和法律规定可能与乘客和员工的国籍国有所不同。邮轮航行的地点也会影响争议的管辖权。例如，当邮轮在国际水域航行时，可能需要适用国际法和国际公约；当邮轮停靠在某个国家的港口时，则需要遵守该国家的法律规定。例如，如果一位乘客在邮轮上遭受了人身伤害，那么他可以选择在自己的国家或者邮轮国籍国起诉，但是根据不同国家的法律规定，赔偿金额可能有所不同。

2）责任和赔偿差异

在邮轮上发生的事故或意外事件可能涉及乘客和员工的人身伤害、财产损失和船舶损毁等问题。根据不同的法律体系，对于这些损失和赔偿的责任和计算方式可能有所不同。例如，某些国家可能会对人身伤害的赔偿金额进行限制，而某些国家没有这样的限制。邮轮公司对于邮轮上的安全和服务质量负有责任。当发生人身伤害、财产损失和船舶损毁等问题时，邮轮公司的责任和赔偿金额也会因不同国家和地区的法律规定而有所不同。

3）合同和条款差异

邮轮公司往往有自己的合同和条款，这些合同和条款可能包括对票务、行程、服务、安全等方面的规定。当发生争议时，邮轮公司的合同和条款会成为争议的重要依据，但不同的国家和地区对于合同和条款的解释和适用可能有所不同。邮轮公司的合同和条款中可能包括对于争议管辖权的规定，如规定争议必须在邮轮国籍国或者某个特定国家解决。这些规定可能与乘客和员工的国籍国的法律规定相冲突，从而导致争议的管辖权问题。

4）法律适用和执行差异

在邮轮上发生的争议可能涉及不同国家和地区的法律，这必然会导致法律适用和执行的问题。例如，某位乘客在邮轮上遭受了人身伤害，但是根据邮轮公司的合同条款，该乘客只能在某个国家起诉邮轮公司，这就需要在不同的法律体系下进行协调和判断。不同国家和地区的法律体系存在差异，有些国家的法律体系是基于民法和刑法的，而有些国家更注重普通法和习惯法。不同国家和地区的法律程序也存在差异，有些国家的法律程序非常规范和严格，而有些国家更灵活。

邮轮法律文化的差异和冲突可以通过相互尊重和理解来解决。旅客可以在旅行前了解当地的法律体系和法律文化，遵守当地的法律法规，避免违反当地的法律。为了更好地解决在邮轮中的法律冲突和纠纷，邮轮公司通常会在合同和条款中明确规定争议解决的方式和适用的法律，同时也会与各国的法律机构和组织进行合作和协调，以保障邮轮上乘客和员工的合法权益。

三、邮轮员工管理中的文化差异

邮轮上的员工来自不同的国家和民族，他们之间存在很多差异。包括民族、宗教和区域方面的文化差异等。以嘉年华邮轮为例，亚洲地区35%的员工来自菲律宾，19%的来自印度，17%的来自印度尼西亚；欧洲地区3%的员工来自意大利，2%的员工来自德国；2%的员工来自联合国。

1. 民族文化差异

根据联合国2022年的统计报告，全世界有197个国家（主权国家195个，准主权国家2个，不含马耳他骑士团）和36个地区，共计有70多亿人口，2 000多个民族。这些民族的社会、经济、文化分别处于不同的发展阶段。其中，有人口1亿以上的民族，也有不足千人的民族。中国汉族是世界上人口最多的民族，菲律宾棉兰老岛的塔萨代族是人数最少的民族，仅20余人。每个民族都有自己独特的文化和传统。

比如，印度和印度尼西亚的民族文化就存在着一定的差异。印度尼西亚有多种民族和语言，它的文化传统受到东南亚和中国等国家和地区的影响，拥有自己独特的文化风格和特色。而印度以印度教和印地语为主要的民族文化特征。菲律宾也是一个多民族的国家，有着不同的语言、宗教和文化传统。菲律宾文化受到了西班牙、美国和中国等国家的影响,拥有自己独特的文化传统,包括舞蹈、音乐、文学、美术和手工艺等方面。意大利是一个以罗马天主教文化为主的国家,有着浓厚的历史和人文传统。意大利文化以艺术和建筑为代表,包括文艺复兴时期的文化遗产、歌剧、时装、美食和咖啡等方面。与之相邻的希腊和土耳其则有着东方文化和伊斯兰教文化的特征,这导致意大利与周围一些国家在民族文化方面存在明显差异。德国是一个主要以基督教文化为主的国家,在文化上有着丰富的历史和文学传统,以哲学、音乐、文学、科技和自然科学等方面为代表。如莱布尼茨、康德、贝多芬、巴赫、哥白尼、爱因斯坦等知名人物都是德国人。需要注意的是,这些差异和冲突并不代表着不同国家之间没有合作和友好的关系。实际上,在经济、文化、教育和科技等领域,不同国家之间也展开了许多合作和交流。

2. 宗教文化差异

不同宗教之间的主要差异在于信仰的对象、教义和仪式等方面。虽然存在差异,但各宗教都强调个人的信仰、道德责任和奉献精神等共性特征。需要指出的是,尽管国家之间存在着宗教文化方面的差异,但它们之间也有许多合作和交流的机会。

3. 区域文化差异

员工间的区域文化差异是指在一个组织内部,不同团队、部门或地区员工在文化背景、工作方式和价值观等方面的差异。这种文化差异可能来源于员工的文化背景、地理位置、工作职责、组织结构等多种因素。员工间的区域文化差异包括但不限于以下方面:

①沟通方式方面,不同团队、部门或地区可能存在不同的沟通方式。比如,有些团队可能更加注重面对面的交流,而有些团队可能更倾向于使用电子邮件或即时通信工具。②工作流程方面,不同团队、部门或地区可能有不同的工作流程和标准操作程序。比如,有些团队可能更加注重细节,有些团队则可能更注重效率。③价值观念方面,不同团队、部门或地区可能对于组织的价值观念存在不同的理解和体现。比如,有些团队可能更注重客户满意度,而有些团队可能更注重业务增长。④文化背景方面,不同团队、部门或地区的员工来自不同的文化背景,可能存在不同的信仰、价值观和行为规范。这些因素可能会影响员工的工作方式和相互之间的交流。

员工间的区域文化差异的存在可能会给组织带来一些挑战,如沟通不畅、合作困难、工作效率降低等。因此,组织需要意识到这种文化差异的存在,并采取措施来促进员工之间的相互理解和协调。

四、邮轮旅游与文化变迁及涵化

文化变迁是指文化在不同时期和环境中的演变和变化。文化涵化理论指出,在不同文化之间的接触和交流中,各种文化会相互影响和融合,产生新的文化形态。在邮轮旅游中,游客来自不同的国家和地区,代表着各种不同的文化背景。这种多样性和文化交流为旅游目的地带来了文化变迁和文化涵化的现象。

具体来说,在邮轮旅游中,游客可以尝试当地的特色美食,同时邮轮上也会提供适应不同文化口味的餐饮选择。这促进了饮食文化的交流和涵化,可能导致当地美食的重新解释和变化。不同的船员和乘客可以分享各自的艺术和娱乐形式，如音乐、舞蹈、表演等。这些文化交流可以带来新的艺术和娱乐形式的涵化和创新。不同文化背景的乘客和船员在社交活动中通过分享和学习不同的社交习俗、礼节和传统，也可促进文化的相互理解和接纳。这种文化变迁和文化涵化的现象既有好处也有挑战。好处包括增加文化多样性、促进文化交流和理解、丰富旅游体验等。然而，这也可能导致文化冲突、传统的流失和过度商业化的问题。

为解决这些问题，可以考虑以下方面：第一，在邮轮旅游中，提供关于当地文化的教育和引导，帮助游客了解当地的历史、传统和文化特点。这有助于提高游客的文化意识，减少文化冲突的可能性。第二，与邮轮旅游相关的目的地社区应当保护当地的文化遗产和传统。邮轮公司可以与当地社区建立伙伴关系，确保旅游活动对当地文化和社区利益有积极影响。第三，在发展邮轮旅游业时，应遵循可持续发展原则，平衡旅游发展和文化保护的关系。推动文化保护与文化涵化的平衡发展，确保当地文化的可持续传承和发展。第四，为与邮轮旅游相关的员工提供跨文化培训，增强他们的文化敏感性和跨文化沟通能力，以更好地应对文化涵化带来的变化与挑战。

第三节 文化交流与跨文化管理

一、邮轮目的地与客源地的文化交流

文化混合理论认为文化交流可以促进文化融合和新文化形态的产生。不同文化之间的互动和交流可以导致文化元素的混合和创新，产生新的文化形式和表达方式。邮轮目的地与客源地的文化交流，是指在邮轮旅游过程中不同地域之间相互交流和融合的过程。从这个角度来看，可以将邮轮目的地与客源地的文化交流分为两个方面：邮轮港口间的文化交流、邮轮游客与目的地居民的文化交流。

1. 邮轮港口之间的文化交流

邮轮港口之间的文化交流是指不同邮轮港口在文化方面的互动和交流，是不同港口之间的文化差异和相互影响的体现。邮轮旅游的路线通常包括多个港口，每个港口都有其独特的文化、历史和地理环境。游客可以通过游览、参观来了解当地文化，与不同港口之间进行交流和融合。同时，港口城市也会通过举办文化节、艺术展览、音乐会等活动，向游客展示当地的文化和艺术形式，促进不同港口之间的文化交流。港口间的交流表现在经济交流、教育交流、人员交流、艺术交流和环境保护交流等方面。经济交流：邮轮港口与港口之间的贸易往来和旅游消费等是最主要的交流方式。邮轮通过港口之间的往返，促进了沿线地区的经济发展。教育交流：邮轮会安排参观当地的历史文化遗迹、博物馆、艺术展览等活动，使游客了解当地的文化、历史和艺术，增长知识。同时，游客也可以通过邮轮上的讲座、文化活动等途径，了解不同国家和地区的文化风俗。人员交流：是指来自不同国家和地区的游客通过多元文化的交流，可以促进人员之间的相互了解，增进友谊和理

解。此外，邮轮工作人员也来自不同的国家和地区，他们在工作中互相协作和交流，也促进了文化的融合。艺术交流：邮轮上的娱乐活动多样化（包括音乐会、歌舞表演、魔术表演等）不仅展示了不同国家和地区的艺术风格，也促进了文化交流和融合。同时，邮轮上的艺术展览也能让游客欣赏到来自世界各地的艺术作品。环境保护交流：邮轮在不同的港口停靠时可以了解当地的环境保护情况和政策，同时也可以通过邮轮上的环保宣传和教育活动，引导游客关注环保问题，提高环保意识。

2. 邮轮游客与目的地居民的文化交流

邮轮游客与目的地居民的文化交流指的是游客与目的地居民之间的文化交流和融合。不同文化适应策略对游客不同类别行为的影响存在差异。游客在邮轮旅游过程中会到达不同的目的，可以与当地居民进行交流和互动，了解当地文化习俗和生活方式。同时，目的地居民也可通过邮轮游客，了解不同地域的文化，促进不同文化间的相互了解和融合。这种文化交流和融合有助于增强不同地域和文化背景之间的联系和理解，推动全球文化多样性的发展。具体而言，邮轮游客与目的地居民之间的文化交流表现在以下几个方面。

（1）文化交流活动方面：在一些邮轮港口，当地旅游部门会组织文化交流活动，这些活动旨在让游客更深入地了解当地的文化和历史，增强游客对当地文化的认知和理解，促进游客与当地居民之间的交流和互动。例如，一些港口的当地文化机构会组织音乐和舞蹈表演，让游客在欣赏当地音乐和舞蹈的同时了解当地的文化背景和历史。

（2）艺术文化交流方面：一些邮轮港口的游客可以通过欣赏当地的艺术表演，如音乐会、戏剧演出、艺术展览等，了解当地的艺术文化和审美观念。饮食文化是不同地区最直观的文化差异之一，邮轮在港口停留期间，游客可以在当地品尝到特色美食，了解当地饮食文化，并在餐桌上与当地人交流。

（3）社交活动方面：游客可以参加当地的社交活动，与当地居民交流、互动，了解当地的生活方式和文化。邮轮游客还可以通过学习当地语言，与当地居民进行交流和沟通，了解当地的文化和习俗。

邮轮游客与目的地居民的文化交流活动给游客提供了更加丰富的旅行体验，帮助游客更好地了解当地的文化和历史，增进游客与当地居民之间的交流和互动，促进不同文化之间的相互理解和尊重。邮轮游客与目的地居民的文化交流对于促进不同文化之间的相互理解和交流具有积极的作用。邮轮旅游作为一种跨国旅游方式，可以带动文化旅游的繁荣发展，促进不同国家和地区之间的文化交流和合作。

拓展阅读3.3
邮轮旅游的
文化价值

二、邮轮游客与邮轮运营公司的文化适应

1. 文化适应及管理启示

文化适应是一种描述人类在跨文化环境中学习和适应新文化的理论。它强调个体在接触和融入不同文化时，会经历一系列适应过程，以理解和适应新的文化环境。文化适应理论认为个体在接触新文化时会经历三个主要阶段。

（1）蜜月期（honeymoon phase）：在这个阶段，个体初次接触新文化时，往往会经历兴奋并有对新事物的好奇心。他们可能会对新文化的独特之处感到着迷，并尊重其他文化的价值观。

（2）挫折期（culture shock）：在这个阶段，个体会开始感受到文化差异和文化冲突。他们可能会面临语言障碍、思维方式的不同、社会行为规范的不熟悉等问题。这个阶段个体可能会面临不适和困惑。

（3）适应期（adjustment phase）：在这个阶段，个体将逐渐适应并融入新文化。他们开始学习新的语言和交际方式，理解并接受新的社会规范和行为准则。在适应期，个体能够更好地应对文化冲突，并逐渐形成与新文化的互动模式。

在邮轮游客和邮轮公司文化交流中，个体（邮轮游客）和组织（邮轮公司）都会经历文化适应的过程。对于邮轮公司来说，就意味着要理解和适应不同地理位置和文化背景的乘客和员工。以下是该理论给邮轮管理带来的一些启示：

1）多样性的重要性

文化适应理论强调了多样性的重要性。在邮轮上，乘客和员工来自不同的国家和文化背景。了解和尊重这种多样性对于满足不同人群的需求至关重要。因此，邮轮管理团队应该努力创造一个包容和接纳不同文化的环境。

2）教育和培训

文化适应需要知识和理解。通过为员工提供有关不同文化背景和习俗的教育和培训，可以帮助员工更好地适应和理解乘客的需求，包括语言培训、文化沟通技巧等方面的培训。

3）专门服务

文化适应理论强调了个性化和定制化服务的重要性。邮轮上的乘客来自不同的文化背景，在餐饮、娱乐和旅游活动等方面有不同的喜好和需求。邮轮管理中可以根据不同的文化特点提供特别设计的服务和活动，以增进乘客的满意度。

4）跨文化沟通

有效的跨文化沟通对于邮轮管理至关重要。由于乘客和员工来自不同的国家和文化背景，邮轮管理需要致力于改善跨文化沟通技巧，包括提供多语种的沟通手段、解决文化差异的冲突等。

5）增加文化敏感度

邮轮管理应该鼓励员工增强对不同文化的敏感度和理解力。这可以通过组织文化交流活动、与当地社区合作等方式实现。增强文化敏感度可以帮助邮轮企业更好地满足乘客的需求，并提供一个友好和包容的环境。

总之，文化适应理论给予了邮轮管理在多样性管理、教育培训、定制服务、跨文化沟通和增加文化敏感度等多方面的启示。通过理解和适应不同文化，邮轮企业可以提高乘客满意度，为他们提供更好的旅行体验。

2. 邮轮文化适应及表现

邮轮游客与邮轮公司之间的文化适应是一种相互影响的过程。游客可以通过邮轮上的各种活动和设施来了解邮轮公司的文化，而邮轮公司也可以通过游客的反馈来改进和调整自己的文化。

1）餐饮文化交流与融合

在邮轮上，餐饮是游客非常关注的一个方面。游客可以通过餐饮来尝试当地的美食和文化，邮轮公司也可以通过餐饮来展示自己的文化特色，因此在餐饮方面的文化交流与融合非常重要。邮轮餐饮通过融合多种文化来满足游客需求。邮轮公司通常提供多样化的餐饮选择，包括西餐、中餐、日餐和海鲜自助等。同时，为满足游客个性化需求，邮轮公司还提供特殊饮食。游客与邮轮公司之间的餐饮交流和互动也十分重要，如了解当地美食文化、交流餐饮喜好等，这有助于提升服务质量和满意度。邮轮公司还会融合各国美食，创新体验。在文化适应性方面，邮轮公司会根据游客的文化背景提供特色餐饮。游客的反馈和建议对邮轮公司的餐饮服务改进具有重要影响。

2）礼仪文化交流与融合

在邮轮上，礼仪是邮轮公司和游客之间进行文化交流和融合的重要方面之一。邮轮公司通常会根据游客的文化背景和需求，制定相应的礼仪规定和服务标准，以提升游客的满意度和体验感。而游客在邮轮上也会通过自己的行为和举止来影响邮轮公司的礼仪文化和服务质量。

邮轮公司在制定礼仪规定时通常会考虑到游客的文化背景和需求，以确保游客在邮轮上的行为和举止符合当地的礼仪标准和邮轮公司的服务要求。例如，一些亚洲邮轮公司会提供拜访寺庙时需要注意的礼仪规定，而一些欧美邮轮公司会提供用餐礼仪的指导。游客在邮轮上的行为和举止也会影响邮轮公司的礼仪文化和服务质量。游客可以通过自己的行为来展示自己的文化背景和礼仪习惯，与邮轮公司进行文化交流和融合。游客也可以对邮轮公司的礼仪规定和服务质量提出改进意见和建议，以帮助邮轮公司提升服务水平和满意度。

3）娱乐文化交流与融合

在邮轮上，娱乐是游客最为关注的一部分，游客可以通过邮轮上的各种娱乐活动来体验当地文化和娱乐形式，邮轮公司也会通过娱乐活动来展示自己的文化特色。因此，在娱乐方面的文化交流和融合非常重要。

邮轮公司会提供各种娱乐活动，包括音乐演出、文化表演、儿童活动、游戏竞赛等。这些活动通常会考虑到游客的文化背景和需求，以确保游客能够在邮轮上享受到符合当地文化特色的娱乐活动。例如，一些亚洲邮轮公司会提供传统文化表演，而一些欧美邮轮公司会提供各种音乐演出和时尚活动。游客在邮轮上也可以通过自己的行为和举止来展示自己的文化特色和娱乐需求，与邮轮公司进行文化交流和融合。总之，在娱乐方面的文化交流和融合可以让游客更好地了解当地文化和娱乐形式，同时也可以让邮轮公司提供更多样化和贴近游客需求的娱乐体验。

4）服务文化交流与融合

在邮轮上，游客与邮轮公司之间的服务交流和融合也非常重要，它可以让游客更好地了解当地文化和风俗，同时也可以让邮轮公司提供更贴近游客需求的服务体验。服务方面的文化交流和融合主要体现在服务的多样化和个性化、服务的交流和互动、服务的文化适应性、服务的反馈和改进等方面。

在服务的多样化和个性化方面，邮轮公司会根据游客的需求和文化背景，提供不同类型的服务，例如餐饮、房间清洁、旅游服务等。邮轮公司也会根据游客的个性和喜好，提供个性化的服务，如定制旅游线路等，以满足游客的需求。服务的交流和互动方面，游客与邮轮公司之间会进行服务的交流和互动，如游客可以向邮轮工作人员了解当地文化和风俗，或与邮轮工作人员交流自己的观点和建议，以帮助邮轮公司提升服务质量和满意度。服务的文化适应性方面，邮轮公司会考虑到游客的文化背景和需求，提供符合当地文化特色的服务，如在餐饮方面提供当地美食，或在旅游服务中提供介绍当地文化和历史的内容。服务的反馈和改进方面，游客可以通过反馈和建议，向邮轮公司提出自己的需求和改进意见，以帮助邮轮公司提供更好的服务体验。邮轮公司也会通过游客的反馈和建议，了解游客的需求和文化背景，以提供更符合游客需求的服务体验。

5）法律文化交流与融合

在邮轮上，游客与邮轮公司之间在法律方面的文化交流和融合非常重要，它可以让游客更好地了解邮轮的法律规定和义务，同时也可以让邮轮公司更好地了解游客的法律文化背景和需求，提供更加符合游客需求和法律规定的服务体验。法律方面的文化交流和融合主要体现在法律的适用和遵守、法律的文化适应性、法律的交流和学习、法律的反馈和改进等方面。

在法律的适用和遵守方面，邮轮公司会根据不同国家或地区的法律规定，提供相应的服务和规定，如安全规定、消费者权益保护等。同时，游客也需要遵守邮轮的法律规定和义务，如不得携带违禁品、不得在邮轮上制造骚乱等。法律的文化适应性方面，邮轮公司会考虑到游客的文化背景和法律文化差异，提供符合当地法律规定和文化特色的服务，如在餐饮方面提供符合当地法律规定的饮食，或在旅游服务中提供符合当地法律规定的娱乐活动。法律的交流和学习方面，游客和邮轮公司之间会进行法律方面的交流和学习，如游客可以向邮轮工作人员了解当地法律规定和文化差异，或是与邮轮工作人员交流自己的观点和建议，以帮助邮轮公司提升服务质量和满意度。总之，在法律方面的文化交流和融合可以让游客更好地了解邮轮的法律规定和义务，同时也可以让邮轮公司更好地了解游客的法律文化背景和需求，提供更加符合游客需求和法律规定的服务体验。

三、邮轮目的地跨文化管理

1. 跨文化管理理论及启示

跨文化管理理论是研究如何在不同文化背景下进行有效管理的学说。它承认文化差异的存在，并试图通过理解、尊重和调整来适应和利用这些差异。跨文化管理理论的核心思想是，有效的管理方法并非是唯一且固定不变的，而是需要根据所处文化环境的具体情况来调整。这一理论范畴的研究主题大体上涉及以下几个方面：文化对管理风格和组织行为的影响、跨文化团队的建设和管理、跨文化沟通方式、员工在异国文化环境中的适应机制。

荷兰社会心理学家吉尔特·霍夫斯泰德（Geert Hofstede）是跨文化管理研究的代表人物。他将文化差异维度化，提出了"五维度文化模型"。文化差异从权力距离、个人主义/集体主义、男性主义/女性主义、不确定性规避以及长期/短期取向五个维度来衡量。

跨文化管理提出了一种在不同文化背景下管理和领导多元化团队的管理方法和理念。它强调了理解文化差异、促进有效沟通和建立合作关系的重要性。跨文化管理理论对企业的管理有诸多启示：

1）理解和尊重文化差异

跨文化管理理论强调了文化差异的存在和影响。不同的文化背景会导致不同的价值观、信念和行为方式。文化差异可能会影响组织的决策、沟通、人力资源管理等。关注这些差异，理解和尊重每种文化的独特性可以提高企业在全球化经营中的效率和效果。管理者应该意识到这些差异并学习了解和尊重其他文化。这样可以帮助管理者避免错误的假设，增进团队成员之间的理解和合作。

2）跨文化沟通和协作能力的培养

有效的跨文化沟通对于跨文化管理至关重要。在全球化的背景下，企业的员工可能会来自不同的文化背景。如何进行有效的沟通，以及建设高效的团队，都是跨文化管理者需要关注的问题。管理者需要学习适应并理解不同的沟通方式，确保信息传递的准确性。掌握良好的跨文化沟通技巧可以降低沟通障碍，增加团队成员之间的互信和合作。

3）适应性领导风格和员工训练

跨文化管理理论强调领导风格的适应性。不同的文化背景可能对领导风格有不同的要求。管理者应该灵活地调整自己的领导风格，以适应团队成员的需要和文化要求。这可能涉及鼓励参与、培养合作精神、尊重个体差异等方面的调整。跨文化管理理论强调培养文化敏感度和提供适当的培训。管理者和团队成员应该学习了解其他文化的价值观、习俗和行为准则。通过培训可以帮助他们增加对不同文化的认知和理解，提高团队成员的文化适应能力。员工的跨文化适应能力，不仅影响他们的工作效率，而且可能影响他们的心理健康和生活满意度。因此，企业需要重视对员工的跨文化适应性训练，包括语言能力、沟通技巧和理解异国文化的培训。

4）灵活调整管理策略和多样性管理方法

同一种管理手段在不同文化背景下的效果可能会有所不同，因此管理者需要灵活应变，根据不同的文化环境针对性地调整其管理策略和方法。跨文化管理理论强调多元化团队管理。多元化团队由不同文化背景的成员组成，团队成员具备不同的观点、经验和技能。管理者应该善于利用这些多样性，发挥每个成员的优势，并创建一个包容和平等的工作环境。鼓励团队成员之间的互相学习和合作，可以提高团队的创造力和绩效。

综上所述，跨文化管理理论强调在全球化语境下，文化的差异性和共性对于企业内部管理以及企业与复杂市场环境之间互动的深远影响。该理论为全球化的企业管理者树立了

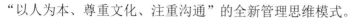

"以人为本、尊重文化、注重沟通"的全新管理思维模式。

2. 邮轮行业跨文化管理

邮轮行业要服务于全球范围的乘客，员工也来自世界各地。这些乘客和员工可能具有不同的文化背景，有着不同的行为习惯和价值观。有效的跨文化管理能够减少文化差异带来的误解和冲突，保证服务的顺畅和员工的和谐合作。邮轮行业的跨文化管理是一个高度复杂且必要的过程，通过吸收和整合全球范围内的多元文化资源，以及良好的人力资源策略和管理方法，为员工和乘客创造和谐、富有活力的邮轮环境，最终顺利完成邮轮公司的战略目标。在理论层面上，邮轮行业跨文化管理主要体现为对霍夫斯特德（Hofstede）（1980）的文化维度理论的理解和应用。

1）以系统方式理解文化差异

这需要应用霍夫斯特德的"五维模型"：权力距离、个体主义与集体主义、男性气质和女性气质、不确定性避免以及期望方向。这个模型可帮助管理者理解不同文化的员工如何看待权力分配、团队合作、竞争与合作、风险与不确定性以及长短期规划等问题，从而告诉管理者应如何更有效地管理。

2）从员工招聘环节就开展跨文化管理

招聘阶段涵盖了多元的责任，其中包括确保员工对邮轮文化的了解，以及对自身在船员群体之间如何协同工作的理解。在面试过程中，邮轮公司会对求职者进行一定的文化知识测试，以了解他们的跨文化理解能力和应对能力。这可能包含一系列通用的文化理解题目，以及针对特定文化的问题。邮轮公司会对候选人的跨文化沟通能力（包括语言理解与表达能力，以及处理文化差异和冲突的技巧等方面）进行评估。公司还需要评估应聘者适应新环境、新文化的能力，以及他们面对困难和压力时的应对方法。

3）通过入职培训、在职培训和定期培训做好跨文化管理

在入职培训阶段，邮轮公司可以通过培训，将公司的使命、价值观、行为准则等方面的信息传达给新员工。新入职员工需要对工作中的日常规则进行了解，包括行为规范、餐饮休息、应急处理等方面的具体事务。在职培训阶段，要持续开展文化敏感性培训，通过定期举办跨文化培训课程，增强员工的文化敏感性，提升其处理跨文化冲突的能力。企业应当对员工在跨文化领域的表现进行反馈和评估，以便于员工进行持续的改进。通过疏导等活动，帮助员工应对不同文化间的摩擦和冲突，保持员工的心态稳定。

4）建立有效的沟通渠道和工具，通过文化教育和培训以及文化活动，创建多元的工作环境

邮轮公司需要持续地开展文化了解与适应性工作，既包括对全球文化的了解，也包括对公司内部新兴文化的适应，通过积极推进文化交流活动，鼓励船员分享自己的文化，以及定期评估和调整公司文化来适应不断变化的环境和需求。比如：提供多语种的沟通工具，以确保重要信息的理解和传达；鼓励开放式沟通，以减少误解并促进文化交流。此外，在团队分工上，公司可能会对来自不同文化背景的员工进行一些有意识的配对，以便他们能更好地理解彼此的文化，并形成良好的合作习惯。

5）设立有效的冲突解决机制，以应对可能出现的文化冲突

一方面，在船员的日常管理和潜在矛盾解决方面，公司需要考虑文化背景对员工思想和行为的影响。在解决冲突时，公司也需要尊重文化差异，提供公正、无偏见的调解和解决方案，寻求普遍接受的解决之道。另一方面，公司也应提供解决冲突的关键性培训，如教育员工如何识别、应对和解决文化中的偏见和冲突。

6）做好全球化和本土化的战略融合与管理

在跨文化管理过程中，邮轮公司需要权衡并选择合适的战略。一方面，全球一致性（global consistency）战略强调在全球范围内推行统一的政策和程序，以确保公司文化的普遍适用性。这种战略有助于形成统一的品牌形象和管理效率。另一方面，本土化（localization）战略则侧重于尊重并利用地方文化差异，以满足不同地区的管理要求和市场需求。这种战略有助于更好地融入当地市场并提升客户满意度。这两种战略各有利弊，邮轮公司需要在全球化和本土化之间找到平衡点。选择何种战略或如何将这两种战略结合，对公司的人力资源管理和市场竞争力具有直接影响。

邮轮行业的跨文化管理，未来将面临更复杂和挑战性的环境。一方面，全球化和信息化进程会导致文化交流的频繁和多元，这既提升了文化理解和适应的难度，也增加了文化碰撞和冲突的可能性。另一方面，疫情等全球性挑战对邮轮行业的人力资源管理带来深远影响，如何在应对全球挑战的同时，保持公司文化的稳定和团队协作的和谐，将是邮轮公司面临的重要任务。总之，行之有效的跨文化管理对邮轮行业至关重要。公司需要理解多元文化的资源价值，运用相关理论知识，采用适当的策略，创建包容性的工作环境，培育良好的企业文化，以提升自身的全球竞争力和市场地位。

四、邮轮跨文化管理的规范与人性化管理

1. 制度规范

邮轮上提供的岗位多种多样，不同的岗位也会拥有不同的制度规范。邮轮员工的制度规范是指邮轮公司针对员工的管理政策和规定，旨在规范员工的行为、维护员工的权益、提高员工的工作效率和保证员工的安全，同时也是为了保证公司的正常运营和秩序。邮轮员工的制度规范主要包括以下几个方面：

（1）人力资源管理制度。该制度规定了邮轮公司的招聘、培训、考核、晋升、离职等相关政策和流程，确保员工的招聘、管理和培训与法律法规相符合，同时提高员工的工作质量和效率。

（2）工作时间和休息制度。邮轮公司会制定合理的工作时间和休息制度，确保员工的劳动权益不受侵犯。工作时间和休息制度应严格执行，员工在超时工作时应获得加班费或休息时间的补偿。

（3）工资福利制度。邮轮公司应制定公平、合理的工资福利制度，包括基本工资、奖金、津贴、保险、福利等，以吸引和留住优秀的员工。邮轮公司还应确保员工的工资和福利待遇与行业标准相符合。

（4）安全保障制度。邮轮公司都会制定安全保障制度，确保员工的人身安全和财产安全。该制度包括消防安全、防护措施、应急预案等，以应对突发事件的发生。

（5）员工行为规范。邮轮公司会制定员工行为规范，要求员工遵守公司的行为准则和职业道德，保持良好的工作态度和形象，同时防止员工的违法违规行为。

（6）基本劳动权益保障制度。邮轮公司应制定基本劳动权益保障制度，包括劳动合同签订、工资支付、社会保险、职业病防治等方面，确保员工的基本劳动权益得到保障。

2. 人性化管理

邮轮的人性化管理是指邮轮公司为员工提供全面、个性化的福利、培训、发展、工作及生活方面的服务，以满足员工的职业发展需求和个人生活需求，提高员工的工作满意度和企业凝聚力，从而达到提高企业效益的目的。它涵盖员工的各个方面，包括工作环境、工作时间、薪资福利、培训发展、健康保障、灵活的工作安排、公平公正的考核和晋升机制、员工活动和社交等方面，力求让员工在工作中获得满足感和归属感，提高员工的工作积极性和效率。通过人性化管理，企业可以更好地吸引、留住和管理员工，从而提高企业的竞争力。邮轮员工的人性化管理包括以下几个方面：

（1）培训和发展。邮轮公司应该为员工提供全面的培训和发展机会，以满足员工的职业发展需求和公司业务发展需求。公司可以提供各种培训计划、学习和发展机会，包括工作技能培训、行业知识培训、语言学习和文化交流等。例如，邮轮公司给不同部门的员工都设计了明确的升迁路径和奖励计划，只要员工表现达到相应标准，就会被主管推荐升职。

（2）健康与福利。邮轮公司应该提供健康保障和福利计划，包括医疗、健康保险、度假计划、每周休息等。此外，邮轮公司可以提供员工的家属保险、子女教育计划等方案，让员工感受到企业的关爱。比如，皇家加勒比集团的船员可以使用与客人相同的、最先进的医疗设施。岸边员工还可以获得旨在提高员工生活质量的定制护理产品。此外，皇家加勒比集团还为新人员工提供额外的特别福利，如为员工提供免费的七天邮轮旅游产品以及未来邮轮旅行的折扣。

（3）灵活的工作安排。邮轮公司在关注员工福利和满意度方面应采取更为人性化的管理策略。除了提供弹性的工作时间和远程工作的可能性，还应考虑为员工制定全面的家庭友好政策。这包括但不限于提供充足的产假和育儿假、设置紧急家庭照顾计划以及为有需要的员工提供临时的照顾服务。此外，邮轮公司可以通过提供家庭健康保险、教育支持和住房补贴等福利，进一步帮助员工解决生活中的实际问题，从而创造一个支持性和包容性的工作环境。

（4）公平公正的考核和晋升机制。邮轮公司在制定员工考核和晋升机制时，应确保流程的透明度和一致性，使每位员工都能在平等的基础上开展竞争。考核标准应全面客观，不仅考虑工作成果，还要评价团队合作、创新能力和客户服务等综合素质。晋升机会应基于员工的综合表现和长期贡献，同时提供必要的培训和职业发展支持，鼓励员工持续成长和提升个人能力。通过这样的机制，邮轮公司能够激励员工的积极性和忠诚度，促进公司的整体发展和竞争力。

（5）员工活动和社交。邮轮公司为员工提供各种社交和活动机会，以便员工能够更好地融入企业文化和团队，并与同事建立更好的关系。公司组织员工聚会、运动、文化交流、旅游等活动，以提高员工的士气和凝聚力。员工可以结交来自世界各地的朋友，了解不同国家的文化，提高自己的外语水平，体验国际邮轮集团管理方式及理念，在赚取薪资的同时周游世界、开阔眼界。

（6）提供便利的设施。邮轮上提供免费的员工宿舍（2人间、上下铺、独立卫生间、24小时热水、电视机、电冰箱等）、员工自助餐（时令水果、蔬菜、甜品等）、员工健身房、网吧、图书馆等。定期有各种形式的员工业余活动。通过人性化管理，邮轮公司可以更好地吸引、留住和管理员工，提高员工的积极性和工作效率，从而为公司的业务发展作出更大的贡献。

【本章小结】

本章全面探索了邮轮文化的多元性、文化差异与冲突，以及文化交流和融合的多个维度。首先，通过分析邮轮船队和航线的多元化，揭示了邮轮文化多元性的内涵。其次，从邮轮目的地与客源地的文化差异、游客与运营公司之间的文化冲突，以及员工间的文化差异等方面，深入理解邮轮情境下的文化差异与冲突。最后，讨论了文化交流与融合的途径，包括目的地与客源地的文化交流、游客与运营公司的文化包容，以及邮轮员工间文化差异的应对。

通过本章的学习，读者不仅能够深入理解邮轮旅游中文化多元性的重要性和复杂性，而且能够掌握处理文化差异和促进文化融合的策略。这些知识和技能对于提升邮轮旅游的客户体验、构建和谐的邮轮社区以及促进全球文化交流和理解具有重要价值。

【典型案例分析】　　挪威峡湾：自然与文化的瑰宝

挪威峡湾以其宏伟的自然风光和丰富的文化遗产闻名于世。这一地区的自然美景得到了国际社会的广泛认可，并被联合国教科文组织列入《世界遗产名录》。此外，根据美国国家地理学会旗下的独立出版物《国家地理 - 旅行者》杂志，对全球115个旅游目的地进行了综合评估。在这一评估中，考量了生态与环境质量、社会与文化完整性、历史建筑与文化古迹的质量、美学与吸引力、旅游管理质量以及未来发展潜力等多个标准。在这些严格的评选标准下，挪威峡湾被评为世界最佳旅游目的地，并荣登世界美景之首。这一评价进一步证明了挪威峡湾作为旅游目的地的卓越地位和吸引力。

挪威峡湾也是世界上著名的邮轮旅游目的地之一。在挪威众多峡湾中，每一处都是不可错过的视觉盛宴，那么该如何领略这些美景呢？峡湾邮轮的组合就十分关键。挪威是全球物价最高的国家之一。如果你吃住都在船上，无疑可以节省一大笔旅行费用。在繁杂的生活中，我们渴望一片能放飞心灵的净土，而放眼全球，也鲜少有地方能和挪威西部摄人心魂的峡湾风景媲美。人们可以在无穷尽的曲折峡湾和无数的冰河遗迹中重拾生活的美好。

挪威拥有着悠久的历史和深厚的文化底蕴。维京时代是挪威历史上的一个重要时期，维京人的航海活动将挪威与世界联系在一起。他们的传奇故事，如今仍然在挪威的土地上留下了深深的痕迹。在奥斯陆等城市，你可以找到关于维京历史的博物馆和遗址，感受那段英勇而传奇的岁月。挪威的文学也有着卓越的成就，亨利克·易卜生就是其中的代表。他的作品《玩偶之家》不仅在挪威赢得了赞誉，还在国际上广受欢迎。他的笔下描绘了人性的复杂与命运的无奈，将挪威文学推向了世界舞台。此外，挪威的民间艺术、音乐和舞蹈也展现出浓厚的地方特色。从古老的木屋到现代的设计，挪威文化在传统与现代之间寻找着平衡，创造出独特的审美体验。

为了保护和管理当地的文化资源，挪威峡湾邮轮部门采取了一系列措施，积极进行文化管理，以确保旅游发展与文化保护的平衡。在确保邮轮游客体验的同时也尊重当地文化。具体的措施包括：第一，与当地社区合作。挪威峡湾邮轮公司与当地社区密切合作，确保旅游活动对当地居民和文化遗产的影响最小化。公司与当地的文化机构、导游和手工艺者合作，以提供真实而丰富的文化体验。第二，教育旅游导游。挪威峡湾邮轮公司致力于培训旅游导游，使他们具备专业的历史、文化和环境知识。这样的教育培训有助于提高导游对当地文化和环境的理解，并能够传达给游客。第三，文化保护和可持续发展。挪威峡湾邮轮业注重保护当地文化遗产和自然环境。它们与相关机构合作，制定并实施文化保护政策和可持续发展计划，如修复历史建筑、推广当地手工艺和支持环境保护项目等。

通过这些文化管理实践，挪威峡湾邮轮业成功在旅游发展中保护了当地的文化遗产和自然环境。它们不仅尊重和维护当地社区的权益，也为游客提供了独特和有意义的文化体验。这种文化管理的实践有助于增强旅游目的地发展的可持续性，同时为旅游业创造了更加积极的发展环境。

该案例展示了挪威峡湾邮轮业在文化管理方面的实践，通过与当地社区合作、教育导游以及文化保护和可持续发展等措施，实现了旅游业的可持续发展，同时保护和推广了当地的文化遗产。这为其他邮轮旅游目的地提供了有益的借鉴和启示。

（资料来源：搜狐城市，玩转挪威，从玩转峡湾开始——Norway's best，https://travel.sohu.com/a/554607697_120574100，本文由作者根据原文整理所得）

请根据以上案例思考以下问题：

挪威峡湾的邮轮旅游如何体现其文化特色？挪威峡湾邮轮业在文化管理方面采取了哪些措施？这些措施如何帮助挪威峡湾邮轮业实现旅游业的可持续发展？这些措施对于其他邮轮旅游目的地有何借鉴意义？

【复习思考题】

1. 邮轮文化多元性体现在哪些方面？

2. 邮轮船员主要来自哪些国家？

3. 邮轮文化冲突与差异有哪些？

4. 邮轮船员的制度规范包括哪些方面？

5. 邮轮文化交流与融合体现在哪些方面？

【在线测试题】扫描二维码，在线答题。

第四章　邮轮旅游资源开发管理

【本章学习目标】

掌握邮轮旅游资源的分类、评估和开发流程，了解相关资源开发的原则和步骤，以实现旅游资源的可持续利用。

学习不同类型的邮轮旅游资源开发模式，分析其优缺点，掌握选择合适开发模式的策略。

理解邮轮目的地资源的可持续管理原则，学习如何整合旅游资源，提高资源利用效率和旅游体验质量。

【导入案例】　　邮轮旅行成为最受欢迎的南极旅游方式

南极洲是由大陆、陆缘冰和岛屿组成，总面积达到 1 424.5 万平方千米。南极大陆地处地球最南端，是世界上海拔最高的大洲，被分为东南极洲和西南极洲两部分。坐邮轮去南极旅行，是目前市面上最常见的旅行方式。根据国际南极旅游经营者协会（International Association of Antarctica Tour Operators，IAATO）官方统计的数据，超过90%的游客选择乘坐邮轮探访南极地区。邮轮行程通常持续 11 天到一个月不等，无论风浪大小，邮轮都能可靠稳定地前行，确保旅行时间和体验不受太大影响。

游览南极有多条可选线路，可以根据假期、预算和旅行期望选择出发地。大部分邮轮从阿根廷乌斯怀亚出发，这是市场上超过 85% 的航次的首选出发地。少数选择从蓬塔阿雷纳斯或蒙得维的亚 / 阿根廷布宜诺斯艾利斯出发，这类出发地的航次，多见于南极季的首航航次，是各邮轮公司从北部转港南极航线的航线选择之一；一般航海日比较多，但优势是价格便宜。特殊航线从大洋洲——澳大利亚的霍巴特或新西兰的利特尔顿或布拉夫／达尼丁出发，探访偏远的南极地区。这部分的邮轮一般是走罗斯海线路和偏远的东南极洲，数量有限，目前只有少数的几家公司有这个航线，该线路价格不菲。

在邮轮的行程中，参观科学研究基地是一个亮点，多个国家的科研基地遍布南极洲，游客有机会与科研人员交流，了解气候、野生动物等研究成果。还可追随探险队员，重温著名探险家的足迹，探索南极的人文景点。邮轮公司还提供了多样化的活动体验，如橡皮艇巡游、皮划艇泛舟、南极露营、冬泳等。水晶邮轮和 Scenic 邮轮还提供直升机空中观景、潜水艇体验等极致项目，让游客畅享南极之旅。

截至 2019 年 7 月，国际南极旅游经营者协会登记在册的南极营运邮轮有 87 艘，除去不适合普通客的游艇（YA，最多可载 12 名乘客）及不能登陆的超 500 人载客量的大型邮轮，还有其他型号邮轮 40 余艘，所以在邮轮的选择上有很大的空间。

2023 年，邮轮市场迎来了复苏，海外航线邮轮产品重回大众视线，多家旅行社和邮轮公司传来航线开售即售罄的捷报。其中，南北极航线、超长环球航线、东南亚航线都是游客预订的大热门产品。2024 年众信旅游推出的超长线路环游世界 121 天产品成为长线产品的黑马，首批已经全部售罄，追加舱位也即将收满。

（资料来源：必境，如何选择适合自己的南极邮轮？最全攻略收好，https://post.smzdm.com/p/a0qvvn20/?sort_tab=hot%252F；界面新闻，虎嗅网，南北极、环球航线都售罄，邮轮复苏有点儿猛，https://www.huxiu.com/article/808677.html，本文由作者根据原文整理所得）

本案例中，南极洲作为邮轮旅游目的地，其旅游资源有哪些独特之处？南极洲的邮轮旅游资源开发面临哪些挑战？如何应对这些挑战？参观科研基地在南极洲的邮轮旅游中有什么重要性？如何平衡科研与旅游的关系？

第一节　邮轮旅游资源

一、邮轮旅游资源开发的重要性

旅游资源是指能够吸引旅游者、促进旅游业发展，并能为旅游目的地带来经济、社会、文化和环境效益的各种自然和人文要素的总和。这些资源包括但不限于自然景观、历史遗迹、文化传统、社会活动、现代设施等。旅游资源对当地经济社会发展有着重要作用。首先，旅游资源通过吸引游客，带动交通、酒店、餐饮、零售等相关产业的发展，促进旅游业及相关产业发展，创造就业机会，提高居民收入水平。其次，旅游资源的开发和利用有助于宣传和传播当地的文化、历史和风土人情，推动文化交流，有利于文化的传承和保护。再次，旅游资源的开发对于生态环境保护也具有重要意义，可以促进生态保护与可持续发展。最后，旅游资源的开发可以促进社会和谐，提升居民的文化素质和生活品质。

近年来，全球邮轮旅游行业呈现出快速发展的趋势。随着越来越多的旅游者选择乘坐邮轮游览世界各地，邮轮市场需求不断增长。邮轮目的地资源与产品开发成为促进邮轮旅游行业蓬勃发展的关键因素之一。邮轮旅游吸引了各种类型的旅游者，包括家庭、情侣、年轻人、老年人、企业团队等。不同类型旅游者对邮轮目的地的需求和偏好各不相同，这对目的地资源与旅游产品的个性化、多样化提出了更高要求。为了吸引更多的游客并满足他们的需求，各个邮轮目的地之间展开了激烈的竞争。目的地资源的丰富性、独特性和旅游产品创新能力决定了一个目的地在竞争中的优势和吸引力。

邮轮旅游资源与产品开发能够为旅游目的地带来更多的发展机会。通过开发和优化目的地资源，设计创新的旅游产品，目的地可以提升自身的竞争力，吸引更多的邮轮游客。因为邮轮旅游者倾向于在短时间内拜访多个目的地，并期望获得多样化的旅游体验。邮轮目的地资源与产品开发可以满足旅游者对多种类型体验的需求，提供丰富多样的活动和景点选择，增强他们的旅行体验和满意度。随着全球旅游市场的不断扩大，邮轮旅游业成为旅游市场的热点之一。邮轮旅游资源开发可以通过提供独特的旅游体验、丰富的旅游产品和服务，吸引更多游客，提升当地旅游业形象与知名度。

邮轮旅游业对地方经济社会的发展具有重要的推动。邮轮目的地资源与产品开发可以吸引更多的游客到访，带动当地经济的发展，促进相关行业的繁荣，并为当地带来巨大的经济效益，创造更多就业机会，促进当地经济的增长。邮轮旅游资源的开发也有利于当地旅游业供应链的完善与升级，包括交通、住宿、餐饮、购物等相关产业。此外，通过邮轮旅游资源的开发，当地还可以在海上旅游领域具有更大的话语权和竞争优势，形成更加完善的旅游产业生态系统。邮轮目的地资源与产品开发需要关注可持续发展的原则，平衡旅游业发展与环境保护、文化保护的关系，推动可持续的旅游发展模式。因此，邮轮旅游资源开发对于促进当地旅游业发展、地区经济增长与形象提升具有重要意义。

二、邮轮旅游资源及性质

邮轮旅游资源是指将邮轮作为旅游工具，借助海上旅游的方式，通过邮轮航线所涵盖的自然景观、文化古迹、历史名胜等，为游客提供丰富多样的旅游体验的旅游资源总称。邮轮旅游资源主要包括航线、邮轮设施、沿途景点、岸上活动、当地文化体验和服务设施等。凡是供邮轮游客参观、探索和体验的各种地理、自然、文化、人文等特征和资源都可以称为邮轮旅游资源，涉及不同类型目的地的景点、地标、景观、建筑、文化遗产、自然景观、水上活动等多种元素。

邮轮旅游资源的特征主要有四点：第一，邮轮旅游资源具有流动性和多样性。邮轮可以航行到大洋、河流和湖泊，地域和空间的限制较小，可以覆盖更广的旅游目的地。第二，邮轮旅游资源具有综合性。游客可以在邮轮上享受豪华设施和服务，也可以在岸上体验到不同的景观、文化和生态环境。第三，邮轮目的地的旅游资源具有多样性和丰富性的特征。在海洋目的地，邮轮旅行可以覆盖多样化的自然景观，如海上日出、海岛风光、蔚蓝的海洋、海底世界等；在沿海城市目的地，邮轮旅行可以涵盖城市的历史文化、风土人情、名胜古迹等丰富的旅游内容。邮轮目的地的旅游资源也具有趣味性和新奇性，一些特色的沿途岛屿、文化景观或活动体验往往能带给游客全新的旅游感受。第四，邮轮旅游资源具有一定的弹性，旅游航线和活动可以根据市场需求进行调整和更新，以满足不同游客的需求。

邮轮旅游资源与资源、旅游资源有紧密的关系。一方面，邮轮旅游资源是资源的一种特定展现形式，它是地理、自然和人文资源在船舶旅游环境下的应用和利用。邮轮旅游资源可以是各种自然景观（如海滩、山脉、珊瑚礁、雨林等）、艺术作品（如博物馆中的艺术品），也可以是活动（如水上运动、刺激的冲浪）、节庆和传统等。

另一方面，邮轮旅游资源也是旅游资源的一种形式。旅游资源广义上包括供旅游消费者利用的各种资源，如海滩、山脉、历史古迹、博物馆等。邮轮旅游资源是旅游资源的特殊形态，由于其依托于水上交通工具，游客可以在邮轮上享受舒适和便利的旅行生活，并且可以更灵活地探索多个目的地。总之，邮轮旅游资源是一种特殊形式的旅游资源，它涵盖了各种地理、自然、人文等元素，供邮轮游客在水上环境中探索、体验和享受。与一般旅游资源相比，邮轮旅游资源具有独特的特点和吸引力，游客可以在舒适的环境中尽情享受海上旅行的乐趣。简言之，邮轮旅游资源是旅游资源在沿海和海洋旅游领域的特定应用和延伸。

邮轮目的地的旅游资源可以根据不同的标准进行类型的划分。按照地理位置，可以划分为海洋目的地和河流目的地；按照旅游内容，可以划分为自然风光类、文化历史类、休闲度假类等。此外，也可以根据目的地的服务水平和邮轮资源的种类进行划分，如豪华邮轮目的地、探险邮轮目的地、主题邮轮目的地等。

拓展阅读4.1
西沙邮轮航线

三、邮轮旅游资源的构成

邮轮旅游资源的吸引力在于可提供丰富多样的旅游体验、舒适便利的旅行方式以及融合了交通和住宿的一体化服务。这些特点使得乘客能够在短时间内体验多个目的地，并享受航行期间的各种娱乐和社交活动。整体而言，邮轮旅游资源的构成如下：

1. 岸上资源

岸上资源是指游客在邮轮停靠的目的地上所能享受到的各种资源，主要包括以下方面：

（1）海岸港口。邮轮停靠的港口也是一种重要的资源。不同的港口具有各自的特点和魅力，游客可以在港口周边体验当地的港口文化、品尝美食、购物特产等。此外，岸上港口还提供通往目的地内陆的交通和观光设施，游客可以选择参加当地的观光旅游线路。

（2）岸上旅游景点。邮轮停靠的目的地通常拥有各种吸引人的旅游景点，如历史古迹、文化遗址、名胜古迹等。游客可以在这些景点中探索当地的历史和文化，欣赏到独特的建筑风格和艺术作品。

（3）岸上商业中心。邮轮停靠的目的地通常拥有商业中心和购物区域，游客可以在这些地方购买各种商品，包括当地特产、纪念品、名牌商品等。岸上商业中心也提供各种餐饮设施，游客可以品尝当地的美食。

（4）岸上休闲娱乐设施。为了满足游客的休闲和娱乐需求，一些邮轮目的地还提供各种休闲娱乐设施，如水上乐园、主题公园、高尔夫球场、水上运动中心等。游客可以在这些设施中参加各种活动和娱乐项目，增加旅行的乐趣。

（5）目的地民俗风情和传统文化。每个目的地都有其独特的民俗风情和传统文化，邮轮旅游也是一种体验当地文化的方式。游客可以参加文化节庆活动、欣赏本地表演、品尝当地美食等，深入了解和体验目的地的文化。

2. 海上资源

海上资源是指游客在船上所能享受到的各种资源，主要包括以下方面：

（1）海洋景观。邮轮在航行中，游客可以欣赏到壮观的海洋景色，如宽广开阔的海面、迷人的日出日落、巨浪拍打的海岸线等。这些海洋景观是邮轮旅行的独特魅力之一。

（2）水上活动。邮轮通常提供各种水上活动，如游泳池、水上乐园、滑水道、冲浪设施等。游客可以在船上尽情享受水上娱乐和活动的乐趣。

（3）海洋生物观察。海上旅游给游客提供了观察海洋生物的机会。邮轮航行经过的地区往往生活着丰富多样的海洋生物，游客可以通过潜水、浮潜等方式近距离接触和欣赏这些奇妙的海洋生物。

3. 船上资源

船上资源指的是游客在邮轮本身所能享受到的各种资源，包括以下几个方面：

（1）舱室和住宿设施。邮轮的舱室和住宿设施是旅行中至关重要的部分。舱室根据大小、豪华程度和配置的不同分为经济舱、海景舱、阳台舱和套房等不同类别。除了满足基本的住宿需求之外，舱室通常会提供电视、空调、私人浴室等舒适的生活设施。

（2）餐饮服务。邮轮上多样化的餐饮服务，可满足不同乘客的口味和餐饮体验，具体这包括各式自助餐厅、专门的主题餐厅、甜品店、室外烧烤和高级的晚餐服务。乘客可以享受从各国料理到精致甜点的多元化选择。

（3）娱乐和休闲设施。邮轮上设有众多休闲娱乐设施，包括剧院、赌场、夜总会、电影院、音乐厅和展览馆等。这些设施提供了从现场表演、电影放映、音乐会到艺术展览等丰富的娱乐项目。此外，邮轮上还设有图书馆、桌球室、乒乓球台，以及各种儿童和青少年俱乐部等。

（4）运动和健康设施。为了满足乘客的身体健康和运动需求，邮轮通常配备有健身房、舞蹈和瑜伽课程、步道、篮球场或者高尔夫模拟器等设施，也提供水疗中心和SPA服务。

（5）社交和文化交流活动。邮轮是一个多元化文化的交流平台，乘客可以通过参加各种社交活动（如主题派对、交友活动、桌面游戏）和文化体验活动（如烹饪课程、舞蹈教学、语言课等）与来自世界各地的游客进行互动，从而使旅行体验更具互动性和趣味性。

总结起来，邮轮旅游资源的构成主要包括岸上资源、海上资源和船上资源。岸上资源提供了多种旅游景点、商业中心、休闲娱乐设施和目的地文化，为游客提供了丰富多样的体验活动；海上资源让游客欣赏到壮观的海洋景观，参与水上活动和观察海洋生物；船上资源则提供了豪华舒适的船舶设施、多样化的餐饮和娱乐服务，让游客在海上旅行中享受舒适和便利。这些资源的结合使得邮轮旅游成为一种独特而丰富的旅行方式。

四、邮轮旅游资源理论

邮轮旅游资源理论包括地理学、文化学、生态学、经济学、管理学和可持续发展等理论。下面详细讨论这些理论对于邮轮旅游资源开发的指导作用。

1. 地理学

在地理学理论的指导下，人们对目的地的地理位置、交通网络、自然景观、地形地貌及气候条件等方面进行深入分析，规划和选择邮轮路线。它强调对目的地的环境承载能力和资源可达性的研究，旨在避免环境退化并保证旅游资源的长期有效利用。区位理论和空间分析为邮轮公司提供了如何在全球或区域尺度上最有效地配置其资源和产品，以及如何评估目的地吸引力的工具。

2. 文化学

文化学理论指导人们对目的地的历史、艺术、宗教和民俗传统等进行探索，指导邮轮旅游资源开发者如何保护和传播地方文化和遗产。结合当地的语言、符号、仪式和节庆活动可为旅游者提供独特的文化体验，有助于构建邮轮品牌的独特卖点，增强目的地的吸引力。文化交流也可促进国际理解与和平，并带动相关文化产品的开发和销售。

3. 生态学

生态学强调在邮轮旅游资源开发中兼顾生态的完整性和生物多样性的保护。贯彻生态系统管理和保护原则，寻求邮轮行业与环境可持续性的平衡点。开发者利用生态学原理，设计与自然环境和谐共存的旅游活动，如生态旅游和自然观察活动，可以尽量减小对珊瑚礁、海洋生物和海岸线等敏感地区的影响，并开展环境教育项目。

4. 经济学

经济学关注资源的有效分配，邮轮旅游资源开发者通过对市场研究、消费者行为、供需关系及市场定位的理解，可制定有效的产品策略和市场细分。使用成本效益分析和投资回报率评估等工具，开发者可进行财务规划，确保邮轮项目的经济可行性，同时考量宏观和微观经济因素对旅游业的影响。

5. 管理学

管理学涉及邮轮旅游资源开发的组织、规划和执行。它需要邮轮运营商在人力资源、供应链管理、服务质量和顾客满意度方面具备高效的管理能力。通过战略规划、风险评估以及质量保证程序，管理学可指导开发者确保邮轮服务和运营的高效性和安全性。

6. 可持续发展理论

可持续发展理论作为邮轮旅游资源开发的核心指导方针，旨在平衡旅游业带来的经济利益与环境保护之间的关系。该理论鼓励开发者在规划邮轮路线和目的地活动时，考虑社会责任、文化尊重和生态敏感性，包括鼓励使用环保技术、减少碳足迹和支持当地经济发展在内的行动，这一理论是推动邮轮旅游业可持续发展的重要策略。

综上所述，地理学、文化学、生态学、经济学、管理学和可持续发展理论等对于邮轮旅游资源开发提供了重要的指导。运用这些理论，可以更好地规划和开发具有吸引力、特色并且可持续的邮轮旅游资源。

第二节　邮轮旅游资源开发

一、邮轮旅游资源开发的原则

邮轮旅游资源开发需要考虑到旅游资源的特性、环境的可持续性、旅客的需求和服务质量。以下是邮轮旅游资源开发的核心原则：

（1）可持续性原则。邮轮旅游资源的开发需注重环境保护和社会文化保护，实施绿色邮轮旅游，减少对环境和海洋生态的破坏。

（2）客户导向原则。邮轮旅游资源开发需要紧密结合市场需求，提供满足游客需求的产品和服务，确保游客满意度。

（3）多元化原则。旅游资源开发和邮轮路线设计应具备多样性，提供多元的旅游资源，如观光游览、休闲娱乐、文化体验等。

（4）安全性原则。邮轮旅游资源的开发把旅客安全放在首位，必须满足各项安全标准和要求，包括船只的安全、航行的安全、活动的安全等。

（5）经济性原则。邮轮旅游资源的开发需考虑经济效益，评估其商业可行性和投资回报，以实现经济效益和社会效益的平衡。

（6）社区参与原则。当地社区在邮轮旅游资源的开发中起到重要作用，开发过程应尽可能地促进地方参与和受益。

以上原则可以为邮轮旅游资源开发提供指导方针，但在实际操作中，需要根据具体的地点、资源和市场情况灵活调整和应用。

二、邮轮旅游资源开发的步骤

邮轮旅游资源开发是一个复杂的过程，虽有一般性步骤，但在实际操作中要根据具体情况灵活应变。下面是细化的具体步骤。

1. 市场调研

为了制定邮轮旅游开发的市场调研策略，需要考虑以下方面。首先，了解目标市场的需求和喜好。通过市场调研和数据分析，可以了解目标市场的旅行偏好、消费习惯、舒适度要求等，从而为邮轮旅游产品的设计和定位提供依据。其次，对竞争对手进行分析。这包括收集和分析竞争对手的产品组合、市场占有率、定价策略等信息，以了解竞争环境和竞争优势，并为邮轮旅游的差异化定位和竞争策略提供依据。最后，对潜在客户进行调查以获取他们对邮轮旅游的兴趣和预期。可以通过在线调查、面对面访谈等方式，了解潜在客户的旅行习惯、预算限制、对邮轮旅游的知识和态度等，进一步了解目标市场，并根据其需求和偏好制定定制化的市场策略。综合市场调研的结果，可以为邮轮旅游开发项目提供准确的市场情报和指导，以提高市场竞争力和创造可持续的市场价值。例如，皇家加勒比号对目标市场进行深入研究后，提供独特的冰上表演和高空跳伞模拟等体验。

2. 资源评估

为了制定邮轮旅游开发的资源评估策略，需要考虑以下方面。首先，对潜在的邮轮停靠点进行评估，包括自然资源、文化资源、基础设施等。这包括对目的地的自然环境，如对海滩、山脉、海洋生态系统等进行评估，确定其吸引力和可持续性。例如，澳大利亚大堡礁的自然景观、阿拉斯加的冰川风光都是邮轮旅游资源的重要组成部分。评估文化资源，如历史遗迹、民俗文化、传统工艺等，以确定邮轮旅游的文化体验和教育价值。其次，还需评估基础设施状况，包括邮轮码头、交通运输、酒店、餐饮等，以确保邮轮旅游的顺利进行和服务的高质量。接下来，需要评估地理位置、气候条件，当地文化和传统、陆地基础设施，以及交通便捷性等。这涉及分析目的地的地理位置是否具有邮轮航线的可达性和便利性，气候条件是否适合航行和旅游活动，以及当地文化和传统是否能够吸引游客并提供独特的体验。例如，挪威的峡湾地区，其独特的水路适合邮轮航行，当地丰富的文化资源和成熟的旅游服务也使其成为热门邮轮停靠点。综合评估旅游资源的可利用性和吸引力，可以制定针对特定目的地的邮轮旅游开发策略，并确保提供可持续和高品质的旅游产品。

3. 初步规划

根据市场调研，分析目标客户群的旅行偏好和需求，并综合考虑资源评估的结果，制定初步的邮轮路线和活动计划。根据市场调研的结果选择适合客户喜好的航线，考虑潜在停靠点的可行性和吸引力，并设计相关的旅游体验活动。估算邮轮旅游开发项目的预算时，需要考虑投资、运营、市场推广、人力资源等各方面的成本，以及运营期间的收入预期，结合实际情况进行综合评估和预算规划。比如，邮轮公司需要根据市场调研和资源评估结果，设计初步邮轮航线、停靠点及停靠时长等，还需要制定船舶购买或租赁、改造、营运、宣传等费用预算。就邮轮制造来说，邮轮的造价可能会受到多种因素的影响，如材料成本、人工成本、设计费用等。

建造邮轮是一项极其复杂的系统工程，一艘邮轮约有 2 500 万个零部件，是大飞机的10 倍、高铁的 50 倍。据《解放日报》报道，已经投入运营的首艘国产大型邮轮"爱达·魔都号"合同造价为 7.7 亿美元（约合 56.21 亿元）。打造产业集群是中国邮轮经济未来的发展方向，如果邮轮建造能带动我国邮轮建造产业链生根发芽，不仅会降低建造成本，而且会形成巨大的产业辐射效应。

4. 融资与合作

制定合理的商业模式并撰写商业计划书，旨在吸引投资者和合作伙伴。邮轮公司的潜在投资者和合作伙伴主要来自以下几个领域：

（1）金融机构和投资公司。这些机构可能对邮轮业务的长期盈利潜力感兴趣，特别是私募基金、风险投资公司和其他大型投资机构。

（2）旅游公司及酒店集团。旅游公司和酒店集团可能希望通过与邮轮公司合作来扩展其业务范围并提供更加多元化的旅游体验。

（3）航运和物流公司。这些公司在船舶管理、运营和物流方面拥有丰富经验，与邮轮公司合作可以产生协同效应。

（4）地方政府和旅游局。这些机构可能对促进当地旅游业和经济发展感兴趣，并可能提供资金、税收减免或其他支持邮轮业务发展的优惠政策。

（5）技术和服务供应商。这些合作伙伴可以为邮轮公司提供所需的产品和服务，如食品和饮料供应商、娱乐设备供应商等。

（6）媒体和营销合作伙伴。这些合作伙伴可以帮助邮轮公司提高知名度和吸引客户。与邮轮公司的潜在合作伙伴进行谈判时需要准备充分并保持开放的态度，确保双方都能从合作中获益。

5. 详细规划

邮轮旅游开发需要考虑诸多方面的因素。首先，根据市场需求和目标客户群的喜好，确定具有吸引力的停靠点和行程，包括海滩目的地、历史文化名城等。设计丰富多样的室内和室外活动，如娱乐节目、文化展览、户外运动等，以满足旅客的需求。其次，与当地合作伙伴合作，提供当地文化体验和特色美食等服务，增加旅客的参与感。在规划过程中，还需要考虑环境保护措施，如船舶排放控制、垃圾处理、海洋保护等，确保邮轮旅游的可持续性和环境友好性。

6. 基础设施建设

邮轮旅游开发的基础设施建设规划，需要考虑以下方面。首先，建设或升级邮轮码头和配套设施，以适应日益增长的邮轮旅游需求。这包括船舶停泊区域、候船区、登船口岸、行李处理设施等，以提供安全便捷的登船和下船体验。其次，提高当地交通、住宿、食品和饮料等基础服务的标准，确保游客在目的地享受高品质的交通和住宿体验，同时提供丰富多样、符合卫生标准的餐饮选择。这可以包括改善道路、公共交通设施，增加酒店的数量和提高质量，并提供多样化的餐饮场所。通过提升基础服务的标准，可以提高整个邮轮旅游目的地的竞争力和吸引力，为旅客提供更好的体验。

7. 营销与推广

制定邮轮营销与推广策略需要考虑以下方面。首先，设计并启动多渠道的营销策略，如广告、促销活动、社交媒体宣传等，以提高品牌知名度和吸引力。广告可以通过线上和线下渠道进行，包括电视、报纸、海报、网络广告等，以覆盖更广泛的目标客户群。促销活动可以包括提供优惠套餐、早鸟预订优惠、免费升舱等形式，以吸引旅客的关注和购买欲望。此外，与旅行社合作，共同推广邮轮旅游产品，以扩大销售网络并提升市场影响力。其次，为媒体和旅行代理商提供试航体验，让他们亲身体验邮轮旅游产品的优势和特色，并通过他们的口碑宣传扩大知名度，增加产品的曝光度。这种试航体验可以帮助媒体和代理商更好地了解邮轮旅游的卖点，提供更准确的宣传和销售推广。通过综合营销与推广策略，可以吸引更多潜在旅客的注意和兴趣，提升邮轮旅游开发项目的成功率。例如，各大邮轮品牌与携程合作，提供线上购买邮轮行程的服务。

8. 运营与管理

制定邮轮旅游开发的运营与管理策略，通常需要考虑以下方面。首先，监控和评估邮轮的运营，确保提供高品质的服务。这包括对船上设施、员工服务、活动组织等方面的监控，以及追踪关键指标如客户满意度、运营效率等，以确保邮轮旅游产品的质量和竞争力。其次，对客户反馈进行收集和分析，以不断优化提供的服务和活动。可以通过客户满意度调查、投诉处理程序等方式获取客户反馈，分析结果并及时采取措施改进邮轮旅游的各个方面，以满足客户需求，提升整体旅游体验。通过运营和管理策略的有效实施，可以确保邮轮旅游项目在服务质量和客户满意度等方面的持续提升，并为业务发展提供基础。

9. 持续评估与调整

制定邮轮旅游开发的持续评估与调整策略，通常需要考虑以下方面。首先，定期评估邮轮旅游资源的开发效果，根据市场变化和资源状况进行相应的调整。这种方法包括定期检查目标客户群的旅行偏好和需求变化，评估原有航线和活动计划的效果，并根据市场情况和资源的可持续性进行相应的调整和改进。持续的评估将帮助企业更好地理解客户需求和趋势，以适应市场变化并提供创新的旅游体验。其次，与当地社区和其他利益相关者进行沟通，确保资源的可持续利用。可以与当地居民、社区组织、环保机构等进行合作，了解他们的关切和需求，并采取措施保护邮轮旅游目的地的环境和文化特色。通过与利益相关者的合作和信息共享，可以制定更可持续和负责任的邮轮旅游开发策略，同时增加社区参与和接受度。持续评估和调整策略将帮助邮轮旅游项目实现长期发展。

三、邮轮旅游资源的开发模式

邮轮旅游资源的开发主要有以下几种经典模式：

1. 邮轮母港＋不同目的地组合

这种开发模式将邮轮航行与岸上观光活动相结合，提供旅客在不同目的地参观游览的机会。这种模式的特点是提供了丰富多样的旅游体验和目的地选择。例如，加勒比海的巡航旅游是岸上观光与邮轮航行相结合的经典案例。游客可以在不同的加勒比海岛屿停留，参观各岛的沙滩、古迹、博物馆等景点，并享受邮轮上的豪华设施和娱乐活动。

拓展阅读4.2
皇家加勒比邮轮的"启程体验"项目

2. 港口间邮轮运营

这种模式通过连接不同港口，形成一条巡航线路，让旅客在不同港口间进行航行。旅客可以选择在起点港或终点港上下船，并在航行过程中停靠途经的各个港口。这种模式的特点是提供了多个港口的游览选择和便利的旅行方式。例如，地中海的港口间邮轮旅游就是典型的例子，旅客可以选择在巴塞罗那等地中海港口登船，途经不同的地中海国家和城市，如意大利的罗马、希腊的雅典等，为旅客提供了多个目的地的选择。

3. 港口间定班轮渡运输

这种开发模式将邮轮作为城市之间的交通工具，提供港口间的快速、舒适的航行服务。这种模式的特点是强调航行的效率和舒适度，旅客可以在航行中享受豪华设施和服务。例如，挪威的浮士德邮轮（Fjord Line）在挪威西部和丹麦之间的邮轮运输就是运营轮渡航班。邮轮提供舒适的航行环境，旅客可以在航行中欣赏挪威峡湾的壮丽景色。

总体来说，以上三种模式在业界具有较高的代表性。邮轮旅游资源的开发模式还可以根据具体情况和目标市场灵活调整。

第三节 目的地资源管理

一、邮轮目的地旅游资源整合

目的地资源整合是指将旅游目的地的各种资源和要素进行系统性的组织和协调，以实现旅游业的优化发展和游客体验的提升。这包括旅游景点的组合、旅游服务的协同、旅游产业链的完善等多个方面。邮轮目的地旅游资源整合指的是将邮轮旅游的各个组成部分或者要素进行有效组合、重组和融合，以提高整体旅游体验的质量和效果。具体来说，邮轮旅游整合包括邮轮公司、港口、目的地、游客等多个方面的协同合作，以提供更好的旅游服务和体验。

在旅游行业中，邮轮旅游是一种非常受欢迎的方式。对于邮轮旅游资源的整合，首先需要从整体上把握邮轮旅游产业的发展趋势和特点，了解游客的需求和期望，制定科学合理的发展战略和目标。同时，需要将邮轮公司、港口、目的地、游客等各方面的资源和服务进行协同合作，以提供更为优质的旅游服务。

邮轮目的地旅游资源整合具有多方面的特点。首先，它注重整体性，即通过整合各方面的资源和服务，实现整体大于部分之和的效果。其次，它具有目的性，旨在提高旅游服务的质量和效率，以满足游客的需求和期望。最后，它还具有动态性和开放性，即随着市场需求和技术的发展不断进行调整和改进，以适应不断变化的市场环境。

邮轮目的地旅游资源整合的途径有多种。首先，可以通过邮轮公司之间的合作，实现资源和服务的共享，提高整体旅游服务的质量和效率。其次，可以加强与港口的合作，优化港口服务，提高游客上下船的便利性和效率。再次，可以与目的地方面进行合作，推广当地文化和旅游资源，增强游客的旅游体验。最后，可以与游客进行合作，建立良好的客户关系，提高游客的满意度和忠诚度。

整合邮轮目的地旅游资源具有多方面的优点，可以提高旅游服务的质量和效率，提供更好的旅游体验；还可以实现资源和服务的共享，降低成本和提高效率，还可以促进旅游行业的协同发展，增强行业的整体竞争力和可持续发展能力。

总之，邮轮目的地旅游资源整合是旅游行业的一个重要趋势。通过有效整合各方面的资源和服务，可以提供更好的旅游服务和体验，促进旅游行业的协同发展和可持续发展。

二、邮轮目的地旅游资源整合模式

1. 邮轮公司主导模式

该模式主要是以邮轮公司为核心,整合目的地旅游资源,包括与目的地相关的各类旅游服务、旅游景点等。该模式的优点是能够充分发挥邮轮公司在旅游资源整合方面的核心作用,提高旅游服务质量和效率;同时也有助于推动相关产业的发展,如旅游餐饮、旅游住宿等。然而,该模式也面临难以协调各个方面的利益关系的挑战等。

2. 港口与目的地合作模式

该模式主要是以港口和目的地合作为核心,整合周边地区的各类旅游资源,包括与港口和目的地相关的各类旅游景点、旅游服务等。该模式的优点是有助于推动港口和目的地之间的协同发展,提高旅游服务质量和效率;同时,也有助于提高游客的满意度和忠诚度。然而,该模式也有一定的前置条件要求,如需要进行大规模的基础设施建设等。

3. 区域性综合整合模式

该模式主要是以某一区域内的各类旅游资源为核心,进行系统性的整合和协同发展。该模式的优点是有助于实现区域内的旅游资源的优化配置和协同发展;同时,也有助于提高游客的体验感和满意度。然而,该模式也存在一定的局限性,如需要政府的大力支持和协调等。

三、邮轮目的地旅游资源整合模式的比较分析

不同邮轮目的地旅游资源整合模式之间存在差异性和适用性的特点。对于具体的邮轮目的地来说,需要根据实际情况选择最合适的整合模式。以下是不同邮轮目的地旅游资源整合模式的比较分析:

1. 不同整合模式的适用范围不同

不同整合模式适用于不同的邮轮目的地和区域范围。邮轮公司主导模式适用于邮轮公司实力较强、旅游资源相对分散的情况;港口与目的地合作模式适用于港口与目的地紧密合作、周边旅游资源丰富的情况;区域性综合整合模式则适用于区域内旅游资源丰富、政府或相关机构协调能力强的情况。

2. 不同整合模式的优点和局限性不同

不同整合模式的优点和局限性也不同。例如,邮轮公司主导模式的核心在于邮轮公司的实力和品牌效应,能够提高市场影响力和竞争力;但同时需要承担较高的整合成本和风险。港口与目的地合作模式的优点在于能够促进双方的协同发展,提高资源的综合利用率;但同时需要协调各方面的利益关系和合作方式。区域性综合整合模式的优点在于能够推动区域内的旅游资源的整体发展,提高区域内的旅游服务水平和质量;但同时需要政府的大力支持和协调以及区域内各方的配合和支持。

因此,在选择具体的整合模式时,需要综合考虑目的地的实际情况和发展需求以及各方的利益关系和合作方式等因素,因地制宜地选择最合适

拓展阅读4.3
济州岛积极推
动邮轮旅游

的整合模式。也需要考虑不同整合模式的适用性和局限性，进行综合分析和比较，制定科学合理的发展战略和方案。

四、邮轮目的地资源的可持续管理

邮轮目的地资源的可持续管理是指以实现邮轮旅游业可持续发展为目标，通过科学合理的管理方法和手段，对邮轮目的地的各类旅游资源进行系统性的组织和协调，以实现旅游业的优化发展和游客体验的提升。这包括邮轮公司、港口、目的地、游客等多个方面的资源整合和管理，以及环境保护、资源利用、文化传承等多个方面的综合考虑。其可持续管理的方式体现在以下方面：

1. 立法保护

通过制定和完善相关法律法规，加强对旅游资源的保护和管理。首先，应加强法律法规的制定和完善工作，明确旅游资源的保护范围和保护措施；其次，应加大对法律法规的执行力度，加大对违法行为的处罚力度；再次，还应加强监督和管理工作，确保法律法规的有效执行；最后，可以建立相关的法律服务机构或者咨询服务平台，为公众提供相关的法律服务和支持帮助。

2. 规划保护

自然风景旅游资源一般包括风景名胜区、森林公园、自然保护区、世界自然遗产、园林以及其他以自然风光为主要风景要素的旅游区。合理开发和规划，保护原始的、本真的风景应当成为这类风景区保护与开发的基本要求。合理开发和规划是实现旅游资源可持续发展的关键，应从以下几个方面开展工作：①应树立可持续发展的观念，制定科学合理的规划方案；②应加强规划实施的管理和监督工作，确保规划的有效执行；③应加强相关人员的培训和能力提升工作，提高规划和管理水平。

3. 行政保护

行政管理措施，主要是指国家行政机关根据国家的方针政策并依照行政管理权限，对资源的使用、管理以及保护工作的有关活动进行行政干预，以保障旅游资源的良性循环。行政管理措施是旅游资源保护中最为常见的方法之一。旅游资源管理，尤其是旅游规划的编制、资源保护，与地方政府和各个部门有着千丝万缕的联系。所以，从保护旅游资源持续利用的角度出发，加强与地方政府的合作，有利于对旅游资源的保护实行统一的规划与监督。在旅游资源保护工作中，政府及相关管理部门发挥着重要的作用。应加大政府对旅游资源保护的重视程度和管理力度，制定科学合理的管理政策、法规和标准，促进相关部门之间的合作与交流，推动旅游资源的可持续利用和发展。

4. 技术保护

随着我国旅游业向更大的规模、更高的层次发展，旅游资源的开发利用也向大投入、大项目的方向发展，这种发展形势要求政府与企业在更高的水平上严格保护旅游资源，技术保护因此得到越来越广泛的重视与运用。为此必须构建包括动力机制、保障机制、监管机制、创新机制在内的技术保护管理机制，以确保旅游资源的有效保护和合理利用，实现可持续发展。例如，科学维修历史文物古迹，在景区利用科学的技术手段进行跟踪测量等对于资源的保护十分重要。构建有效的技术保护体系，从技术层面上加强对旅游资源的保护和利用。首先，应重视和加强旅游资源的调查与评估工作，为制定科学合理的保护措施提供基础数据支持；其次，应加强对旅游资源的监测和管理，及时发现和处理损害旅游资源的行为和现象；最后，应加强技术创新和研发工作，不断提高旅游资源的保护和利用水平。

5. 教育保护

旅游活动的主体——旅游者参与到资源管理中，也是有效保护旅游资源，实现旅游资源管理可持续发展的重要途径之一。一方面，通过旅游教育，可唤起他们保护资源、参与资源管理的责任意识，减少人为破坏；另一方面，通过对旅游者的教育，使旅游者自觉参与保护环境的行动，可以减轻环保人员的工作压力。这种与旅游者"合作"的管理有着重要的意义。通过各种途径加大宣传保护旅游资源的力度，可提高全民素质，共同维护宝贵的旅游资源。

【本章小结】

本章深入讨论了邮轮旅游资源与产品开发的关键方面，强调了资源开发的重要性、原则、步骤以及目的地资源管理的策略。首先，本章介绍了邮轮旅游资源的性质和构成，涵盖了历史文化遗产、自然景观、目的地设施等多元化的旅游体验要素。其次，详细阐述了资源开发的原则和步骤，包括资源调查评估、规划设计、基础设施建设、品牌推广等，旨在实现资源的有效开发和利用。最后，本章还探讨了邮轮目的地资源管理的模式，包括环境管理、社会文化保护、经济发展和访客管理等策略，强调了可持续资源管理的重要性。

对读者而言，本章不仅提供了关于邮轮旅游资源与产品开发的全面知识，还强调了可持续发展的原则和实践策略。这些信息有助于读者深刻理解邮轮旅游资源开发的复杂性和重要性，帮助从业者和研究人员有效应对旅游资源管理的挑战，实现邮轮旅游目的地的长期发展。

【典型案例分析】 地中海邮轮旅游：历史、文化与可持续发展的交织

地中海地区拥有众多古老的遗迹和历史文化景点，如希腊的雅典卫城、罗马的斗兽场、土耳其的以弗所古城等。这些历史文化遗迹见证了地中海地区悠久的历史和灿烂的文明，吸引着众多历史和文化爱好者。地中海地区拥有众多迷人的海岛，如希腊的圣托里尼岛、意大利的西西里岛、克罗地亚的杜布罗夫尼克等。这些海岛被誉为地中海最美丽的天堂，拥有纯净的海水、细腻的沙滩和壮丽的海岛风光，是游客进行水上活动和休闲度假的理想地点。地中海地区涵盖着多个国家和地区，拥有多样的文化风情，游客在此可以体验到希腊的民俗文化、意大利的美食文化、西班牙的舞蹈文化等，享受着不同国家的文化之

美。地中海地区的邮轮航线上设置了丰富多样的岸上旅游活动，游客可以选择参观古迹遗址、购物街区、美食品尝等活动。除了美丽的海岛风光外，地中海地区还拥有壮丽的自然风光和丰富多样的海洋活动，如北非的撒哈拉沙漠、意大利的阿马尔菲海岸、克罗地亚的多布罗夫尼克城墙等。

地中海是极为重要的邮轮目的地。地中海地区的邮轮旅游资源丰富多样，拥有多条经典的邮轮航线以及丰富的岸上旅游景点。无论是历史古迹、自然景观、购物、美食还是文化体验，地中海地区都能满足不同游客的需求。从区位来讲，地中海地区与欧洲和中东地区接壤，便于游客的出行和航线选择。地中海位于不同的航运网络中，所以成为邮轮线路设计的重要组成部分。随着邮轮旅游市场的不断扩大和游客需求的多样化，地中海地区的邮轮旅游业也持续蓬勃发展，成为全球著名的邮轮旅游胜地之一。地中海地区的邮轮航线布局主要分为西地中海和东地中海两大区域。西地中海包括意大利、西班牙、法国和摩纳哥等国家的港口，有着悠久的历史和文化，美丽的自然风光以及世界知名的城市如罗马、巴塞罗那等；东地中海则包括希腊、土耳其、克罗地亚等国家，拥有令人惊叹的古代文明遗迹、阳光沙滩和碧海蓝天。

地中海地区的邮轮旅游发展经历了多个阶段。最初，邮轮旅游主要是围绕地中海沿岸的一些主要城市和海岛展开，后来随着邮轮设施和服务的不断提升，以及邮轮公司的多样化航线规划，地中海地区的邮轮旅游市场不断扩大。其中，欧洲游客占据主导地位，尤其是来自英国、德国、意大利、法国、西班牙等国家的游客。此外，地中海地区还吸引了来自北美、亚洲和澳大利亚等地的游客。这些游客有着不同的需求，有的是追求历史文化的游客，有的是寻求海岛度假的游客，也有的是希望享受地中海美食和购物的游客。

邮轮旅行为当地经济发展带来了巨大的经济利益。邮轮旅游业创造了就业机会、加强了当地旅游产业，并提供了游客支持的经济基础。根据地中海邮轮港口协会（Association of Mediterranean Cruise Ports）的数据（截至 2020 年），地中海成为了欧洲最受欢迎的邮轮航线之一。每年有数百万名游客选择在地中海乘坐邮轮旅游。这些游客带来了经济利益，但也给当地环境和社区带来了压力。为了保持可持续发展，需要进行有效的资源管理和环境保护。

在邮轮资源开发和管理方面，地中海欧洲各国采取了一系列措施，以平衡旅游需求和环境保护。欧洲各国共同制定了严格的环境保护政策和法规，以保护海洋生态系统和自然资源。这些政策包括限制排放、废水处理要求、海洋废物管理标准等。邮轮公司需要遵守这些规定，并接受监管。邮轮线路开发者与欧洲地中海各国当地社区合作，鼓励它们参与旅游业，保护和传承本地文化，确保当地居民从旅游业中分享经济效益。例如，希腊圣托里尼岛受到了大量邮轮游客的涌入。岛上的政府和社区合作，采取措施限制游客数量、控制建设规模，以及保护传统建筑和景观，以保持岛上的美丽和文化风貌。邮轮公司和相关当局会提供关于地中海历史、文化、环境和可持续发展的知识和教育。这有助于提高游客的环境保护和文化尊重意识，促进可持续旅游发展。再如，意大利威尼斯吸引了大量的邮轮游客。近年来，威尼斯采取了一系列措施，包括限制邮轮船只数量和规模，规划停靠港口，以减少对城市环境和文化的影响。

（资料来源：MSC 邮轮公司，地中海目的地介绍，https://www.msccruises.com.cn/global/mediterranean，本文由作者根据原文整理所得）

请根据该案例思考以下问题：

地中海欧洲各国在邮轮资源开发和管理方面如何平衡文化遗产保护和经济发展的需求？它们采取了哪些措施来平衡旅游需求和环境保护？如何通过教育和宣传提高游客的环保意识和文化尊重，以促进地中海地区的可持续旅游发展？

【复习思考题】

1. 邮轮旅游资源开发的重要性是什么？

2. 邮轮旅游资源开发的原则是什么？请说明这些原则在实际开发中的应用。

3. 邮轮旅游资源开发的步骤是什么？请分析这些步骤对于确保资源的有效利用和开发的重要性。

4. 邮轮旅游资源的开发模式有哪些？请比较不同开发模式的优劣和适用性。

5. 邮轮目的地资源整合和可持续资源管理的重要性是如何体现的？请探讨如何实施有效的目的地资源整合和可持续管理。

【在线测试题】扫描二维码，在线答题。

第五章 邮轮产品与服务管理

【本章学习目标】

理解邮轮组织架构及其运作方式，包括航运部和酒店部的职责与管理。

学习邮轮产品服务的开发、标准化与个性化服务的设计原则，提升服务质量和客户满意度。

掌握邮轮岸上线路的策划、组织与营销方法，学习如何提供丰富多样、高质量的岸上旅游体验。

【导入案例】 海洋量子号推出首家海上"分子料理"

海洋量子号首家推出海上"分子料理"餐厅，为游客带来前所未有的美食体验。在这家餐厅，厨师们运用先进的科学技术和创意，将食物的形态、口感和味道重新解构和重组，呈现出令人惊叹的视觉效果和味觉享受。

走进这家名为"梦境"的餐厅，仿佛进入了"爱丽丝梦游仙境"。餐厅环境以现代简约风格为主，同时融入了大量的科技元素。整个餐厅的灯光设计十分独特，变幻莫测的光影效果让人仿佛置身于梦幻世界。餐具和摆设也充满了艺术感，让人眼前一亮。

在"梦境"餐厅，每一道菜都是艺术品。厨师们运用独特的分子技术，将食物的口感、味道和形态发挥到了极致。他们将食物分解为最基本的分子，通过温度、压力、浓度等科学手段，创造出令人惊叹的菜肴。

想象你进入"爱丽丝梦游仙境"中的兔子洞，才华横溢的厨师们旋转烹饪万花筒，为你创造从未游历过的梦境。故事从你打开菜单开始，寻找你的分子——风、冰、火、水、土壤和梦幻——用创意合成让你耳目一新的菜肴。

其中一道名为"烟雨霏镜"的菜品，将烟雾和清酒结合在一起，营造出一种朦胧的美感。烟雾中弥漫着淡淡的酒香，让人仿佛置身于雨后的田野之间。这道菜品运用了先进的科技手段，将食物的味道、口感和形态完美地呈现出来，让人惊叹不已。

另一道名为"芥末的蛋筒"的菜品则将传统的日式料理与现代科技相结合。这道菜以芥末为基础，通过特殊的处理技术，将其包裹在蛋筒中。当客人品尝这道菜时，芥末的辛辣味道会逐渐释放出来，与蛋筒的香脆口感形成完美的搭配。

除了这些令人惊叹的菜品外，"梦境"餐厅还为客人提供了许多创意十足的小食和饮品。这些美食不仅满足了客人的味蕾需求，更让客人在享受美食的同时感受到科技与艺术的完美结合。

海洋量子号首家海上"分子料理"餐厅不仅为游客提供了一种全新的美食体验，更展现了现代科技与烹饪艺术的完美结合。在这里，每一道菜都是艺术品，每一口品尝都是一次探索和发现的旅程。相信在未来，随着科技的不断发展，我们将会品尝到更多令人惊叹的美食。

（资料来源：上海虹口公众号，皇家加勒比邮轮海洋量子号，就是这么任性！https://mp.weixin.qq.com/s?__biz=MjM5MTE2ODE4Mg==&mid=202321726&idx=3&sn=b47fda8587224a0ba3685e076b269cc1&chksm=2f422ce71835a5f160ead455d39ad1f875fdfb6ae04ae93d9c4ea1ab1cccfbb073bf59c395f1&scene=27，本文由作者根据原文整理所得）

本案例中，邮轮产品与服务管理在海洋量子号邮轮的运营中发挥了什么作用？海洋量子号邮轮推出的分子料理对邮轮产品与服务管理有哪些启示？邮轮产品与服务管理如何结合现代科技，提升游客的旅游体验？

第一节　邮轮组织架构

一、邮轮整体组织框架

邮轮整体组织框架是一个庞大而复杂的体系，由多个职能部门和专业团队组成。如图 5-1 所示，邮轮船上主要由两个部门组成：航运部和酒店部。航运部负责邮轮的技术和导航方面，确保邮轮在海上航行期间安全和顺畅。酒店部则负责为乘客提供舒适、便利和高品质的服务，以满足不同乘客的需求和期望。这两个部门共同协作，确保邮轮的顺利运营和乘客的安全、满意。

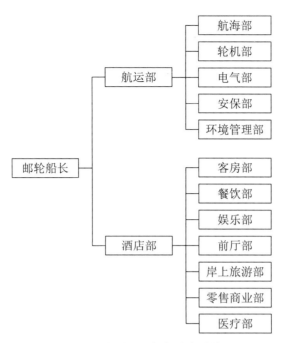

图 5-1 邮轮组织框架基本结构

二、邮轮航运部

航运部是确保船舶安全、高效运行的核心部门，其主要职责包括船舶的导航、操作、机械和电气系统的管理、环境保护措施的实施以及船员的管理与培训。航运部的运作和管理直接影响整个邮轮的航行安全和技术可靠性，是邮轮运营的基石。航运部通常由船长（captain）领导，船长是全船的最高指挥官，负责整个船舶的安全和操作。船长下辖几个关键部门，包括航海部（deck department）、轮机部（engineering department）、电气部（electrical department）、安保部（safety and security department）和环境管理部（environmental department）。每个部门由专门的高级船员管理，分别负责各自领域的日常运行和维护。

1. 航海部

航海部负责船舶的导航、航线规划和操作。航海部利用导航仪器（如雷达、GPS、电子海图）进行精确的航行，并实时调整航向以确保安全。航海部需要进行日常的船体检查、维护，以及管理船舶的系泊、抛锚和靠泊操作。航海部还负责管理货物的装卸和存储，确保货物的安全运输。

2. 轮机部

轮机部管理船舶的所有机械系统，包括主发动机、发电机组、空调系统和废水处理系统。轮机部需要确保所有设备处于最佳运行状态，包括船舶的主发动机和推进系统、发电机组、空调系统、供水和废水处理系统等。轮机部还要承担这些系统和设备的具体维护工作。此外，轮机部还负责燃料的采购、存储和分配，确保船舶有足够的燃料，并管理所有机械设备的润滑和保养。

3. 电气部

电气部负责管理船上的电力系统和所有电气设备，确保供电稳定和电气设备的正常运作。电气部需要根据邮轮上所有部门设备和活动的用电情况进行电力分配，并承担照明系统、导航灯光、通信系统、娱乐系统等的操作与维护。一旦出现问题，电气部需要快速诊断并解决电气系统中的故障。

4. 安保部

安保部负责实施和监督所有安全措施，包括救生设备的管理、紧急演练和防火安全等。该部门必须定期检查和维护救生艇、救生圈、救生衣等设备，确保在紧急情况下设备可以立即使用。按照国际海事组织的规定，安保部要定期组织船员和乘客进行紧急情况演练，如火灾疏散、船只弃船等，并提供相关培训。安保部还负责船上安保措施的执行，防止未经授权的人员进入船舶，并在港口停靠时进行安全检查，防范潜在威胁，确保乘客和船员的安全。

5. 环境管理部

环境管理部应确保邮轮的运营符合国际环境标准，特别是在废水处理、废弃物管理和空气排放控制方面，遵守国际海事组织和相关海域管理部门的相关规定。

船长与各部门主管定期沟通，制订航行计划、评估设备状况，并对任何潜在的风险进行管理。航运部各部门间合作协调，确保邮轮各项航运职能的高效运行。船长还需与公司总部保持联系，确保船舶操作符合公司政策和国际法规。通过专业化的分工和严格的管理，航运部确保了邮轮在全球航行中的安全性和可靠性，保障了乘客和船员的生命安全，维护了邮轮的技术标准和环境合规性。

三、邮轮酒店部

酒店部是负责管理船上所有与乘客体验相关服务的核心部门。酒店部的运行和管理直接影响乘客的整体满意度。该部门涉及多个关键领域，包括客房服务、餐饮管理、娱乐活动安排、医疗服务以及岸上旅游组织等。

酒店部的组织架构通常由酒店总监（hotel director）领导，酒店总监是酒店部的最高管理者，负责监督和协调所有与乘客服务相关的活动。酒店总监直接向船长汇报，但在日常运营中拥有相对独立的管理权限。酒店部下辖多个部门，每个部门由专门的经理负责，确保各项服务的顺利进行。这些部门通常包括：客房部（housekeeping department）、餐饮部（food and beverage department）、娱乐部（entertainment department）、前厅部（front office/guest services department）、岸上旅游部（shore excursions department）、零售商业部（retail and commercial department）、医疗部（medical department）。

1. 客房部

客房部是负责管理和维护邮轮上所有客房的部门，包括客房清洁、床铺更换、设备维修等工作。该部门还负责协助旅客入住和解决客房相关问题，确保旅客在舒适、安全的环

境中度过邮轮之旅。

客房部的员工数量因邮轮大小、公司规模和客房数量等因素而异。一般来说，中型到大型的邮轮可能需要 50～200 名员工来负责客房服务。具体可能包括客房服务经理、客房服务员、清洁人员、洗衣服务员等。他们的职责包括确保客房卫生和整洁，提供优质的客房服务，处理客人的要求和投诉，为旅客提供温馨舒适的住宿环境。此外，客房部门还需要密切协调其他部门，如餐饮部门、娱乐部门等，以确保整个邮轮上的旅客都能得到周到的服务。

客房部的管理制度包括客房清洁、维护和服务等方面。客房人员要接受专业培训，熟悉各种清洁用品和设备的使用方法，并按照规定进行客房清洁和维护工作。在提供服务时，客房人员要秉承礼貌、热情、高效的原则，满足游客的需求，确保游客住宿舒适、安全。此外，客房部还要遵守环保标准，尽可能减少对环境的影响。

2. 餐饮部

餐饮部是负责提供邮轮上餐饮服务的部门，包括餐厅、自助餐厅、酒吧、咖啡店等。这些部门通常会有专业的厨师和服务员，为游客提供各种美食和饮品选择。

餐饮部的员工数量因邮轮大小、公司规模和餐饮服务类型等因素而异。一般来说，中型到大型的邮轮可能需要 100～600 名员工来负责餐饮服务。具体人数可能包括厨师、服务员、酒吧员工、咖啡师等。他们的职责包括准备和提供食物、饮料和小吃，为游客提供优质的餐饮体验，同时确保卫生和食品安全。此外，餐饮部门还需要设计不同的餐饮方案，满足不同文化、口味和偏好的游客需求。

餐饮部的管理制度主要关注邮轮餐饮服务的方方面面，包括菜单设计、食品采购、厨房管理、服务员培训等方面。该部门通过提供高品质的餐饮服务，为旅客创造难忘的船上用餐体验。该部门需要与其他管理部门密切合作，制定出合适的成本控制和供应链管理方案，以确保邮轮餐饮服务的高效性和可持续性。

3. 娱乐部

娱乐部是指在邮轮上提供各种娱乐活动和设施的场所，包括但不限于电影院、剧院、游戏室、健身房、水上乐园、酒吧、俱乐部等。这些娱乐设施旨在为乘客提供愉快的旅行体验，并使他们在船上度过难忘的时光。

娱乐部的员工数量因邮轮大小、公司规模和娱乐设施等因素而异。一般来说，中型到大型的邮轮可能需要 80～200 名员工来负责娱乐服务。具体可能包括娱乐经理、节目制作人、DJ、表演者、俱乐部员工等。他们的职责包括设计和策划各种游戏、表演、音乐和文化活动，为游客提供有趣、多样化的娱乐体验。此外，娱乐部门还需要根据不同的年龄、性别和文化背景，量身定制适合不同旅客的娱乐项目，确保邮轮上每个人都能找到自己感兴趣的活动。

娱乐部的管理制度包括员工培训、活动计划、设备维护和安全管理等方面。员工接受专业培训后，根据规定执行活动计划，并对场地设备进行维护和保养。为确保游客的安全，娱乐部实行严格的安全管理制度，如制订应急预案和进行演练等。

4. 前厅部

前厅部负责处理乘客的登船、离船手续，提供信息咨询和处理各种客户服务事宜。前厅部的主要职责包括：管理乘客的登船和离船流程，确保手续的顺利办理。这包括登记乘客信息、分配舱房钥匙、解释船上设施和安全规定；为乘客提供关于邮轮航程、港口停靠、船上活动等方面的信息，并解答乘客的各种问题。该部门还负责处理乘客的投诉和紧急需求；负责乘客账单的结算，处理包括船上消费、服务小费等支付事宜。前厅部通常设有 24 小时值班台，以便随时应对乘客的需求。

5. 岸上旅游部

岸上旅行部是专门负责组织、协调和管理乘客在各个停靠港口的岸上活动部门。该部门的目标是为游客提供丰富多样的旅游体验，使游客在每个港口停留期间的乐趣和价值最大化。岸上旅行部负责设计和策划在各个停靠港口的旅游行程。这包括与当地旅游供应商合作，根据港口的特色、文化背景和历史遗产，开发适合不同乘客群体的多样化旅游项目，如城市观光、文化体验、自然探险、购物之旅等，确保能够满足乘客的不同需求。

6. 零售商业部

零售商业部负责邮轮上所有商业活动的管理和运营，包括免税店、精品店、珠宝店、纪念品商店等。零售商业部负责策划和执行船上的商品销售活动，包括日常销售和特别促销活动。根据乘客的需求和航线特点，该部门组织各商店提供多样化的商品选择，如奢侈品、纪念品、香水、烟酒等。零售商业部还负责管理商品的库存，与供应商沟通，安排商品的采购和补充，确保供应链的顺畅运作。零售商业部还需精心设计商店布局和商品陈列，为乘客提供专业的购物指导，及时处理商品退换、质量问题等，提升乘客的购物体验。

7. 医疗部

医疗部是邮轮上专门负责乘客和船员健康管理的部门。医疗部为乘客和船员提供日常医疗护理服务，还为有特殊需求的乘客提供持续的健康监测和支持。医疗部负责船上的公共卫生管理，包括防疫措施、疾病预防和健康教育。医疗部必须确保所有食品、饮水和公共设施符合卫生标准，并应对任何可能影响船上健康的意外情况。医疗部还需配备急救设备和药品，在航行中提供紧急医疗服务，处理意外伤害、突发疾病等情况。

酒店部的管理面临多种挑战，包括空间的有限性、乘客文化背景的多样性以及长时间航行中的服务持续性。通过严格的组织管理、跨部门的协作以及持续的服务创新，酒店部能够有效满足乘客的需求并提供卓越的客户服务。

第二节　产品服务与服务标准

一、邮轮产品服务的种类与特征

邮轮产品服务的种类丰富多样，主要包括餐饮服务和娱乐服务两大类。邮轮上的各种服务设施和活动都是为了让乘客度过一个舒适、愉快的假期，同时也满足不同年龄、文化背景和兴趣爱好的乘客需求。从高档豪华邮轮到亲民型邮轮，邮轮服务类型多种多样，可以根据个人需要和预算选择不同的邮轮产品和服务。

（一）船上餐饮服务

船上餐饮服务是指为邮轮旅客提供各种美食和饮料选择的服务。这些服务可能包括多个餐厅和酒吧，以及自助餐厅、特色餐厅和主题餐厅等不同类型的餐饮场所。一般情况下，邮轮上的餐饮服务已经包含在旅行费用中，但也可以选择额外付费享用豪华餐饮体验。邮轮船上的餐饮服务通常是旅客在邮轮上度过愉快时光的重要组成部分。邮轮的餐饮部门主要提供以下产品和服务。

1. 主餐厅

主餐厅是游客在邮轮上用餐的主要场所之一。通常主餐厅会采用豪华、高雅和富有视觉冲击力的装修风格，为游客营造出舒适、愉悦的用餐环境。主餐厅提供各种口味的美食，如意大利菜、中餐、法国菜等不同地域的佳肴，并由专业的厨师团队精心烹制。在主餐厅用餐，游客除了品尝美食外，还可以享受到优质的服务。服务员会在您进入餐厅时热情地欢迎您，并帮助您安排座位。主餐厅还提供专业的侍酒师服务，可以为您推荐合适的葡萄酒和其他饮品，让您的用餐体验更加完美。在主餐厅用餐，游客需要注意一些礼仪规范。例如，穿着得体、不高声喧哗等，这些规范旨在保持用餐环境的安静和高雅。此外，主餐厅通常安排多个用餐时段，游客可以根据自己的行程计划来选择用餐时间。

2. 自助餐厅

自助餐厅是游客在邮轮上用餐的另一个主要场所。与主餐厅不同，自助餐厅不需要预订座位，游客可以根据自己的喜好和时间自由选择用餐。在这里，游客可以找到各种不同口味和风格的美食，还有各种甜点和饮品供应。自助餐厅的开放时间更灵活，通常早、中、晚三餐都会有丰富的菜品供应，除此之外还有夜宵可供选择。自助餐厅的环境比较轻松、休闲，适合家庭聚餐或者朋友聚会。游客们也可以在自助餐厅欣赏到壮观的海景，这无疑会让用餐体验更加愉悦。在自助餐厅用餐，游客需要注意自己的卫生和健康。餐厅内通常设有洗手间和餐巾纸等清洁用品供游客使用，游客需要在取餐前先洗手，避免疾病传播。此外，为保持用餐环境的整洁和卫生，游客需要遵守一定的礼仪规范，如不浪费食物等。

3. 收费餐厅

收费餐厅是游客在邮轮上用餐的一种高级选择。与主餐厅和自助餐厅不同，收费餐厅通常需要提前预订，并额外收取一定的用餐费用。但是在这里，游客可以享受到更高档次、特色化的美食和优质服务。收费餐厅的菜单通常会包括各国传统美食、现代创新菜肴以及精选葡萄酒等，每道菜都经过专业的厨师团队精心设计、烹制和摆盘，让人们在享用美食的同时也能欣赏到舌尖上的艺术。另外，收费餐厅的服务员会提供更加细致周到的服务，如推荐菜品、介绍餐厅历史和文化等。

除了丰富的美食和服务，收费餐厅的装修和环境也非常考究。大多数收费餐厅都采用豪华、典雅的装修风格，配备高档的餐具、酒杯等设施，让游客在就餐时感受到贵族般的待遇。此外，收费餐厅的位置也非常重要，通常位于邮轮上层的景观位置，可以让游客在品尝美食的同时欣赏海景。需要注意的是，游客在收费餐厅用餐时需遵守一定的礼仪规范，如穿着得体等。另外，收费餐厅的预订需尽早安排，以免因座位已满而无法就餐。

拓展阅读5.1
邮轮上的
Teppanyaki
（日式铁板烧）

4. 特色小吃

特色小吃是游客在邮轮上感受当地美食文化的最佳途径之一。作为邮轮上的独特卖点，特色小吃通常融合了地方传统风味和当地新鲜食材，让游客在海上旅行的同时也能够领略到当地的美食文化。特色小吃种类繁多，如意大利比萨饼、日式冷面、墨西哥玉米饼等，每种小吃都有其固定的制作工艺和口味特点。此外，在特色小吃区域中还会有不同餐饮档口，供游客们选择，如麻辣香锅、炸鸡翅等。

除了种类丰富、口味特殊，邮轮的特色小吃也强调环保和健康。邮轮十分注重环保问题，为了减少对环境的影响，特色小吃通常采用绿色食材和包装，避免浪费和污染。特色小吃也加入了更多健康元素，如新鲜水果沙拉、蔬菜卷等。

5. 24 小时客房送餐服务

24 小时客房送餐服务为游客提供了旅途中不间断的用餐体验。通过电话或者房间内的电视系统，游客可以下单并选择各种美食菜品。送餐服务人员会按照游客的要求，将美食及时送到房间，让游客能够在舒适的环境中品尝美食。送餐服务通常包括早餐、午餐、晚餐和夜宵等多个用餐时段，游客可以根据自己的需要随时下单。送餐服务提供各种美食菜品，包括海鲜、烤肉、意大利面、汉堡等，满足不同口味和饮食偏好的游客需求。送餐服务也可以为游客提供特殊饮食要求的菜品选择，如素食、低卡路里、无麸质等，确保游客在旅途中的饮食健康和舒适。

6. 酒吧和咖啡厅

酒吧和咖啡厅是游客在旅途中放松休闲的场所之一。邮轮上的酒吧通常提供多种美酒佳酿以及各式小食，游客可以在这里与旅伴或新认识的朋友交流，享受慵懒的下午时光。咖啡厅则提供多种咖啡、茶以及糕点、三明治等轻食，让游客在旅途中也能品尝到高品质的咖啡和美食。游客可以在咖啡厅内，阅读书籍、使用电脑、与好友聊天，享受一段轻松惬意的时光。酒吧和咖啡厅也会定期举办各种主题活动和演出，如现场音乐表演、卡拉OK比赛等，为游客带来更加多元化的娱乐选择。旅途中无论是白天还是夜晚，酒吧和咖啡厅都将成为游客放松身心的理想之地。

（二）船上餐饮服务的特征

（1）多样性。邮轮上的餐饮服务种类丰富多样，游客可以根据自己的口味和需求选择不同类型的用餐体验。邮轮上的食物种类非常丰富多样，能满足不同游客的口味和偏好。无论是正餐还是小吃，邮轮上的食物种类都非常多样化，游客可以根据自己的口味和需求

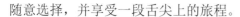

随意选择，并享受一段舌尖上的旅程。

此外，还有一些为特殊游客安排的饮食，如糖尿病饮食。邮轮上的糖尿病饮食是为患有糖尿病的游客提供的特殊服务。邮轮公司通常会提供低糖、低脂、低盐和高纤维的食物选择，如水果、蔬菜、全麦面包、瘦肉、鱼类等，以满足糖尿病患者在旅途中的饮食需求。此外，游客也可以向服务员或厨师提出自己的特殊饮食要求，船上的厨师会根据游客的要求，为其提供符合健康饮食要求的美食。

（2）质量优良。邮轮上的餐饮服务通常由专业的厨师团队负责，使用新鲜、高品质的食材和高水平的烹饪技术，满足游客的口感和卫生需求。总体来说，邮轮上的餐饮质量要求一般都比较高，主餐厅和收费餐厅提供的正餐通常都是由专业厨师制作，味道和品质都非常好。自助餐厅则通常提供各种食物选择，口味偏向国际化，但品质和新鲜度因为人流量大而稍逊一筹。

（3）无限次数。邮轮上的餐饮无限次数供应是指游客可以在船上主餐厅和自助餐厅等场所，随时无限次数地享用各种食物和饮品，而不需要额外支付费用。这项服务通常包括邮轮上所有主流餐饮场所的用餐，如早、午、晚三餐及夜宵、小吃、甜点、果汁、咖啡、茶等。游客只需要在指定时间内前往相应的餐饮场所，就可以畅享美味佳肴，同时也可以尽情体验多样化的美食文化。邮轮上的餐饮无限次数供应也是邮轮旅行中一个重要的福利，让游客可以充分满足自己的食欲需求，同时也能够更好地控制旅游开支。

（4）主题化。餐饮服务的主题化特征是指邮轮公司会针对不同航线和节日等活动，推出不同的主题菜单，为游客提供更加多样化、个性化的用餐体验。例如，在圣诞节、情人节、万圣节等特殊节日时，邮轮公司通常会推出特别的主题菜单，如情人节巧克力蛋糕、万圣节南瓜派等，让游客在享受美食时也能感受到浓厚的节日气氛。此外，在不同的航线上，邮轮公司也会推出不同的主题菜单，以满足游客对当地美食文化的好奇心。例如，在加勒比海航线上，邮轮公司会提供口味浓烈、辛辣的墨西哥菜肴，清爽可口的加勒比海鲜等；而在北欧航线上，会推出精制的挪威三文鱼、丹麦面包等北欧美食。

总之，餐饮服务的主题化特征使游客可以在邮轮旅行中体验到更具有地域特色和个性化的美食文化。游客可以品尝各种特色菜，领略不同地方的味道和风情，享受一段别样的旅程。

（5）私密性。餐饮服务的私密性特征是指邮轮公司会为部分游客提供私密用餐场所，以满足他们个人隐私和独立用餐的需求。这些私密用餐场所通常包括豪华邮轮上的套房、露天平台和收费餐厅等，游客可以在这些地方享受高品质、私密化的用餐服务。例如，在套房内，游客可以点餐后在自己的房间里就餐，同时也可以享受到专属的服务团队提供的周到贴心的服务。在收费餐厅中，游客可以预订私人用餐区，享受更加隐私化、舒适、尊贵的用餐体验。

此外，有些邮轮公司还提供私人晚宴服务，为游客定制专属的用餐菜单和用餐环境，以创造出更加私密且独特的用餐体验。这项服务通常需要提前预订并额外支付费用。

（6）灵活性。邮轮餐饮服务的灵活性特征体现在多个方面。首先，在菜单方面，邮轮公司提供多样化的餐食选择，并且为有不同饮食要求的游客提供特殊餐食。其次，在用餐时间和地点方面，游客可以根据自己的行程安排灵活选择就餐时间和用餐场所。最后，在食物配送方面，邮轮公司也提供了多种灵活选择，如私人用餐服务、户外小吃区和夜宵等。邮轮餐饮服务的灵活性特征能够满足游客的各种用餐需求，让游客可以根据自己的喜好和需求进行选择。无论是正餐还是小吃，游客都可以在邮轮上尽情享受多样化、个性化的用餐体验。

拓展阅读5.2
邮轮上的意大利冰激凌店

总之，邮轮餐饮服务的灵活性特征让游客可以在舒适的环境中尽情享受美食，同时保证了游客的用餐隐私和个性化需求。这种多样化、高品质的用餐体验是邮轮旅行中重要的一部分，也是邮轮公司不断提升客户满意度的关键之一。

（三）船上娱乐服务

娱乐服务种类多样，包括剧院表演、水上运动、运动中心、电影院、赌场、夜店、儿童俱乐部、购物中心、甲板运动和旅游观光等。这些娱乐活动满足游客不同年龄、文化背景和兴趣爱好的需求，让游客在舒适愉悦的环境中度过一个充实、难忘的假期。邮轮船上的娱乐服务种类繁多，主要包括以下几种：

1. 音乐表演

音乐表演是指在船上举办的各种音乐演出活动。邮轮公司通常会邀请专业音乐家和歌手前来表演，为游客带来多样化的音乐风格和演出形式。音乐表演通常包括以下几种形式：首先是主剧场的正式演出，这里通常有舞台、音响、灯光等设备，演出者具有高水平的歌唱和演奏技巧；其次是船上的各个酒吧、休息室等小型演出场所，演出形式更加灵活多样，通常会有爵士、摇滚、流行等不同音乐类型的表演，而且演出者与观众之间互动比较频繁；最后是临时性的户外演出，这些演出通常是在甲板上，以喜庆的形式庆祝重大节日或其他特殊活动。

2. 歌舞秀

歌舞秀是指在邮轮主剧场和其他表演场所举行的专业音乐和舞蹈表演。这些表演通常由专业舞者、歌手和音乐家组成，采用精美的服装、灯光和音响效果，为游客营造出视听盛宴。歌舞秀通常包括各种不同的节目形式，如百老汇风格的音乐剧、现代舞蹈、爵士乐演出等。这些表演往往有着独特的主题和情节，通过音乐、舞蹈、服装等多个方面的元素呈现出高质量的视觉享受和艺术感受。歌舞秀是邮轮旅行中最受欢迎的娱乐项目之一，游客可以在欣赏演出的同时体验到豪华和浪漫的氛围，享受美食和舒适的环境。邮轮公司通常会定期更新表演节目，为游客带来更加多样化、创意性的节目内容，满足游客的不同需求和喜好。

3. 电影院

电影院是指在邮轮上设立的专门场所，供游客观看电影。邮轮公司通常会提供多个放映厅，供游客选择不同类型和语言的电影。电影院通常使用最先进的数字电影技术，为游客带来高清晰度的画面和震撼的音效。此外，一些豪华邮轮还设有私人电影院，供住在套房或高级舱位的游客享用，提供更加独特、隐私化的观影体验。电影院通常会放映最新的电影和经典老片，满足游客对于电影的不同需求和喜好。在特殊节日和主题活动期间，邮轮公司也会安排相关的电影放映，营造出浓厚的节日氛围。

4. 博彩场所

博彩场所是指在邮轮上设立的娱乐场所，供游客进行各种博彩活动，如扑克、二十一点、轮盘等。邮轮公司通常会为游客提供多个赌场区域和各种不同类型的博彩游戏。赌场通常配备了现代化的设备和高品质的桌子和椅子，营造出豪华、舒适的环境。也会有专业人员负责游戏流程和规则的解说，以确保游客能够享受安全、公正的博彩体验。赌场通常具有较长的开放时间，通常是在晚间开放到深夜，以满足游客的娱乐需求。此外，邮轮公司还会举办各种博彩比赛、抽奖活动等，让游客有机会获得额外的奖励和礼品。需要注意的是，公海上邮轮开展的博彩合乎国际法，但游客们需要明确自己的风险和能力，遵循相关管理规定，避免超支或沉迷于博彩活动中。

5. 游泳池

游泳池通常位于甲板上，供游客在海上享受游泳、日光浴和放松身心。游泳是邮轮旅行中最受欢迎的娱乐项目之一，游客可以在游泳池周围的舒适长椅上晒太阳，同时欣赏壮丽的海景。游泳池通常分为成人区和儿童区，以满足不同年龄和需求游客的需要。有些游泳池还设置了热水浴池和水疗设施，让游客在放松身心时也能够享受健康疗效。在邮轮上还会举办各种水上活动和派对，如水上音乐会、泳衣时装秀、冰雕比赛等，增加了游客们的娱乐体验和社交互动。游客们可以在这里度过一个愉快、难忘的海上假期。

6. 健身房

健身房是游客在船上锻炼身体和保持健康的理想场所。这些设施通常包括多种不同的健身器材，如跑步机、健身车、哑铃等，还有瑜伽和普拉提等课程，以满足不同健身需求的游客。健身房通常位于船体中央，配备了现代化的设备和高品质的音响系统，为游客提供一个安静、清新的健身运动环境。此外，健身房的工作人员通常都是经过专业培训的教练，能够帮助游客制订科学合理的锻炼计划和提供个性化的指导。

健身房也会举办一些团体活动，如健身比赛、健身舞蹈等，增加游客们的互动和娱乐体验。游客们可以在此尽情释放身心，享受健康和快乐。

7. 水上运动

水上运动是指在邮轮上提供的各种水上活动和娱乐项目。这些项目通常包括滑水、冲浪、水上滑板、潜水等，让游客可以在海上尽情享受刺激和乐趣。水上运动通常由专业工作人员负责，为游客提供一流的设备和安全保障。对于初学者，还提供相关的培训和指导服务，以确保他们能够安全地进行各种水上活动。邮轮经常会举办各种水上比赛和派对活动，如浅滩篮球、泳衣秀、水上派对等，增加了游客们的互动和娱乐体验。一些豪华邮轮还专门设置了私人海滩和小岛，供游客在远离喧嚣的环境中享受水上运动和海滩休闲。

8. 购物中心

购物中心是游客在邮轮上进行购物和消费的理想场所。这些购物中心通常提供多个商店和精品店，销售各种商品包括服装、珠宝首饰、香水化妆品、手工艺品等，让游客可以尽情挑选适合自己的礼物或纪念品。购物中心通常位于邮轮船体的一个或多个甲板上，布置高雅、明亮，配备了现代化的设施和先进的 POS 系统，为游客提供便捷、安全的购物体验。此外，购物中心的员工通常都是语言流利、服务热情的专业人士，能够帮助游客解答问题并提供个性化建议。购物中心还经常举行各种促销活动和特别优惠，如打折大减价、限时特卖等，增加了游客们的购物乐趣和节约成本。

9. 美容沙龙

美容沙龙是游客在邮轮上享受放松、美容和养生的理想场所。这些设施通常包括美发、美甲、美容护肤等多项服务，并提供了现代化的设备和高品质的美容产品，让游客可以在海上尽情享受舒适和美丽。美容沙龙通常由专业的美容师和护理人员负责，他们都经过专业培训和认证，能够为游客提供个性化的美容服务和指导。此外，一些豪华邮轮还提供了瑜伽、舞蹈等健康养生项目，让游客在充分放松的状态下得到全面的调理。美容沙龙还配备了精致的装饰和柔和的音乐，为游客营造一个温馨的环境，增加了游客的放松感和满意度。

10. 瑜伽课程

瑜伽课程是为游客在海上进行健身和放松的一项体验。这些瑜伽课程通常由专业的瑜伽老师负责，针对不同的瑜伽水平和需求，提供了多种瑜伽课程，如阿斯汤加瑜伽、哈他瑜伽、流瑜伽等。瑜伽课程通常在船上特定的区域举行，如船头露天甲板、内部瑜伽室等，在优美的海景中进行，营造出一个舒适、安静的环境，让游客们尽情享受放松和舒适。瑜伽课程还经常设置主题和特别活动，如日出／日落瑜伽、海景瑜伽、瑜伽冥想等，增加游客们的乐趣和参与度。邮轮公司也会提供相应的瑜伽道具，如瑜伽垫、瑜伽绳等，为游客提供更完善的瑜伽服务。

11. 烹饪示范

烹饪示范是游客在邮轮上学习和体验美食文化的一项活动。这些烹饪示范通常由专业的大厨或明星厨师负责，他们会在游客面前展示如何制作各种精致的菜肴和糕点。烹饪示范通常在特定的区域或场地举行，如烹饪教室、露天甲板等，为游客提供一个宽敞、明亮、设备齐全的环境。烹饪示范也配备了高清晰度的投影仪和音响设备，让游客能够清晰地看到和听到每个步骤和技巧。烹饪示范还经常邀请游客参与其中，让游客们能够亲手制作并品尝自己的作品。此外，邮轮公司还会定期举行美食主题活动，如意大利面制作比赛、蛋糕装饰比赛等，让游客们更深入地感受美食文化。

12. 阳台晚宴

阳台晚宴是一种豪华的就餐体验，游客可以在船舱的私人阳台上享用美味佳肴和美酒，欣赏海景和星空。这是一种浪漫而私密的用餐方式，让游客们能够在航行中充分感受到奢华和惬意。

邮轮公司通常会准备精致的晚餐菜单，提供多个口味和品种的美食和红白葡萄酒等高档饮品。游客还可以根据自己的口味和喜好，在菜单上选择自己喜欢的食物和饮料。

在享用美食之余，游客还可以在阳台上欣赏壮丽的海景和星空，感受大海的气息和氛围。此外，邮轮上的服务员通常都是专业热情的服务人员，能够为游客提供周到细致的服务和建议。

（四）船上娱乐服务的特征

（1）丰富多彩。邮轮的娱乐服务是游客在船上度过愉快时光的关键之一。邮轮公司通常提供多种娱乐设施和活动，如音乐会、演唱会、魔术表演、赌场、电影院、游泳池、水上运动、瑜伽课程和美容沙龙等，让游客们尽情享受丰富多彩、充满活力的海上旅行。邮轮公司会定期邀请名人或专业艺术团队来到船上表演，为游客们带来高水平、精彩纷呈的文艺演出。另外，邮轮公司会根据不同的节日或主题活动，推出相关的娱乐服务和主题活动，如万圣节派对、新年倒计时、健身挑战赛等，以增加游客们的互动和参与度。

（2）舒适奢华。邮轮娱乐服务在确保舒适和奢华时也遵循一定的服务标准，以提供一致的高质量体验。邮轮公司通常提供多种高端娱乐设施和活动，如豪华音乐会、珠宝展览、SPA 沙龙等，让游客们尽情享受绝佳的娱乐享受，并感受到独特的船上氛围。

邮轮公司十分重视船舱内部的设计和装修，为游客营造出一个豪华、舒适的生活空间。邮轮客房通常配置有舒适的大床、私人阳台、浴缸、无线网络等高端设施，为游客提供全方位的舒适体验。

（3）大型化。随着邮轮业的快速发展，邮轮娱乐服务也越来越大型化。现在的邮轮通常会配备更多更大型的娱乐设施和活动场所，如泳池、水上滑梯、演出剧场、电影院、购物中心等。这些设施不仅数量众多，而且规模宏大，能够满足游客们各种各样的需求。邮轮公司会邀请全球知名艺人、明星和演出团队来到船上表演，为游客们提供高水平、精彩纷呈的文艺演出和音乐会。此外，邮轮公司还会根据不同的节日或主题活动，推出相关的娱乐服务和主题活动，让游客们感受到不同的文化氛围和体验。

（4）时尚先进。邮轮公司会尽可能地引入最新和最时尚的娱乐设施和技术，以保持邮轮船上娱乐设施的竞争力。例如，一些豪华邮轮配备了 IMAX 电影院，提供最新的数字放映技术；一些邮轮还开设了 VR 游戏室，提供高科技的游戏体验等。

（5）国际化。邮轮娱乐服务的国际化是指邮轮公司在航行中充分融合世界各地的文化元素，为游客提供多样化和具有各国特色的娱乐服务。随着全球旅游业的不断发展，越来越多的游客希望在海上感受不同文化的魅力。为了满足游客的需求，邮轮公司通常会邀请来自世界各地的艺人、名厨、设计师和表演团队，在船上举办不同风格和主题的娱乐活动，如拉丁舞蹈表演、亚洲美食节、爵士音乐会等，让游客们感受到不同的文化氛围和体验。另外，邮轮上也会配备多种语言的游戏、电影、音乐等娱乐设施，以便来自世界各地的游客都能够沉浸在船上的娱乐世界中，避免因语言限制而错失任何一项精彩的娱乐活动。

拓展阅读5.3
新型邮轮海洋
量子号

二、邮轮服务的标准化

邮轮服务的标准化是指邮轮公司制定和实施的一套服务标准和流程，旨在为旅客提供高质量的统一化服务。这些标准和流程包括旅客入船登记、客房清洁、餐饮服务、安全措施等方面，并通过培训员工，使用先进技术和保持持续改进来确保邮轮服务的一致性和高品质。邮轮服务的标准化可以提高邮轮行业的竞争力，提升旅客对邮轮旅游的信心和满意度，也有助于邮轮公司节约成本和提高效率。

1. 客房清洁标准

（1）根据时间表进行清洁。邮轮通常会根据时间表对客房进行清洁。具体来说，一般是在旅客下船或舱房更换时，清洁人员进入舱房进行打扫和消毒。此外，航行过程中也会根据客人的要求进行清洁和消毒，如需要更换床上用品、浴巾或者提供额外的清洁服务等。一些高端的邮轮公司还提供 24 小时客舱清洁服务，保证客人随时享受清洁和卫生的环境。

（2）客房卫生消毒。邮轮公司对客房卫生消毒的要求非常高。一般来说，邮轮公司会在每位客人登船前对客房进行彻底的消毒和清洁，确保房间内的所有表面、家具和设备都得到充分的清洁和消毒。此外，船员也会定期对客房进行清洁和消毒，特别是触摸频率高的地方，如门把手、灯开关等。邮轮公司还会提供消毒液和手消毒剂，以便客人在需要时随时清洁和消毒自己的房间和身体。

（3）客房设施检查。邮轮公司会定期对客房设施进行检查，以确保它们的正常运行并及时修理或更换有问题的设备。这些设施包括房间内的水龙头、淋浴、马桶、空调、电视、保险柜等。此外，邮轮公司还会确保房间内的家具和装饰设施等也保持完好无损。客人可以通过联系客房服务或前台工作人员来报告任何设施故障或问题，客房服务人员会及时处理报告并解决问题。在旅途中，邮轮公司可能会定期对所有客房进行一次集中检查，以发现并解决所有潜在的问题。

（4）垃圾处理。在垃圾处理方面，邮轮公司需要遵守国际海事组织（IMO）制定的《防止船舶造成污染国际公约》（MARPOL 公约）附则 V 等相关的国际法规和标准。这些法规要求邮轮公司制订详细的垃圾管理计划，并在船舶上设置足够的垃圾收集、储存和处理设施，确保垃圾能够得到有效管理和处理，防止对海洋环境造成污染。邮轮上设立专门的垃圾分类区域，将垃圾按照可回收物、有害垃圾、厨余垃圾和其他垃圾进行分类。对于不同类别的垃圾，邮轮上会有不同的处理方式。邮轮上的垃圾分类与处理是一个复杂的系统工程，需要邮轮公司严格遵守相关的法律法规和标准，采取有效的措施确保垃圾能够得到合理处理，保护海洋环境。

（5）客房布置。邮轮的客房布置通常以舒适和实用为主要目标。客房通常配备有床铺、浴室、储物空间、座椅和办公桌等基本设施，并提供洗漱用品、干毛巾、浴袍和拖鞋等舒适用品。一些高端的邮轮还提供客人私人阳台，以便客人欣赏海上风景。客房的内饰通常以深色木材和温暖的地毯为主，营造出豪华的氛围。为了提供方便和安全性，客房通

常还配备有船员呼叫系统、安全柜、公共 Wi-Fi 等设施。邮轮公司通常会设计出多种不同类型的客房以满足不同旅客需求，如豪华套房、家庭客房、低成本房间等。

2. 餐厅服务标准

餐厅服务标准是指邮轮公司为确保旅客在船上用餐的卫生、健康和舒适，制定的标准化流程。这些流程包括菜单设计、食材选择、烹饪技术、服务流程、特殊餐食和餐厅环境等方面。标准化的餐厅服务流程可以提高服务质量和效率，确保食客得到优质的服务体验，并提高邮轮企业的市场竞争力。标准化还有助于邮轮公司控制成本、提高管理效率和增强品牌形象。邮轮的餐厅服务标准主要包括以下方面：

（1）菜单设计。菜单设计通常会考虑到乘客的口味和饮食需求。邮轮公司通常提供多个餐饮场所，包括正餐厅、自助餐厅、特色餐厅、咖啡厅和酒吧等。餐厅菜单在设计时通常会兼顾到不同的甜点和酒水风味、文化和餐饮习惯，如海鲜、中式、意式、法式、韩国式等不同菜肴。

（2）食材选择。邮轮餐厅提供的食材包括海鲜、肉类、蔬菜、水果、奶制品和面包等。对于海鲜，通常会有新鲜的贝类、鱼类和虾类可供选择。肉类方面，邮轮餐厅会提供牛肉、猪肉、鸡肉或其他禽类的肉丝、烤肉和火锅等制作方式。蔬菜和水果则会有许多不同的选择，以确保游客的膳食均衡和多样化。

（3）烹饪技术。烹饪技术包括了多种不同的烹饪技巧以及新鲜优质食材的使用，旨在为顾客提供高品质的餐饮体验。很多邮轮餐厅还会采用地方的特色风味和创新的烹饪方式，让顾客能够品尝到独具特色的美食。船上烹饪设备和厨房的规划也是高度优化过的，以保证餐品的卫生、安全和美观。

（4）特殊餐食。邮轮餐厅可以提供各种不同的特殊餐食，以满足不同客人的需求和偏好。例如，如果游客是素食主义者，邮轮餐厅可以提供各种素食菜肴。这些菜肴通常由丰富的蔬菜、豆类和谷类制成，让游客在旅行中无须担心食物选择的问题。另外，对于那些有特殊饮食要求的客人，邮轮餐厅也可以提供低盐、低胆固醇、低脂肪、无乳制品、无麸质等餐食。这些餐食通常会在预订时特别安排，并由专业厨师根据游客的要求制作，以确保游客在邮轮旅行中保持健康和愉快的饮食。

（5）餐厅环境。邮轮餐厅通常提供舒适和充满情调的用餐环境，为邮轮之旅增添一份浪漫和惬意的氛围。一些豪华邮轮餐厅还可能拥有海景餐位，供客人在就餐时欣赏壮观的景色。餐厅设计在保持一定标准化的基础上，也融入了独特的风格和特色，旨在给客人带来不同的用餐感受。例如，邮轮的一些餐厅可能设计十分高雅，游客可以在这里享受仪式感十足的美味；而另一些餐厅设计可能更为轻松随性，适合家庭和朋友之间的聚餐。

（6）餐具卫生。餐具的卫生非常重要，餐具和器皿都会经过精细的清洗和消毒过程，以确保客人的用餐安全和卫生。船上的员工每天都会仔细清洗、转移和消毒餐具等器具，以确保它们准备就绪，随时都有一个舒适的用餐体验。

3. 娱乐服务标准

娱乐服务标准是邮轮公司制定的一套流程和规范，旨在为旅客提供多样化、安全、优质的娱乐体验。这些标准化流程包括娱乐项目设计、安全设施和服务、娱乐设施维护、娱乐节目策划和船员培训等方面。邮轮的娱乐服务标准主要包括以下方面：

（1）多样化的娱乐项目。邮轮公司会提供多种娱乐项目，以满足旅客不同的娱乐需求。例如，音乐演出、歌舞表演、电影放映、赌场游戏、泳池和水上娱乐等。这些娱乐项目需要设计具有吸引力的特色和内容，以激发旅客的兴趣和参与度。

（2）设施设备和安全服务。邮轮配备了各种设施和服务，以确保乘客在娱乐活动中的安全和舒适。邮轮上的设施设备需要遵守一系列的国际和国内标准和规定，包括栏杆高度、监控设备、防火措施、导航系统和安全规定等。这些措施旨在确保邮轮在航行过程中的安全性和乘客的舒适体验。邮轮公司需要为乘客提供详细的安全指南，包括在不同娱乐设施中的行为规定、应急疏散指示等信息。邮轮公司还需要严格要求乘客遵守所有安全规定，如不得在泳池边跳水或进行危险的嬉戏，负责监督和确保游客在使用这些设施时的安全。

（3）娱乐设施维护。首先，邮轮娱乐设施需要定期进行清洁和保养，以确保它们的功能正常。维护人员需要检查每个设施是否有损坏或磨损，必要时进行修理和替换。其次，邮轮管理者也需要确保设备有足够的能源供应、良好的通风以及适当的温度和湿度控制，以保证设备的长期使用。

（4）娱乐节目策划。邮轮娱乐节目的规划需要考虑多种因素，包括乘客的喜好、邮轮的主题和航线、娱乐活动的时间安排等。它应该为游客提供丰富多彩的娱乐体验，包括音乐、舞蹈、魔术、文化活动等。为了确保节目的高质量，规划团队需要在节目选择和安排上花费大量的时间和精力，同时还要考虑到船员和设备的限制条件，以保证邮轮上娱乐活动的顺畅和安全。

（5）员工培训。邮轮公司会为娱乐服务员工提供必要的专业培训，以确保他们能够按照既定的服务标准为旅客提供高质量的娱乐体验。例如，培训演出技能、舞蹈动作等。此外，员工还需要接受紧急事故处理、安全监控等方面的培训，以确保旅客和员工在娱乐活动中的安全和健康。

三、邮轮服务的个性化

1. 客房服务个性化

客房服务的个性化主要体现在定制化的客房设计、个性化的餐食服务、私人管家服务、定制化的舱房设施和个性化旅程规划方面。这些个性化服务不仅能够满足旅客各种需求和偏好，更能提供贴心、舒适和愉悦的旅行体验，增强旅客对邮轮旅行的满意度和忠诚度。邮轮客房服务的个性化表现主要包括以下方面：

（1）定制化客房设计。定制化客房设计是邮轮旅游中的一项重要服务，它允许游客根据自己的需求和喜好来设计自己的客房。该服务通常包括个性化的空间布局、家具和装饰

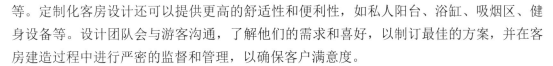

等。定制化客房设计还可以提供更高的舒适性和便利性，如私人阳台、浴缸、吸烟区、健身设备等。设计团队会与游客沟通，了解他们的需求和喜好，以制订最佳的方案，并在客房建造过程中进行严密的监督和管理，以确保客户满意度。

（2）个性化餐食服务。个性化餐食服务是为游客提供更好的餐饮体验，并符合他们的特定口味和偏好。邮轮上的厨师团队可以根据游客的要求来准备定制餐单，包括素食、特殊饮食要求等。游客可以与餐厅服务人员进行沟通，以便获得最优质的餐食服务。个性化餐食服务不仅使游客享受到更好的用餐体验，还可以增强邮轮品牌在市场中的竞争力，提高游客的满意度和忠诚度。

（3）私人管家服务。邮轮公司提供个性化服务，如私人管家，以满足游客的特定需求，同时确保服务的质量和效率符合公司的标准。私人管家是一位专门负责为客户提供服务的护理人员，负责解决客人的需求，如行程安排、餐食服务、船上娱乐活动等。私人管家通常有丰富的专业知识和经验，在客户需要帮助时能够提供及时和专业的建议和指导。私人管家可以根据客户的要求和喜好，为客户提供个性化的服务，如准备洗浴用品、定制旅游行程、提供邮轮周边信息等。邮轮私人管家服务可以提高客户的满意度和忠诚度，同时增强邮轮品牌在市场中的竞争力。

（4）定制化舱房设施。定制化舱房设施可为游客提供更加舒适和个性化的住宿体验。它可以包括舱内的家具和装饰、床上用品、洗浴用品等。游客可以根据自己的需求和喜好来定制舱房设施，如选择不同的枕头、毯子、床单等，准备个人护理用品或者安装智能家居设施等。定制化舱房设计不仅可以提高游客的住宿舒适度，还可以增加品牌知名度和忠诚度，确保游客拥有独特而满意的邮轮旅行体验。

（5）个性化旅程规划。个性化旅程规划是一项为游客提供定制旅游体验的服务。规划团队会根据客户的需求和喜好，制定个性化的旅游行程，包括邮轮停靠的港口、旅游景点、餐食安排等。游客可以与规划团队沟通，以确定他们的偏好和需求，并根据客户的要求和建议进行行程安排。个性化旅程规划不仅可以提高游客的旅行体验和满意度，还可以为邮轮品牌带来更大的市场竞争力和忠诚度。

2. 餐饮服务个性化

餐饮服务的个性化主要体现在提供定制化菜单和特殊饮食需求、多样化的餐厅选择、私人定制的用餐服务等方面。邮轮公司会根据旅客的口味、文化背景和饮食偏好，提供个性化的菜单和服务，如素食、婴儿食品、低脂餐等。同时，邮轮公司还会为旅客提供多种选择的餐厅和餐饮场所，包括正餐、点心、自助餐、甜点酒吧等，以满足旅客不同的餐饮需求。一些高端的邮轮还会提供私人定制的用餐服务，如私人晚宴、私人烧烤、私人厨师等，以为旅客提供更加贴心、舒适和个性化的用餐体验。通过这些个性化的餐饮服务，旅客可以享受到美食和文化的碰撞，同时也能够增强对邮轮旅行的满意度和忠诚度。

（1）定制化的菜单和特殊饮食需求。定制化的菜单和特殊饮食需求是为游客提供更好的餐饮体验，并满足他们的特定口味和偏好。厨师团队可以根据游客的要求来准备定制餐单,包括素食、特殊饮食要求等。定制化的菜单还可以为游客提供更多的选择和变化,使他们更享受邮轮上的美食体验。邮轮还提供特殊饮食需求的服务,如提供低脂、低盐、无麸质等特殊美食。

(2)多样化的餐厅选择。邮轮上的餐饮服务已经变得更加多样化和丰富。现在的邮轮上,你可以发现不同种类的餐厅,涵盖了各种不同的饮食和文化。例如,有中西式自助餐厅、高级全日制餐厅、特色餐厅、特别主题餐厅等。除了晚餐之外,还有不同的早餐和午餐选项,以满足不同客人的口味和喜好。总体来说,邮轮餐饮选择的丰富程度,已经能够满足甚至超出了乘客的期望。

(3)餐饮服务预订。邮轮服务预订通常包括订票、餐饮、舱房、娱乐等方面。乘客可以通过邮轮公司的官网、旅行代理、邮轮专业网站等途径来进行预订。邮轮公司会提供详尽的邮轮行程安排、各类服务及费用,以及一系列额外的优惠、航行福利等。乘客需要提前选择自己需要的服务、舱房类型及位置、餐饮安排等,以便在登船前有充分准备。邮轮公司也会提供多种付款方式,让乘客选择适合自己的方式。

3. 娱乐服务的个性化

邮轮娱乐服务的个性化主要体现在多元化的娱乐项目、专业化的表演节目和特色主题活动等方面。通过这些个性化的娱乐服务,旅客可以享受到丰富多彩的娱乐活动,体验到愉悦和放松,增强对邮轮旅行的满意度和忠诚度。邮轮娱乐服务个性化体现在以下几个方面。

(1)多元化的娱乐项目。现代邮轮上的娱乐项目非常多样化,满足了各种不同的需求和兴趣。除了表演节目之外,还有许多其他的娱乐项目,如电影院、游戏中心、健身房、游泳池、水上乐园、高尔夫球场等。此外,还有一些富有挑战性和刺激性的项目,如滑翔、攀岩、潜水、深海钓鱼、赛车模拟器等,让乘客可以充分体验到刺激和挑战。

(2)专业化的表演节目。邮轮上的表演通常都非常专业和精彩。为了打造各种令人难忘的节目,邮轮公司通常会邀请来自世界各地的专业表演团队,如音乐家、舞蹈家、魔术师、杂技团、歌唱家等。这些团队在不同的场合表演,如在剧院、露天舞台、水上舞台等地方,演出的节目形式也非常多样,包括音乐剧、杂技、马戏团、魔术、模特秀等。除此之外,邮轮公司也会邀请到各种著名的嘉宾和名人,举办讲座、讨论、演出等活动,以更加丰富和精彩的形式为乘客带来愉快的体验。

(3)特色主题活动。邮轮公司在组织特色主题活动时,会确保活动内容和执行过程符合公司的服务标准,以提供一致的高质量体验。邮轮公司通常会根据不同的主题,推出一系列的特别活动,以更好地满足乘客的需求和喜好。例如,有些邮轮推出的主题是舞蹈、音乐、食品、饮品、运动、户外活动等,乘客可以根据自己的兴趣和偏好来选择参与哪些活动。邮轮公司也会邀请相关领域的专家和名人,为乘客提供更具深度和专业性的体验。此外,还有一些特别的主题活动,如万圣节晚会、圣诞派对、情人节活动等,给乘客提供了更加特别、温馨的体验。总体来说,邮轮特色主题活动,不仅为乘客提供了丰富多彩的娱乐体验,而且为邮轮旅行增添了更多的乐趣和难忘的回忆。

第三节　邮轮岸上线路管理

一、邮轮岸上线路类型

邮轮岸上线路是游客在邮轮目的地旅行体验的岸上行程安排。这些线路为游客提供了广泛多样的景观和活动，包括文化之旅、自然景观之旅、购物之旅、美食之旅等。游客可以享受当地文化、历史和自然风光，并参加各种户外活动。邮轮公司还根据游客的不同需求和兴趣，提供不同类型的岸上线路，如海滩度假游、冒险运动游、主题游等，以确保游客有最佳的旅行体验。以下是几种常见的岸上线路类型。

1. 文化游

文化游是一种以探索当地文化和历史为主题的旅行体验。这种线路会带领游客参观博物馆、古迹、历史遗址和当地的文化中心等，让游客更好地了解目的地的历史和文化。此外，游客还可以参加各种文化活动，如音乐会、戏剧表演、当地传统庆祝活动等。邮轮公司通常会配备专业的导游和翻译人员，以确保游客能够获得全面、准确的文化解读和介绍。在这种线路中，游客可以亲身体验当地文化，丰富自己的知识，深入了解目的地的历史和文化背景，并与当地居民建立联系和友谊。

2. 自然景观游

自然景观游是一种以欣赏目的地自然风光为主题的旅行体验。游客可以探索山脉、河流、海岸线、森林、草原和其他自然景观，欣赏当地独特的动植物和自然美景。此外，游客还可以参加各种户外活动，如徒步旅行、滑雪、潜水、冲浪等。邮轮公司通常会提供专业的导游和教练，确保游客的安全和旅行质量。在这种线路中，游客可以深入了解目的地的自然环境，体验大自然的美丽和力量，同时也可以享受户外运动和放松身心的机会。

3. 购物游

购物游是一种以购物和寻找纪念品为主题的旅行体验。游客可以前往当地的购物中心、市场和商店，探索当地特色商品和手工艺品，并购买各种纪念品和礼物。邮轮公司通常会提供专业的导游或购物顾问，以帮助游客在众多的选择中作出最佳决策，同时还提供便利的运输服务，将游客的购物物品安全送回邮轮。在这种线路中，游客既可以享受购物的乐趣，同时又能深入了解目的地的商业文化和人民生活方式。

4. 冒险运动游

冒险运动游是一种以户外活动和冒险体验为主题的旅行体验。游客可以参加各种刺激性和挑战性的活动，如登山、滑雪、徒步旅行、潜水、冲浪、帆船等。邮轮公司通常会提供专业的教练和器材租赁服务，以确保游客的安全和旅行质量。在这种线路中，游客可以享受户外运动的乐趣，同时也能深入了解目的地的自然环境和当地人民的生活方式。此外，这种线路对于喜欢挑战和探索未知的游客来说尤其具有吸引力。

5. 海滩度假游

海滩度假游是一种以放松和享受沙滩、阳光和水上活动为主题的旅行体验。游客可以在当地的美丽海滩上晒太阳、游泳、冲浪、浮潜、帆船等，也可以在海边散步、享受美食和饮料。邮轮公司通常会提供便利的运输服务和海滩设施，如躺椅、伞、毛巾等，以确保游客的最佳体验。在这种线路中，游客可以尽情放松身心，享受大自然和人造设施所带来的愉悦和舒适。此外，这种线路还可以让游客深入了解目的地的海滨文化和生活方式，与当地居民建立联系和友谊。

二、邮轮岸上旅游模式

1. 岸上团队游模式

岸上团队游是一种由旅行社组织的集体旅游方式。团队旅游以其性价比高、安全便利而备受青睐。首先，游客选择参团，便可以省去行程规划、酒店预订、交通安排的烦琐流程，全身心投入到旅行体验中。其次，旅游团行程安排紧凑，游客无须过多操心行程细节，同时团队游通常价格相对实惠，适合预算有限的游客。最后，旅行社为游客提供全程服务，游客只跟随导游的安排，参观既定的景点，就可以享受团队活动的乐趣，同时确保旅行安全、顺利。然而，团队游的缺点在于行程较为固定，游客的自由度受到一定限制，可能无法满足游客的个性化需求，且游客的自由度相对较低，无法完全按照个人意愿进行探索。

对于目的地管理而言，参团旅游需要提供充足的接待能力和优质的导游服务。旅行社与目的地管理部门需要建立良好的合作关系，确保游客在目的地的各项需求得到满足。目的地还需要注重旅游资源的保护与开发，确保游客在享受美景时不对环境造成破坏。

2. 私人定制游模式

私人定制游是一种根据游客个人需求和兴趣量身定制的旅游方式。游客可以与旅行社或旅游顾问协商，选择自己感兴趣的景点、活动和住宿。私人定制游的优点在于灵活性高，能够满足游客的个性化需求，提供更为独特的旅游体验。游客在行程中享有较高的自由度，可以根据自己的节奏进行游览。然而，私人定制游通常价格较高，且需要游客投入更多的时间和精力进行规划和沟通。

对于目的地管理而言，私人定制游需要提供多样化、个性化的旅游产品和服务，同时加强旅游咨询和规划服务的专业性。管理层需关注旅游从业人员培训，提升服务质量，并建立完善的投诉处理机制以确保游客满意度。安全保障和应急预案的制定也是必不可少的。加强与游客的沟通互动，了解并满足其需求，提供贴心服务。注重可持续发展，保护当地环境与文化资源，推动绿色旅游，实现旅游业的长期健康发展。

3. 自助旅游模式

自助旅游以其高度的自由度和个性化体验受到游客的喜爱。选择自助旅游的游客可以根据自己的兴趣、预算和时间安排行程，充分体验目的地的风土人情。然而，自助旅游也存在一定的挑战。游客需要自己负责行程规划、酒店预订、交通安排等事宜，可能花费较多的时间和精力。此外，在陌生环境中旅行可能存在一定的安全风险，需要游客具备一定的自我保护意识。

对于目的地管理而言，自助旅游需要提供更加完善的信息服务和基础设施建设。旅游目的地需要提供详细的旅游指南、地图、交通信息等，方便游客自主规划行程。还需要加强酒店、餐饮、交通等基础设施的建设，提高服务质量，以满足自助旅游游客的需求。此外，由于游客在旅行过程中可能面临各种潜在的安全风险，如交通安全、食品安全、突发事件等，因此目的地管理需要制定完善的景区安全保障措施和管理应急预案，确保游客的人身和财产安全。

三、邮轮岸上线路的策划

邮轮岸上线路策划是指在邮轮旅游中，为游客提供除了船上活动之外的岸上体验。针对不同的港口和目的地，邮轮公司或旅行社需要制定合理的线路、行程和活动方案，以满足游客的需求和喜好，同时保障游客的安全和旅游品质。

为了提供优质的旅游服务，邮轮公司或旅行社需要整合各种资源，如业内专业人员、当地旅游机构、餐饮娱乐等，协调各方面力量，在规划方案、设计行程、组织活动等方面进行精细化管理和执行。

除此之外，邮轮岸上线路策划还需要考虑市场竞争和数据分析等因素。通过深入了解游客需求和反馈，旅行社可以及时调整和优化旅游产品，提升市场竞争力和旅游品牌形象，从而实现邮轮旅游产业的长期发展。图 5-2 是邮轮岸上线路的策划步骤。

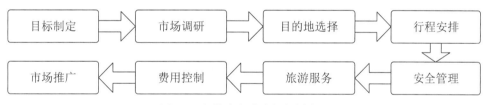

图 5-2　邮轮岸上线路的策划步骤

四、邮轮岸上线路的组织与安排

区别于邮轮岸上线路策划，邮轮岸上线路的组织与安排步骤主要侧重于实现旅游产品方案的具体落实。邮轮岸上线路的组织是指邮轮公司和旅行社等进行岸上线路策划方案具体实施前的各项准备工作。其目的在于确保岸上旅游活动的顺利进行，为游客提供安全、有序、高效的旅游服务。邮轮岸上线路的组织包括人员选派、出游物资准备、环节衔接和应急准备等。邮轮公司和旅行社等需要确定派遣哪些导游和服务人员来负责游客在岸上的引导和服务工作；确认需要准备哪些物资和设备（如交通工具、餐饮用品、急救药品等），以及这些物资和设备的质量和安全标准；确定如何在停靠港口进行现场布置，包括设置游客集合点、指示牌、休息区等；确定如何与当地的旅游机构、港口管理机构等进行沟通和协调，包括确认停靠时间、安排交通接驳、协调景点参观等。

邮轮岸上线路的安排是指在实际运营过程中，邮轮公司遵循既定的服务标准和流程，具体执行已经组织好的岸上线路，为游客提供多样化、个性化的岸上体验。其目的在于确保游客在岸上的旅游体验符合预期，并确保游客的人身安全和旅游品质，同时保证邮轮旅游产品的整体质量和品牌形象，提升邮轮旅游产业的市场竞争力和声誉。邮轮岸上线路的安排是邮轮岸上线路落实最重要的一步，通常包括以下方面。

1. 导游和服务人员的安排

对于岸上导游和服务人员的安排，通常会由岸上旅游活动组织方（通常是邮轮公司或旅行社）进行规划和安排。一般而言，邮轮公司会雇用具有相关专业背景和经验的导游来负责组织旅游活动，并在游客岸上行程中为他们提供必要的信息和帮助。

2. 活动预订

邮轮岸上活动预订可以让游客在邮轮停靠的不同目的地享受各种各样的活动，比如参观当地博物馆、购物、参加体育活动、游玩主题公园等。为了方便游客，邮轮公司通常提供岸上活动预订服务，在游客出发前或者邮轮停靠的当天提供预订服务。

3. 安全管理

邮轮公司在组织岸上旅游活动时，会采取一系列全面而周密的措施保障乘客、船员和货物的安全。邮轮公司会根据不同的岸上旅游场景和潜在风险，制订个性化的安全计划。这些计划包括但不限于多角度的紧急疏散预案、灾难应对预案以及灾后恢复策略。这些预案旨在快速、有效地应对各种突发情况，最大限度地减少潜在风险对旅客安全的影响。通过这些措施，邮轮公司致力于为乘客提供一个既安全又愉快的岸上旅游体验。

4. 费用控制

邮轮岸上费用控制是邮轮公司为了确保旅客获得卓越体验而对邮轮上各项服务和设施的费用进行精细管理的一个过程。这一过程的核心在于实现旅客满意度与成本效益之间的平衡。邮轮公司通常会为旅客提供一系列的服务选项，包括但不限于高质量的餐饮服务、丰富多彩的娱乐活动以及岸上游览活动等，并为每项服务设定明确的价格。这种透明的定价策略旨在帮助旅客在享受邮轮服务时能够清晰地了解并控制自己的消费，从而确保他们的旅行体验既愉快又符合预算。

5. 反馈和调整

当游客在岸上参加各种活动时，邮轮公司往往会收集他们的反馈和意见，以确定哪些元素应继续保持，哪些应进行改进。邮轮公司通过各种方式进行反馈收集，如问卷调查、评论卡片或在岸上组织的焦点小组讨论等方式。邮轮公司根据旅客的反馈来制订改良计划并实施，在未来的行程中做出更好的调整和安排，以确保旅客的满意度和舒适度。

【本章小结】

本章深入探讨了邮轮产品与服务管理的重要性和实践应用，分为邮轮组织架构、产品服务与服务标准，以及邮轮岸上线路管理三个关键部分。通过全面介绍邮轮组织的结构、产品及服务的设计和标准，以及岸上线路的详细管理过程，本章旨在为读者提供一套全面的邮轮产品与服务管理知识框架，帮助他们更好地理解邮轮业务的运作模式和服务提升方法。

本章内容不仅有助于深化对邮轮旅游业产品与服务管理领域的认识，还能够提供实用的管理技巧和方法，以便在实践中有效提升邮轮旅游产品的竞争力和服务质量。无论是研究人员还是邮轮旅游行业从业者，都可通过本章所提供的知识和策略，更好地规划和营销邮轮旅游业务，进而提升游客的满意度和忠诚度，为邮轮旅游目的地的发展作出贡献。

【典型案例分析】　　　邮轮旅游：跨界合作与创新营销的魅力

邮轮旅游作为一种休闲旅游方式，已经越来越受到人们的欢迎。随着市场竞争的加剧和消费者需求的多样化，邮轮公司纷纷寻求与其他品牌进行合作，以吸引更多的客户。其中，Royal Caribbean 和可口可乐的"航海零度"活动就是一个成功的合作案例。这个合作项目不仅提高了产品的附加价值，而且通过此合作，邮轮公司和可口可乐品牌都实现了互惠互利的共同发展。

这个合作项目的目的是为邮轮上的乘客提供更多的免费可口可乐饮料，并进一步增强两个品牌的曝光度。具体实现方式是在邮轮内提供免费的可口可乐产品，游客可以通过使用带有活动标志的杯子来兑换饮料，并获得进一步的优惠。为了确保游客可以顺畅地享用免费饮料，邮轮在每艘船上都设有免费的饮料自助区域，方便游客们在任何时候获取他们所需要的饮品。这个活动涵盖了从入门级到豪华邮轮的全部船只，在多个全球范围内的邮轮目的地都可参加。这意味着无论旅行者选择在哪个目的地旅行，都可以免费享受可口可乐的产品。

为了确保这个活动的顺利进行，邮轮公司和可口可乐积极协调，并在邮轮航线和旅游社交媒体上展开推广活动，以吸引更多的人加入这个邮轮品牌联合合作活动。作为这项活动的合作伙伴，可口可乐不仅提供了免费的饮料供游客享用，还为邮轮提供了市场推广和其他类型的协助，以确保活动顺利展开。邮轮公司通过这个推广活动，进一步提高了品牌曝光度，并显著改善了游客的旅游体验。邮轮公司为所有游客提供标准化的上网服务，以吸引游客成为邮轮会员，并为邮轮品牌的长期发展打下坚实的基础。

与可口可乐合作开展营销活动，使得邮轮行业的市场竞争变得更加激烈和细化。邮轮公司可以通过与不同的品牌进行合作，以吸引更多的客户。同样，品牌也可以通过与邮轮公司的合作，不断扩大市场覆盖面，提高品牌的知名度和忠诚度。因此，邮轮公司可以把品牌合作伙伴营销视为一项战略，以在业内获得差异化竞争优势。

从"航海零度"活动中，我们可以得到一些启示：邮轮公司可以通过与其他品牌进行合作来提高产品的附加价值和市场覆盖面，创造互惠共赢的合作模式，实现品牌差异化竞争优势。通过与可口可乐的合作，Royal Caribbean 不仅为游客提供了更多的免费饮料选择，还进一步提高了品牌的知名度和曝光度。可口可乐也借助这个合作扩大了市场覆盖面，提高了品牌的忠诚度。这种合作模式实现了互惠共赢的目标，为双方带来了更多的商业机会和发展空间。

　　此外，邮轮公司还可以通过与其他旅游相关企业进行合作来拓展业务范围和增加收益渠道。例如，与酒店、航空公司、旅行社等企业合作，共同推出旅游套餐和优惠活动；与当地景点、餐厅等商家合作，为游客提供更多元化的旅游体验和服务。通过与其他企业的合作，邮轮公司可以更好地满足游客的需求，提高游客的满意度和忠诚度，从而进一步增强品牌的影响力和竞争力。

　　总之，邮轮公司应积极寻求与其他品牌的合作机会，以提高产品的附加价值和市场覆盖面、创造互惠共赢的合作模式、实现品牌差异化竞争优势。通过与不同行业的合作伙伴进行跨界合作和营销创新，邮轮公司可以不断提升自身的竞争力和品牌影响力，为游客带来更加多元化和优质的旅游服务体验。此外，邮轮公司应该关注市场需求的变化和新兴技术的发展趋势，不断创新和改进产品和服务质量，以满足游客不断升级的消费需求和期望。

　　（资料来源：Cynthia Drake，哪些邮轮公司提供可口可乐或百事可乐产品？ https://www.cruisecritic.com/articles/which-cruise-lines-offer-coke-or-pepsi-products-onboard，本文由作者根据原文整理所得）

　　请根据该案例思考以下问题：

　　除了可口可乐，你还能想到其他可以在邮轮旅游业领域展开合作的品牌吗？这些合作将如何提高邮轮旅游产品的附加价值和市场吸引力？品牌合作伙伴营销是邮轮公司获得差异化竞争优势的一种战略，但也存在风险和挑战。你认为在品牌合作伙伴营销方面，邮轮公司需要注意哪些问题，以确保合作达到预期效果并实现互惠共赢？

【复习思考题】

　　1. 邮轮包括哪两大组织？它们各自的职能是什么？

　　2. 邮轮餐饮服务有哪些标准？

　　3. 邮轮岸上游有哪些类型？

　　4. 邮轮岸上线路的组织与安排有哪些步骤？

　　5. "合作伙伴营销"方式有哪些优势？

　　【在线测试题】扫描二维码，在线答题。

第六章 邮轮活动管理

【本章学习目标】

了解邮轮上不同类型活动的组织和管理，包括文化庆典、娱乐休闲活动等，掌握活动策划的基本原则和流程。

掌握活动可行性分析、财务计划及时间管理，以有效地组织和开展邮轮活动。

学习邮轮休闲活动的前期准备、现场管理和后期阶段工作，确保活动的顺利进行和高客户满意度。

【导入案例】　　嘉年华邮轮的特色主题航程

蓝宝石公主号举行了全球首个竞技主题邮轮嘉年华——南洋杯"移动的城堡"，为未来公主邮轮不断开发全新"邮轮＋"产品奠定了基础。此次蓝宝石公主号5天4晚电竞主题的日韩航次由电竞产业知名企业KEYTV、微鲸等共同倡议，公主邮轮携手上海中旅打造。本次主题航程中途停靠日本福冈和韩国济州岛，邀请职业电竞选手和玩家展开精彩纷呈的海上互动之旅。这一主题航程吸引了一批年轻宾客，是公主邮轮与旅行社合作共同开发未来邮轮消费群体的一次成功尝试。

特色主题航程是指针对不同乘客群体或者航程活动设置安排与平时不同的主题航程。其中，假日主题航程是最受欢迎的一类。在特殊航程中，邮轮公司会为乘客提供一系列与主题相关的活动和安排，让乘客在航行过程中感受到浓厚的节日氛围。英国嘉年华邮轮有限公司中国区副总裁兼总经理王萍表示："主题邮轮作为'邮轮＋'产品的一种形式，其核心在于如何在常规邮轮旅游之外为宾客带来更多附加值。主题航次将成为公主邮轮为中国宾客打造的特色之一，持续开发涵盖环保、运动、健康等在内的丰富的主题航程内容。"公主邮轮所属的嘉年华邮轮集团也非常注重主题航程的开发。嘉年华邮轮不仅开发了圣诞节、万圣节等传统节日特色主题航程，还为乘客提供了一系列其他节日的主题航程。例如，在情人节、感恩节、新年、父亲节、母亲节和复活节等节日时，邮轮公司会推出相关的主题航程。此外，邮轮公司还会针对一些少数民族团体的节日推出主题航程，如犹太的光明节 Hanukkah 和墨西哥的五月节 Cinco de Mayo 等。

圣诞节主题航程中，邮轮公司会特意布置邮轮，让邮轮充满节日的氛围。除了必不可少的大型圣诞树和灯饰外，邮轮上还会有狂欢派对和各种节日表演。为了让乘客更好地参与航程活动，嘉年华邮轮还安排了各种有趣的娱乐活动。例如，乘客可以将寄给圣诞老人的信投到船上的一个特殊邮箱里，这就成为一个与圣诞老人互动的有趣方式。此外，丑毛衣比赛等环节也为航程增添了不少趣味性。除了娱乐活动外，嘉年华邮轮还为乘客准备了丰富的节日演出。现场的乐队和舞者将为乘客带来精彩的表演，让整个航行过程充满欢乐和温馨。此外，邮轮上的吉祥物格林奇也会与乘客共进早餐，并与他们合影留念。

嘉年华邮轮还为乘客提供了万圣节主题航程。在这个主题航程中，邮轮公司会为所有年龄段的游客安排各种与万圣节相关的活动和体验。这些活动不仅包括万圣节卡拉OK、智力问答大赛和寻宝游戏等娱乐环节，还有将普通南瓜变成令人毛骨悚然的南瓜灯等手工艺活动。为了更好地让乘客参与万圣节主题航程的活动，嘉年华邮轮还提供了万圣节舞蹈课程。乘客可以学习如何将自己装扮成怪物或巫师，然后在万圣节派对上展示自己的舞蹈技巧。此外，电影院或泳池大屏幕上会播放符合万圣节主题的电影，现场乐队也会演奏关于万圣节的曲目。

特色主题航程已经成了邮轮公司打造自身特色和品牌的重要卖点。很多邮轮公司都会提供不同主题的特色航程。

总之，特殊航程是邮轮旅游的重要组成部分。无论是传统的假日主题航程还是其他特殊的主题航程，邮轮公司都致力于为乘客提供一次难忘的旅行体验，通过精心策划和组织各种主题航程来满足不同乘客的需求，让乘客在邮轮上度过一个欢乐和温馨的假期。

（资料来源：邮轮主题航线和特殊航程，https://www.carnival.com/funtastic-holiday-cruises；https://zhuanlan.zhihu.com/p/162151310，本文由作者根据原文整理所得）

本案例中，嘉年华邮轮如何考虑和纳入多样性和包容性元素，制订能够接纳不同文化习俗和节日的主题航程计划，同时确保这些主题活动在不同地区的市场都具有吸引力？如何灵活设计和创新特色主题航程中的活动，以吸引不同文化背景和年龄段的游客？

第一节 邮轮活动概述

一、活动管理的相关概念

从词源来讲，"活动"一词的英文为"activity"，源于拉丁文"act"，其基本含义是"doing"，即"做"。在中国，"活动"一词在古汉语中并没有确切定义，但"行"字可以说是与"活动"意义最接近的词。中国哲学史上，"行"与"知"是分不开的，从朱熹的"论先后，当以致知为先；论轻重，当以力行为重"到王延相的"知行兼举"等都能看出中国哲学中"行"与"知"的关系。中国思想家也更认同"知行合一"。

从实践来说，"活动"起源于人类社会早期的宗教、社会和文化活动，早期的活动主要是由宗教、节庆、庆典或社会仪式驱动的。这些活动在社会中扮演着传承文化、社会交流、庆祝和纪念重要事件等重要角色。随着社会的发展，商务活动、学术会议、展览等各种类型的活动也相继出现，扩大了活动的范围和种类。活动管理作为一个独立的领域逐渐形成，其核心是通过规划、组织和实施管理活动来满足不同社会群体的需求和期望。

活动管理是一个精心策划与执行的过程，其核心在于一系列关键要素的设计、安排和有序推进。活动管理的要素是构成活动管理过程的基本组成部分，它们共同确保了活动的顺利进行。活动管理涉及多个关键要素，如目标、受众、预算、时间、场地、供应商、营销、风险、团队等。首先，明确活动的目标和目标受众至关重要，如提升游客体验或丰富产品广度。其次，详细编制预算，实时监控支出以控制成本。时间管理同样关键，需创建详细的时间表并设立节点以定期检查进度。场地选择应根据活动规模、目标受众和预算进行，同时考虑服务设施和安全措施。供应商管理包括筛选合适的供应商和落实合同细节。营销和宣传通过线上线下渠道进行，并与媒体合作以提高曝光度。风险管理需识别潜在风险并制订应急预案。当团队组建后，应确保所有成员通过培训了解各自职责。最后，通过收集反馈和数据分析来评估活动效果。

活动管理的步骤是实施活动管理过程的具体行动序列，通常按照一定的逻辑顺序进行，以确保活动的成功执行。活动管理的步骤包括从需求分析到效果评估多个环节。首先，需与客户或主要利益相关者进行深入沟通，以明确其需求与期望，并据此制订初步方案，该方案应包含活动的主题、日期、地点及预算等核心要素。其次，需对项目计划进行细化，设定具体的任务与时间表，并详尽列出所有潜在成本，同时预留应急资金以应对不时之需。再次，进入执行准备环节，需与各供应商签订明确责任与义务的合同，并对团队成员进行全面培训，以确保每位成员均熟悉自身职责。在宣传与推广环节，需制订详尽的宣传计划，并与媒体展开合作，以提升活动的曝光度与影响力。在场地布置与试运行环节，需确认所有布景与设备的安排并进行多次彩排，以确保活动的顺利进行。活动执行阶段，则需实时监控活动进展，及时解决突发问题并保障各团队之间的紧密协作。活动结束后，应组织团队进行清场、归还设备，并妥善处理剩余物资。最后，通过收集活动数据并撰写总结报告，对活动效果进行全面评估，记录成功之处与不足之处，为后续活动的举办提供宝贵参考。

活动管理的阶段是指将活动管理过程划分为不同的时间段或任务集合，以便更好地组织和管理活动。首先是策划阶段，主办者需要确定活动的目标、主题、规模、时间、地点和参与者等关键信息，并制订出详细的策划方案。其次是组织阶段，这个阶段主要是明确各项任务的责任人，调配所需资源并建立起有效的组织架构和工作流程。再次是执行阶段，按照策划方案有条不紊地展开活动，包括现场布置、节目安排、活动宣传等各个环节。接下来是控制和调整阶段，及时监督和检查活动的执行情况，发现问题和突发事件要及时处理，确保活动能够顺利进行。最后是评估阶段，对活动的各项指标和效果进行全面评估和总结，为未来的活动提供宝贵的经验和参考。

二、邮轮活动管理的重要性

邮轮活动指的是邮轮公司为达到娱乐乘客、品牌营销等目的，在邮轮上展开的一系列相关活动。按照邮轮活动的内容可以分为文化庆典、艺术娱乐活动、会展及商贸活动、体育活动、教育科学活动、休闲活动和品牌活动。举办多种娱乐休闲活动不仅是为了娱乐乘客，还可以在一趟旅行中让乘客全身心、全方位地体验邮轮活动。

邮轮活动管理在整个邮轮旅行体验中起着至关重要的作用。活动是旅客在邮轮上得以休闲、娱乐和互动的主要方式，因此活动管理直接影响着邮轮旅行的质量和吸引力。活动不仅仅是简单的娱乐项目，它体现了对旅客需求的深刻理解，需要在设计、策划和执行时进行精心的考量。邮轮活动管理的重要性主要体现在以下几个方面：

（1）邮轮作为一个集休闲、娱乐、观光于一体的海上浮动平台，其活动种类繁多，形式多样。有效的活动管理能够确保各类活动有序进行，避免混乱和冲突，为游客提供优质的体验。通过精心策划和组织，活动管理能够将邮轮上的各种资源合理利用，实现活动效益最大化。

（2）邮轮旅行往往涉及长时间的航行和多样化的行程安排，此时活动管理就显得尤为重要。它能够帮助游客合理安排时间，使其充分享受邮轮上的各种设施和服务。此外，活动管理还可以根据航行路线和停靠港口的特点，设计具有地方特色的活动，让游客在旅行中收获更多的独特体验。

（3）邮轮旅行通常涉及大量的游客和工作人员，人员构成复杂，需求多样。活动管理需要关注不同游客的需求和兴趣，提供多样化的活动选择，以满足不同年龄段、文化背景和兴趣爱好的游客的需求。活动管理还需要协调邮轮上的各个部门，确保活动顺利进行，为游客提供全方位的服务。

（4）从邮轮公司的角度来看，活动管理也是提升品牌形象和竞争力的关键手段。通过精心策划和执行各类活动，邮轮公司能够展示其专业能力和创新精神，吸引更多游客选择其服务。良好的活动管理还能够增强游客对邮轮旅行的满意度和忠诚度，为邮轮公司赢得口碑和市场份额。

综合来看，开展邮轮活动管理的重要性体现在丰富游客体验、优化行程安排、满足多样化需求以及提升品牌形象等多个方面。因此，邮轮公司应高度重视活动管理工作，投入足够的资源和精力，确保活动的质量和效果。

三、邮轮活动的类型

1. 文化庆典

邮轮上举行文化庆典，源于邮轮作为奢侈旅游的象征。过去乘坐邮轮是一种昂贵的享受，只有富人和名流才有机会体验，因此邮轮公司为了吸引这些高端客户，会举办各种文化庆典，如音乐会、时装秀、晚宴等，以展示豪华、高雅的旅游体验。到了现代，各种庆典活动不仅可以为乘客提供更多的娱乐活动和体验，让他们在舒适、轻松的氛围中度过假期，还能促进旅游目的地的文化交流。例如，在邮轮停靠的港口举办当地文化表演，让乘客了解当地文化、风俗习惯等。这不仅能增加乘客的旅游体验，还有助于推动当地旅游业的发展。

（1）船长见面会（船长酒会）。船长见面会是指乘客在邮轮上与船长见面的活动。这是邮轮旅游中的一项传统仪式，通常在乘客登船后第一天的晚上举行，旨在向乘客介绍船长和船员，并为乘客提供一个了解邮轮运营、航线等信息的机会。船长见面会具有拉近乘客与船员之间距离的作用，同时也是一种传统仪式，体现了邮轮旅游的文化内涵。船长见面会的历史可以追溯到 20 世纪初期，当时人们对邮轮旅游的需求开始增加。为了满足乘客对海上旅游的期望，邮轮公司开始举行各种各样的活动，其中就包括船长见面会。随着邮轮旅游的不断发展，船长见面会已经成为邮轮旅游中的一个传统仪式。

船长见面会的流程通常包括：乘客在邮轮宴会厅上集合；船长登场，向乘客致欢迎辞，并介绍自己和管理团队成员；船长为乘客介绍邮轮的基本情况，如船型、航线、设施等；乘客向船长提问或拍照留念等。船长见面会通常是一项正式的活动，因此有一些着装和礼仪要求。乘客应该穿着得体，不得穿得过于休闲或太过隆重。男性乘客可以穿着西装、衬衫和领带，女性乘客可以穿着礼服、连衣裙或裙装。此外，乘客还需要注意选择合适的鞋子和配饰，以确保整体装扮得体。乘客也需要尊重船长和船员，不得有不恰当的行为或发表不当言论。

（2）船长晚宴。船长晚宴是一场由邮轮船长主持并致辞的正式晚宴，通常在邮轮航行期间的某个特定晚上举行。这场晚宴以高品质的服务、精致的美食和独特的氛围为特色，为乘客提供难忘的用餐和社交体验，同时也是邮轮公司展示其服务水平和厨艺的绝佳机会。在船长晚宴上，乘客们可以享受多道精致菜品和精选酒水，同时欣赏娱乐表演和参与社交互动，共同营造出一种优雅、庄重而愉悦的氛围。船长晚宴是邮轮旅游中的一项重要仪式，旨在向乘客介绍邮轮的文化和传统。船长晚宴具有拉近乘客与船员之间距离的作用，同时也是一种传统仪式。在早期的邮轮旅行中，船长晚宴通常是非常正式的，乘客需要穿着晚礼服或正装才能参加。但是现在，随着邮轮旅游的多样化，船长晚宴的着装要求也相应变得灵活多样。

（3）欢送晚宴。邮轮旅游中的最后一晚，通常会安排一场盛大的邮轮欢送晚宴，这既是对乘客们旅途中美好时光的回顾，也是对即将分别时不舍之情的表达。欢送晚宴的历史可以追溯至早期的邮轮客运。20世纪初，邮轮公司就开始举办各种各样的活动，其中就包括欢送晚宴。随着邮轮旅游的不断发展，欢送晚宴已经成为了邮轮旅行中的一个重要传统仪式。邮轮欢送晚宴是一场融合了美食、娱乐、社交和告别情感的综合性活动。邮轮公司的管理层人员会出席晚宴并发表致辞或讲话以表达对乘客们的感谢和不舍之情。邮轮上的船员们也会为乘客们带来精彩的表演节目，如歌唱、舞蹈等。这些表演不仅展示了船员们的才艺和热情，也加深了乘客与船员之间的友谊和感情。在晚宴期间，邮轮公司还会安排一些互动环节，如抽奖、游戏等，让乘客们有机会赢取丰厚的奖品或礼品。这些互动环节不仅增加了晚宴的趣味性，也能让乘客们更加融入其中。欢送晚宴的意义在于它可以增进乘客和船员之间的情感交流，让大家在告别前留下美好的回忆。乘客有机会了解邮轮的历史和文化，同时也能够表达对船员的感激之情。

（4）其他节庆活动。除上述活动外，邮轮上还有多种主题派对和其他由邮轮公司组织的活动，如夏威夷主题派对、草裙舞派对、海盗主题派对等。在派对中，乘客们可以尽情地跳舞、享受美食、参加游戏等。这种派对往往都是在晚上举办的，旨在让乘客们体验一种独特的海上夜生活。

2. 艺术娱乐活动

艺术娱乐活动是乘客愉快假期的重要组成部分。邮轮上的艺术娱乐活动为乘客提供了丰富的旅游体验和社交机会，展示了艺术文化，提高了乘客满意度和忠诚度，同时为推动旅游经济的发展作出了贡献。

（1）演唱会。演唱会是邮轮上极受欢迎的音乐表演活动。通常由专业音乐家或歌手进行演出，为乘客带来高水平的音乐享受。在邮轮旅行中，演唱会以其优质的音乐表演，增加了旅行的乐趣，丰富了旅客的文化体验。

邮轮演唱会需要经过精心策划与安排。首先，需要确定演唱会的主题和风格，并与演唱团队沟通确定曲目和表演形式。其次，应选择合适的邮轮和航线，确保邮轮设施和航线与演唱会相契合。在策划阶段，制订详细的预算和计划，包括场地布置、音响灯光设备以及人员配备等。为了吸引更多游客，甚至提前数月通过邮轮官方网站、社交媒体平台及合作伙伴等多渠道进行营销宣传并推出相关优惠活动和套餐。在邮轮上，提前设立专门的演唱会场地并进行专业布置，配备专业音响、灯光团队以确保演出效果。此外，还应设置与演唱团队的互动环节和抽奖活动，增加游客的参与感。整个演唱会的流程包括开场表演、歌手的精彩演唱、互动环节以及感谢致辞等。

邮轮演唱会不仅提供了高水平的音乐享受，也为乘客提供了一个交流互动的平台，增加了邮轮旅行的社交价值。携程与皇家加勒比共同投资的天海邮轮曾以音乐主题航次为特色，推出了多个广受欢迎的音乐节、唱片首唱会、海上演唱会等。以许巍的"FUN肆天海 驶向远方"音乐节航程为例，该航程始于2016年7月29日，既能让游客们体验日本鹿儿岛和冲绳的风光，又能享受到许巍这位中国顶尖音乐人的精彩演唱。

拓展阅读6.1
邮轮上的演唱会

（2）邮轮达人秀。邮轮达人秀是一种娱乐活动，旨在为乘客提供娱乐和互动体验。活动通常由邮轮公司或旅游公司组织，由娱乐团队负责执行。邮轮达人秀为普通人提供了一个展示自己才华和技能的舞台，激发了观众的学习和创造热情，传递积极的人生态度和健康向上的价值观。此外，达人秀节目也可以成为文化传承和交流的平台，展示各种各样的艺术、技能和文化，丰富人们的精神生活，促进不同文化之间的交流。

选秀活动流程通常如下：乘客可以事先报名参加选秀活动，通常需要填写一份简单的表格或在邮轮上的信息中心进行登记；在选秀活动开始之前，主持人或娱乐团队会进行选拔赛，筛选出最具潜力和才华的参赛者。选拔赛通常包括面试、表演或其他形式的评估；选秀活动正式开始后，参赛者将进行一系列比赛表演，通常按主题形式而定，如歌唱、舞蹈、戏剧、魔术等。这些表演通常由专业评委进行评分，评分标准可能包括技巧、表现力、创意和舞台表现等；在比赛表演结束后，评委将根据参赛者的表现和得分选出最终的冠军和亚军。获胜者通常会获得奖金、礼品或其他奖励。

选秀活动在邮轮上非常受欢迎，因为它可以为乘客提供一种娱乐和社交体验，并为他们带来欢乐的回忆。此外，选秀活动还可以为邮轮公司提供一种差异化的营销策略，吸引更多的客户并提高乘客的忠诚度。2016 年，天海邮轮推出全球首个邮轮音乐选秀赛事——天海好声音挑战赛，凭借"高水准，零门槛，参与广，热度高"等特点，成为中国主题邮轮活动一项里程碑式的创新。2017 年 3 月，"天海好声音"第二季正式启动，赛事贯穿 9 个月，共吸引了 7 000 多位宾客报名，近 300 万名现场观众和网友参与评选，创下中国邮轮主题活动关注度最高，参与度最广等多项纪录。

3. 会展及商贸活动

会展及商贸活动能够让乘客了解最新的科技、文化和艺术成果。邮轮上的展览活动往往是在当地和世界范围内精选的优秀项目，可以让乘客在不同领域获得深入的知识和体验。而各种商贸活动则可以让乘客体验到企业的最新产品，如咖啡、奢侈品等。

（1）展览。展览活动旨在为乘客提供一种文化和艺术体验。这些活动通常由邮轮公司或旅游公司组织，并由专业的策展人或艺术家负责执行，通常主题多样，涉及艺术、科技、人文等多个方面。

展览活动流程包括：首先是策展，即在展览活动开始之前，策展人或艺术家将根据主题或风格策划展览。他们会选择一些适合在邮轮上展示的艺术品或文化作品进行布展和展示设计。其次是开幕，展览开幕式上策展人或艺术家会介绍展览的主题、展品和艺术家，并向观众介绍展览的背景和意义。开幕式通常还包括一些表演或文化艺术活动，如音乐会、演讲、舞蹈等。再次是展览，乘客可以自由观看展览，这些展览通常是免费的，乘客可以了解这些展品的背景和艺术价值。在展览期间，策展人或艺术家可能会组织一些文化艺术活动，如工作坊、讲座、音乐会等，以增加乘客的参与感和文化体验。最后是闭幕，在展览结束时，策展人或艺术家会举行一个闭幕式，向观众介绍展览的成果和反响以及未来的展览计划。

（2）旅途说明会。在进行一些特殊邮轮活动前，邮轮公司会针对天气、景观等进行介绍说明，以便向旅客提供必要的信息和建议。

①天气说明会：它是一种常见的邮轮活动，通常在一天的开始或结束时举行。在这个说明会上，邮轮船长或船务人员将向乘客介绍当前和未来的天气状况，包括温度、风速、海况等。这将帮助乘客更好地安排自己的活动。

②极光说明会：如果邮轮前往北极圈或极地地区，船务人员通常会举行一些极光说明会。这些提示通常包括什么是极光、何时何地可以看到极光、如何拍摄等。这将帮助乘客更好地准备，以便在合适的时间和地点观看极光。

③鲸鱼说明会：如果邮轮前往鲸鱼繁殖和迁徙的区域，船务人员通常会举行一些鲸鱼知识科普。还会在鲸鱼来到船边时进行提醒，帮助乘客第一时间观看鲸鱼。

在邮轮上举行说明会是一种有益的服务，它可以帮助乘客更好地了解邮轮旅行的相关信息，以便他们更好地享受旅行。此外，邮轮上还可能进行其他各种说明，如有关邮轮设施和服务的说明、有关目的地的历史和文化的说明等。这些说明可以帮助旅客更好地了解船上和目的地的情况。

（3）商贸活动。商贸活动通过提供独特的购物体验和文化交流机会，与邮轮旅游的整体体验相结合，为乘客提供了更加多元化的旅行选择和增值服务。通常由邮轮公司或者邮轮合作伙伴举办，形式多样，针对不同人群有多种参与方式。例如，红酒品鉴会、珠宝商抽奖活动和咖啡品鉴等。红酒品鉴会是让乘客在船上品尝各国优质的葡萄酒并学习有关葡萄酒知识的形式。这种活动通常由专业品酒师主持，他们向乘客介绍不同地区的葡萄酒，包括葡萄品种、产区、酿造工艺等，并引导乘客欣赏、辨别各类葡萄酒的口感、香气和色泽。

在邮轮上参加商贸活动可以让乘客既能充分体验到旅行的乐趣和文化魅力，也能够拓宽视野，增强文化认知和社交体验。邮轮公司通过举办这些活动能够为乘客提供更加完善和多样的旅行服务，从而赢得更多乘客的信任和支持。

4. 体育活动

邮轮上的体育活动具有丰富旅客娱乐活动、促进交流、保持健康的作用。邮轮上的旅客来自不同的国家和地区，开展体育活动可以促进旅客之间的交流与沟通，增加他们了解不同文化的机会。

（1）体育赛事活动。邮轮公司举办体育赛事活动是为了满足乘客在海上旅行期间的娱乐需求，增加乘客的参与感和互动性，并且可以促进乘客之间的社交联系。如表 6-1 所示，邮轮公司举办了各种体育赛事。

表 6-1　邮轮部分体育赛事

名　　称	详　　情
乒乓球大赛	固定锦标赛，全年龄段参与
迷你高尔夫赛	九洞推杆式，全年龄段参与
排球大赛	固定锦标赛，全年龄段参与
滑冰大赛	青年以上参与，主要以体验为主

续表

名　称	详　情
匹克球大赛	固定锦标赛，全年龄段参与
篮球斗牛大赛	全尺寸室内篮球场，免费参与
镭射对决大赛	主要针对儿童参与的电子竞赛
攀岩大赛	全年龄段参与的比赛

（2）休闲体育活动。邮轮上的休闲体育活动形式多样，包括有氧运动、力量训练、瑜伽等多种选择，除此之外还有多种体育游戏、电子游戏供游客选择，如表 6-2 所示。

表 6-2　邮轮部分休闲体育活动

名　称	内容及描述
早起晨练	跳绳、仰卧起坐、深蹲、伸展、太极
瑜伽	流瑜伽（Flow Yoga）、阴瑜伽（Yin Yoga）、阳瑜伽（Yang Yoga）
水中运动	游泳、浮潜
球类运动	篮球、排球、乒乓球、迷你高尔夫等
有氧舞蹈	探戈、街舞、健身操、慢跑
甲板跳伞	"甲板跳伞"是量子船系的一项创举，通过垂直的风洞产生气流，让想尝试极限运动的游客在邮轮上空飞翔同时俯瞰海面的超凡体验
甲板冲浪	在甲板上的冲浪模拟器上，模拟海浪带来的刺激感
攀岩墙	攀岩墙设置了由易到难不同的斜面角度，满足初学者和攀岩高手的多重需求
射箭	射箭是一项室内活动，拥有先进的设备，适合所有年龄段的人士参与
击剑	击剑活动专为 8 岁以上的乘客提供服务，活动由专业的体育工作人员负责，他们在初学阶段为乘客提供基本的技术指导
南极球	其灵感来源于自由落体从北极出发，穿越地心最终抵达南极的过程。球外是悬空玻璃步道，球内设有各式趣味活动，在镂空的球体中畅享蓝天碧海间的超凡体验
北极星	北极星的设计受到了英国伦敦眼的启发，是工程学上的一个奇迹，可 360 度旋转的吊杆手臂，宝石形的玻璃舱将游客送往离海平面 88.6 米的全新高度。白天可以犹如海鸥一般俯瞰一望无际的蔚蓝海面，夜晚则可以欣赏光谱号上璀璨夺目的霓虹
镭射对决	乘客在室内进行镭射枪射击游戏，面向 5 岁以上的乘客开放
碰碰车	乘客可在多功能运动馆乘车碰撞，感受刺激
电子游戏	通过各种电子设备体验电子游戏，主要针对儿童开放
探秘 270	通过四个身临其境的 AR 游戏来测试乘客的冒险技能。找到房间周围放置的面具，然后通过登录 App 来扫描它们，由此开始每个游戏。由皇家加勒比邮轮公司开发
海上轮滑	这里有平整的滑道和带保护层的防护装置，您可在运动甲板上尽情滑翔
真冰溜冰	真冰溜冰场的冰面温度持续控制在零下 14℃ 左右，这里不仅可以溜真冰，还可以欣赏冰上表演
折毛巾	学习如何将毛巾折成艺术品

5. 教育科学活动

教育科学活动是为了提高乘客的安全意识和其他知识面的拓展而设计的。这些活动不仅可以提高乘客的安全性和舒适度，还可以让他们在旅游的同时进行知识学习和文化交流，从而获得更加丰富的旅游体验。

（1）救生演习。救生演习是确保乘客安全的关键措施，通过模拟紧急情况，教授乘客正确使用救生设备和疏散程序，可以提高乘客在真实紧急情况下的生存概率。

为了使救生演习更加有效，有关部门对救生演习提出了具体的要求和注意事项。所有乘客必须全程参与救生演练，不得缺席。在演习进行期间，船员会向乘客详细介绍如何穿着救生衣，正确使用救生艇，以及如何在紧急情况下有条不紊地离开邮轮。此外，乘客还需要掌握如何正确使用救生艇、登上救生艇，以及如何划动救生艇的技能。船员还会介绍使用救生滑梯和跳水逃生的方法，以确保乘客在紧急情况下可以安全快速地撤离邮轮。

在救生演习过程中，船员会检查乘客是否正确穿着救生衣，是否能够正确使用救生设备，以确保每个人都能够熟练掌握这些关键技能。演习结束后，船员还会对演习进行总结和评估，以便在下一次演习中改进和提高救生效率。

除了救生演习外，为了应对可能发生的危险状况，每艘邮轮都配备了充足的安全物资供乘客在紧急情况下使用。比如，救生艇的乘员定额一般是根据邮轮的型号和载客量来确定的，而且邮轮会经常进行演习和检查以确保救生艇的完好和人员配备的到位。邮轮还会为每位乘客准备足够的晕船药、淡水和压缩饼干，以及各种紧急情况下可能会用到的设备，如紧急救生环、浮力绳、保暖装备、急救箱等，确保在发生危急情况时能够提供相应的救援和保障。

救生艇的乘员定额一般是 150 人，而绿洲级邮轮可能会达到 370 人。在进入救生艇之前，无论平时是否晕船，每个人都必须服用晕船药，它可以缓解因晕船引起的恶心、呕吐等症状，从而间接减少因这些症状导致的水分流失。在补给方面，每人配有 3 升淡水的量，外加雨水收集器或太阳能蒸馏器来增加供应。食物是每人配备 10 000 千焦的压缩饼干。救生艇配备了两条缆绳——艏缆和尾缆。其中有一条缆绳固定在救生艇艇艏位置，它的作用是保持艇艏和船体的方向一致，避免发生倾覆，救生艇入水后就可以把这条缆绳剪断从而脱离大船船体。至于另一条备用缆绳可以当作绳子用，比如作为拖拽救生筏的绳子等。救生艇上还有一部分设备是用来应对可能出现的各种紧急情况。例如，艇上会有两个带有 30 米浮力绳的救生环，在必要时可以扔向水中，将落水的人拉到救生艇上。如果他们身体失温，还可以用保温装备将他们包裹起来，每艘小船上至少有两套保温装备，20 人以上的救生设备上需要配备不少于乘客总数 10% 的量。救生艇里还配有急救箱，可以应对 B 类火灾及油火的灭火器，还有 2 把斧子存放在救生艇的首尾两端。对于较小的绳子、布料或食物之类的东西，可以用折合刀来切割。另外还有一套基础的工具箱用来处理一些细小的机械故障。除此之外，还有救生手册、救生信号卡、烟幕弹、开罐器等工具等。

新冠疫情期间，皇家加勒比开发了一款名为 Muster2.0 的程序以取代传统邮轮安全演习。借助 Muster2.0，宾客可以从手机、平板电脑上的软件或客房电视获得安全演习的关键信息，包括查看紧急情况下会发生什么、应该去哪里，以及如何正确使用救生衣等。宾客不再需要集中参加安全演习，而是根据自己的时间分别前往指定的集合点完成演习确认。Muster2.0 完全符合相关国际安全标准，这一技术革新重塑了邮轮行业的安全演习模式。通过数字化程序改变安全演习的方式，可达到安全演习目的的同等效果。

（2）知识竞赛。知识竞赛通常是一项娱乐活动，旨在为乘客提供娱乐和教育。这种竞赛可以包括各种主题，如青少年知识竞赛、电影知识竞赛、音乐知识竞赛等。

青少年知识竞赛通常是为 13 ～ 17 岁的青少年设计的。这些比赛可能会涵盖广泛的主题，如历史、地理、科学、文化等。比赛通常由邮轮上的工作人员组织和主持，并分为多个回合。每个回合可能包含不同的问题或主题，答对越多，得分越高。最后，表现最出色的选手将获得奖励，并被授予"知识王"或类似的头衔。

拓展阅读6.2
MSC地中海海际线号儿童游乐天地及亲子娱乐体验

除了青少年知识竞赛，邮轮上还可能有其他类型的知识竞赛，如电影知识竞赛、音乐知识竞赛等。无论是哪种类型的知识竞赛，参赛者都可以通过阅读相关材料、观看影片或听取音乐来进行准备。此外，邮轮上的工作人员也会提供关于比赛主题的提示和建议，并在比赛前为参赛者提供足够的时间来准备。

（3）讲座。讲座活动是邮轮旅行中一个非常重要的组成部分，它为乘客提供了一个难得的机会，可以在船上了解不同领域的知识，并且拓宽他们的视野。这些讲座活动通常由专业人士主持，包括历史学家、文化专家、地理学家、自然科学家等，他们在各自的专业领域内，为乘客们提供关于目的地、当地文化、历史与自然环境等方面的深入解析。参加讲座活动并不需要额外付费，它已经包含在邮轮旅行的费用中。此外，乘客可以在邮轮上购买相关主题的书籍或 DVD，以便更深入地了解所学的知识。

其中最常见的讲座之一便是"目的地文化讲座"。该讲座通常由当地文化专家或历史学家主持，以介绍目的地的文化特色和历史背景为主题。这些讲座包括有趣的故事、传说和历史事件，帮助乘客更好地了解目的地的文化、社会和政治风貌。例如，在邮轮前往加勒比海的旅途中，乘客可能会参加关于加勒比海岛的文化、传统音乐、舞蹈和美食等方面的讲座，了解这些文化如何影响了当地的历史和现状。

除了目的地文化讲座外，邮轮上还有其他主题的讲座活动。例如，自然科学家可以为乘客提供关于当地自然环境的知识，如海洋生物、鸟类、植物和地质特征等。这些讲座通常会带领乘客进行实地考察和探索，以便更好地理解目的地的自然环境和地貌。

6. 娱乐休闲活动

（1）歌舞表演。邮轮剧场的歌舞表演是一项非常受欢迎的活动，这种表演通常由专业的歌舞演员和乐队团队负责，旨在为乘客提供高质量、多样化的娱乐体验。歌舞表演不仅是一种娱乐方式，更是了解目的地文化的一种途径。一些常见的类型如下：

①百老汇式歌舞表演：这种表演通常由专业演员和舞者表演，涵盖音乐剧、歌舞、戏剧等不同形式。这些表演通常在剧院或大厅中进行。

②音乐会：音乐会通常由专业乐队或歌手表演，涵盖各种音乐类型，如流行音乐、摇滚、爵士乐等。乘客可以在餐厅、酒吧或室外区域观看这些表演。

③舞蹈晚会：舞蹈晚会通常由专业舞蹈演员和舞者表演，涵盖各种舞蹈类型，如拉丁舞、探戈、华尔兹等。乘客可以在舞池或舞台周围观看这些表演。

④主题晚会：邮轮上的主题晚会通常会在特定的假日或特殊活动期间举行，如万圣节、圣诞节、新年等。这些晚会通常包括特别表演、音乐、舞蹈和装饰等。

（2）明星见面会。明星见面会是一种受欢迎的娱乐活动。这项活动通常由邮轮公司组织，旨在提供难忘的体验，使乘客们的假期更加令人难忘。明星见面会通常分为两个部分。一是签名会，乘客可以将自己带来的物品交给明星签名，如海报或T恤等。二是照片拍摄环节，乘客可以和明星合影留念。这两个部分的时间通常持续一个小时左右。

明星见面会的组织需要进行大量的筹备工作。邮轮公司需要与明星及其经纪人协商，确定时间、地点和其他必要的细节。邮轮公司还需为乘客提供相关的信息，如何时、何地进行签名和照片拍摄等。在明星见面会之前，邮轮公司还需要向乘客提供有关礼仪和行为规范的指南，以确保活动的顺利进行。不过，明星见面会也存在一些问题和限制。首先，邮轮公司通常只会邀请一些知名度较高的明星，因此乘客们的选择有限。其次，由于参加人数众多，每个乘客与明星进行的互动时间通常很短暂，无法深入交流。最后，如果乘客没有事先了解活动规则和礼仪，他们的行为可能会对其他参与者造成困扰。

（3）拍卖会。拍卖会为乘客提供了一个独特的购物和竞拍体验，允许他们竞拍各种珍贵物品、艺术品、珠宝、纪念品或其他特色商品。这些物品通常包括艺术品、珠宝、收藏品和手工艺品等，这些物品具有高价值和稀缺性，因此很难在其他地方找到。

拍卖会通常由邮轮上专门的拍卖师主持，他们会介绍每个物品并解释其历史和价值。在拍卖开始前，参与者可以查看展示柜中的物品，以便更好地了解物品的特点和价值。有些拍卖还提供预览时间，让有兴趣的顾客提前观看拍卖品。在拍卖会过程中，拍卖师会逐个展示物品，并根据投标人的出价进行竞拍。每位出价最高的顾客将赢得该物品，并需要支付其所出的价格。所有出价被记录在一张表格上，以确保公正和透明。如果有多个人对同一件物品出价相同，那么将通过抽签或其他方式来确定获胜者。邮轮上的拍卖会还提供了一些额外的服务，如代购和物品送货到客舱。此外，拍卖师通常会提供一些有关拍卖的技巧和建议，帮助顾客更好地了解如何在拍卖中获胜。

（4）SPA。SPA服务通常设在特定区域，通常有按摩房、桑拿房、蒸汽房、温泉、水疗池等。按摩的类型有多种，如表6-3所示。

表6-3　邮轮SPA项目

类　　型	项　目　种　类
按摩	深层组织按摩、瑞典按摩、热石按摩、瘦身按摩
面部护理	深度清洁、保湿面膜、面部按摩、海泥面膜

类　　型	项 目 种 类
身体护理	盐磨砂、糖磨砂、海藻磨砂、海藻排毒、美发
水疗	温泉浴、热水池、桑拿、蒸汽浴
身体治疗	针灸、拔罐、足疗、刮胡子、专业医美

7. 品牌活动

邮轮上的品牌活动是指邮轮公司或其他品牌企业为了增加品牌曝光度和吸引旅客而在邮轮上开展的各种营销活动，旨在提高品牌影响力和吸引力，同时也为乘客提供了独特的互动体验。

（1）周年活动。周年活动是一种庆祝邮轮品牌成立特定年份的活动。如表 6-4 所示，这些活动通常会包括各种娱乐节目、主题晚宴、特别优惠、互动环节、纪念品赠送等。邮轮公司通过这些活动与乘客进行互动，增强乘客的品牌忠诚度。

表 6-4　邮轮周年活动

邮轮品牌	周 年 主 题	举 办 活 动
迪士尼邮轮	25 周年庆	烟花秀、灯光秀、主题晚宴、主题派对
歌诗达邮轮	75 周年庆	船队历史宣讲会、主题晚宴、船队发展
皇家加勒比邮轮	50 周年庆	船队历史宣讲会、新船宣讲会、歌舞表演
嘉年华邮轮	40 周年庆	歌舞表演、工艺制作

（2）品牌公益活动。邮轮品牌在近年来越来越重视社会责任和环保问题，纷纷推出了一系列公益活动，如"地球一小时""保护珊瑚礁"等活动。皇家加勒比国际邮轮公司就在"地球一小时"的活动时，将船上的灯光全部关闭，船上的乘客和员工一起参与这项环保行动。皇家加勒比、诺唯真等邮轮公司都会在船上组织环保讲座，让乘客了解环保知识和措施。它们还会在邮轮上设置环保教育板块，向乘客介绍环保知识，并推出环保产品，鼓励乘客减少使用一次性物品。此外，很多邮轮品牌也会组织其他公益活动，比如为当地社区筹款、捐赠物资等。邮轮品牌的公益活动不仅有助于践行环保和社会责任，也为邮轮旅游行业增添了更多的社会价值。

拓展阅读6.3
皇家加勒比集团推进ESG

（3）产品推介活动。产品推介活动是邮轮公司为了增加旅客体验和额外收入而推出的一种营销策略。在邮轮上，旅客可以参加多种产品推介活动，如美容护肤品、珠宝首饰、艺术品、酒类、咖啡等。这些活动通常由邮轮上的商店、品牌或者供应商主办。

以公主邮轮与拉瓦萨咖啡合作为例，双方携手在公主邮轮旗下的船上举办了丰富多彩的产品推介活动。其中包括邀请专业咖啡品鉴师为旅客深入解读拉瓦萨咖啡的独特风味与口感，让旅客能够更全面地了解这一优质咖啡系列；公主邮轮还为旅客开设了咖啡制作课程，使他们有机会亲身参与拉瓦萨咖啡的酿造过程，掌握制作高品质咖啡的技巧。此外，公主邮轮在船上的商店内展示了拉瓦萨咖啡的全系列产品，以供旅客欣赏和选购。通过这些活动，公主邮轮成功地促进了拉瓦萨咖啡系列产品的销售，同时也为旅客带来了更好的咖啡体验。除了公主邮轮，其他邮轮公司也会推出各种产品推介活动，以吸引旅客关注和购买。这些活动不仅能增加邮轮公司的收入，也可为旅客带来更加多元化的旅游体验。

第二节　邮轮活动策划

一、活动策划概述

活动策划是一个计划性强、以创造性的方法解决复杂问题的过程。在活动策划中，对预算、资源、时间、目标等方面都有明确限制。活动策划的目的是保障活动在这些限制范围内得以顺利进行，并最大限度地实现其传播效果。在活动策划时，应该考虑活动的前期调研、执行方式、工作的重点等因素，通过充分的沟通和预警来确保活动的成功举办。邮轮休闲活动策划服务于乘客的需求和邮轮船上的资源，通过一系列的休闲活动计划和方案，以提供给乘客丰富多彩的娱乐和休闲体验。活动策划在邮轮旅游中起着至关重要的作用，主要体现在以下几个方面。

1. 提高乘客的满意度和忠诚度

活动策划可以为乘客提供多样化的娱乐活动，如音乐演出、游戏竞赛、舞蹈表演、户外运动等，满足不同乘客的需求和兴趣爱好，提高乘客的满意度和忠诚度。乘客在享受到船上的良好服务和丰富多彩的娱乐活动后，会对邮轮公司产生好感，增强乘客对邮轮旅游的信任和依赖。

2. 增加邮轮公司的收益和利润

邮轮上的各种活动可以为邮轮公司带来丰厚的经济效益。乘客在邮轮上参加各种娱乐和休闲活动时，会产生额外的消费，如购买纪念品、餐饮、SPA 等服务，增加邮轮公司的收益和利润。另外，邮轮公司还可以通过合理的价格策略和销售策略，提高乘客的消费水平和次数，进一步增加经济效益。

3. 加强邮轮品牌的宣传和推广

邮轮上的各种活动可以为邮轮公司带来良好的品牌形象和口碑。乘客在邮轮上参加各种娱乐和休闲活动时，会产生积极的体验和感受，从而增强对邮轮公司的品牌认知和好感度。邮轮公司可以通过乘客的口碑传播和社交媒体宣传，为邮轮品牌的推广和宣传打下良好的基础。

4. 增强邮轮公司的竞争力和扩大市场份额

邮轮上的各种活动可以为邮轮公司增强竞争力和扩大市场份额。邮轮市场竞争激烈，邮轮公司需要通过多样化的休闲活动和服务，吸引更多的乘客，并保持市场份额的稳定和增长。休闲活动可以帮助邮轮公司了解乘客的需求和兴趣，提供符合市场需求的休闲活动和服务，增强邮轮公司的竞争力和市场份额。

邮轮上的各种活动对邮轮旅游的成功和发展起着至关重要的作用。邮轮公司应该根据乘客的需求和市场趋势，制定合理的休闲活动策划，为乘客提供丰富多彩的娱乐和休闲体验，提高乘客的满意度和忠诚度，增加经济效益和品牌形象。

二、活动策划的基本原则

良好的活动策划既要满足活动利益相关者的需求以实现活动的目标，又要保证活动方案切实可行。因此，在制订活动理念、勾勒活动总体框架和方案的时候，需要权衡活动目标创新意识与可行性的关系。

1. 以乘客需求为本

乘客需求是活动策划的出发点和核心。活动策划应该围绕乘客的兴趣爱好、需求和体验，制订合理的活动计划和方案。活动策划应该通过市场调研、乘客反馈和数据分析等方式，了解乘客的需求和兴趣，提供符合市场需求的活动和服务。

2. 多元化和个性化

活动策划应该具有多元化和个性化的特点，为乘客提供丰富多彩的活动和服务。活动策划应该根据乘客的不同兴趣和需求，制订多样化的活动计划和方案。另外，活动策划应该关注乘客的个性化需求，为乘客提供个性化的服务和体验。例如，银海邮轮致力开发前往南极、北极等极地探险航线，因此会针对航线开展观赏野生动物的活动；迪士尼邮轮主要以发展亲子主题邮轮为主，举办多种亲子活动，包括手工艺品制作、亲子游戏等。

3. 组织协调和安全保障

活动策划应该具有良好的组织协调和安全保障机制。活动策划应该考虑人员和物资的统筹协调，确保活动顺利进行。另外，活动策划应该加强安全保障和风险控制，确保乘客的安全和健康。

4. 创新和变革

活动策划应该具有创新和变革的精神，不断推陈出新，提供更加丰富和创新的活动和服务。活动策划应该关注市场变化和乘客需求的变化，及时调整和更新活动计划和方案，提供更具竞争力的活动和服务。

5. 合理定价和经济效益

活动策划应该符合合理定价和经济效益的原则。活动策划应该根据活动的成本和市场需求，合理定价，确保活动的经济效益和市场竞争力。另外，活动策划应该通过提高乘客的消费水平和次数，增加经济效益和利润。

三、邮轮活动策划的目标分析

邮轮活动策划的目标分析是指在制订活动计划和方案之前，对活动目标进行详细的分析和研究，以明确活动的目标和任务，为活动策划提供依据和方向。邮轮活动的目标分析是邮轮活动策划的重要环节，对于活动的成功举办至关重要。

1. 确定邮轮活动策划的主题

邮轮活动策划的主题是邮轮活动的灵魂，是邮轮活动策划的核心。邮轮活动策划的主题应该是根据邮轮活动的类型和乘客的需求和兴趣来确定的。邮轮活动策划的主题应该具有创新性、吸引力和互动性，以提供给乘客独特的娱乐和休闲体验。邮轮活动策划的主题应该与邮轮的特点相结合，充分发挥邮轮的优势，提供给乘客丰富多彩的活动体验。

2. 明确邮轮活动策划的目标和任务

邮轮活动策划的目标和任务是指通过邮轮活动来达到的预期效果和任务。邮轮活动策划的目标和任务应该是具体、可行和明确的，以确保活动的顺利进行并达到预期效果。邮轮活动策划的目标和任务应该与邮轮活动策划的主题相一致，以确保活动的统一性和完整性。

3. 分析邮轮活动策划的受众群体

邮轮活动策划的受众群体是指参加邮轮活动的乘客群体。邮轮活动策划的受众群体分析是为了了解乘客的需求和兴趣，以便制订合适的活动计划和方案。邮轮活动策划的受众群体分析应该从乘客的年龄、性别、文化背景、兴趣和消费能力等方面进行分析，以确保活动的针对性和有效性。

4. 确定邮轮活动策划的核心内容

邮轮活动策划的核心内容是指邮轮活动的主要内容和形式。邮轮活动策划的核心内容应该是根据邮轮活动的类型、乘客的需求和兴趣来确定的。邮轮活动策划的核心内容应该具有创意性、趣味性和互动性，以提供给乘客丰富多彩的活动体验。邮轮活动策划的核心内容应该与邮轮活动策划的主题相一致，以确保活动的统一性和完整性。

5. 邮轮氛围感营造

在策划活动时，氛围感营造是必要的一项。邮轮旅游的大部分时间都在大海上巡航，一望无际的大海虽然可带给游客美的享受，但是也容易让人审美疲劳，所以在邮轮上营造娱乐氛围非常重要。这些活动和娱乐不仅可以增加游客的旅游体验，也可以让邮轮成为活动的代名词，让他们想起邮轮就能想起各种精彩的活动。为了让游客身临其境，需要在活动场地中营造出特色的氛围，比如在邮轮上开展的各种主题活动，海盗主题、夏日沙滩主题、万圣节主题等，通过布置场地、服装、道具等，营造出独特的氛围，为游客带来独特的体验。

四、活动策划的流程及关键环节

1. 活动策划的流程

邮轮活动策划是指根据邮轮上的资源和乘客需求，制订一系列的活动计划和方案，以提供给乘客丰富多彩的娱乐和休闲体验。邮轮活动策划的成功与否，离不开几个关键环节。具体的邮轮休闲活动策划流程如图 6-1 所示。

图 6-1　邮轮休闲活动策划的流程

2. 调研与立项

邮轮活动策划的第一步是进行调研和立项。调研是为了了解乘客的需求和兴趣以及市场的需求和趋势，为活动策划提供依据和方向。立项是为了明确活动策划的目标和任务，规范活动策划的流程和程序。调研和立项的具体步骤如下：

（1）市场调研。通过问卷、访谈、网络调查等方式，了解乘客的需求和兴趣以及市场的需求和趋势。

（2）立项。确定活动策划的目标和任务，明确活动策划的流程和程序，制订详细的计划和时间表。

3. 细分与定位

任何一项活动都不可能在大型、广泛或多样的市场中与所有顾客建立联系。因此，需要识别细分市场，以便能够为消费者服务。确定目标受众后，了解他们的需求以及如何引起他们的兴趣，是活动策划中非常重要的一步。选择目标市场后，针对性定位自身的产品或服务，使得目标市场认知到企业独特的定位，塑造有竞争力的、差异化显著的产品和形象。

4. 策划与设计

活动策划的第二步是策划和设计。策划和设计是为了制订合理的活动计划和方案，以满足乘客的需求和兴趣，提供丰富多彩的娱乐和休闲体验。策划和设计的具体步骤如下：

（1）确定活动类型。根据乘客的需求和兴趣，确定活动的类型和内容，如游泳比赛、音乐会、舞台剧、瑜伽课程等。

（2）制订活动方案。根据活动类型和内容，制订详细的活动方案，包括时间、地点、人员、物资等。

（3）设计活动场景。根据活动类型和内容，设计合理的活动场景和装饰，以提供更具视觉冲击力和艺术感染力的活动体验。

5. 运行与实施

邮轮活动策划的第三步是运行和实施。运行和实施是为了确保活动计划和方案的顺利进行，提供给乘客优质的服务和体验。运行和实施的具体步骤如下：

（1）人员安排。根据活动方案和时间表，安排活动人员和工作人员，确保活动的顺利进行。

（2）物资准备。根据活动方案和时间表，准备所需的物资和设备，包括音响、灯光、道具、食品、饮料等。

（3）活动实施。按照活动方案和时间表，开展活动的实施和运行，提供优质的服务和体验，提升乘客的满意度和忠诚度。

6. 总结与评价

邮轮活动策划的最后一步是总结与评价。总结与评价是为了了解活动的效果和成效，提供对活动策划的反馈和改进意见。总结与评价的具体步骤如下：

（1）活动总结。对活动的整体效果和成效进行总结和分析，了解乘客的反馈和意见，提供对活动策划的反馈和改进意见。

（2）活动评价。根据活动总结的结果，对活动的效果和成效进行评价，提供对活动策划的反馈和改进意见，为下一次活动策划提供参考。

五、可行性分析

可行性分析主要是为了确定邮轮活动的可行性，评估邮轮活动的风险和潜在问题，以便为邮轮活动的策划和实施提供可靠的依据和决策。下面将详细阐述邮轮活动策划时进行的可行性分析。

1. 市场可行性分析

市场可行性分析主要是指对邮轮活动市场的需求、竞争情况、潜在客户等方面进行分析。通过市场调查和分析，可以了解邮轮活动市场的潜在需求和市场规模，以及竞争对手的优劣势和市场份额。这些信息对于邮轮活动的定位和市场推广非常重要。

2. 技术可行性分析

技术可行性分析主要是指对邮轮活动的技术要求和实现难度进行分析。邮轮活动中可能涉及的技术包括网络技术、船舶技术、娱乐设施等方面。通过技术可行性分析，可以确定邮轮活动的技术实现难度和成本，以及技术方案的可行性和可操作性。

3. 经济可行性分析

经济可行性分析主要是指对邮轮活动的投资成本、收益预期和盈利能力进行分析。通过经济可行性分析，可以确定邮轮活动的投资回报率和投资风险，以及确定邮轮活动的定价策略和收益预期。这些信息对于邮轮活动的财务规划和预算会起到支撑作用。

4. 法律可行性分析

法律可行性分析主要是指对邮轮活动的法律法规、政策和合规性进行分析。邮轮活动可能涉及的法律问题包括船舶安全、旅游合同、船舶保险等方面。通过法律可行性分析，可以确保邮轮活动的合规性和合法性，避免法律风险和法律纠纷。

5. 社会可行性分析

社会可行性分析主要是指对邮轮活动的社会影响、环保要求和社会责任进行分析。邮轮活动可能对当地社区、环境和文化产生影响，因此需要对社会可行性进行分析。通过社会可行性分析，可以确保邮轮活动的社会责任和可持续性，避免出现社会负面影响和社会舆论风险。

通过进行可行性分析，可以评估邮轮活动的可行性和风险，确定邮轮活动的策划和实施方案，保证邮轮活动的成功和可持续发展。

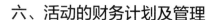

六、活动的财务计划及管理

财务计划及管理能够确保邮轮活动的财务稳定性，提高财务效率，保证财务安全，提升企业形象和信誉度，优化决策。财务计划及管理的具体内容如下：

1. 预算制定

在策划邮轮活动时，首先需要进行预算制定。预算应该包括所有活动所需费用，包括场地租用、设备、人员、物料等方面的费用。预算制定时需要考虑活动规模、参与人数、活动内容等因素，以制定出合理的预算。

2. 费用控制

在活动过程中，需要对费用进行控制，避免出现超支的情况。在控制费用时，可以采取以下措施：制定严格的预算控制制度、合理利用船上资源、避免浪费、及时处理异常情况、加强成本核算等。

3. 资金管理

邮轮活动的资金管理非常重要，必须保证活动所需资金的安全、有效管理和合理使用。在资金管理时，可以采取以下措施：建立专门的资金管理人员、制定严格的资金管理制度、建立有效的资金监管机制、加强对资金使用的审计和监督等。

4. 收支管理

邮轮活动的收支管理是指对活动的收入和支出进行记录和管理的过程。要保证收支管理的准确性和及时性。在收支管理时，可以采取以下措施：建立专门的收支管理人员、制定严格的收支管理制度、建立有效的收支监管机制、加强对收支的记录和核对等。

5. 成本核算

成本核算是指对活动的各项成本进行核算和计算。要保证成本核算的准确性和及时性。在成本核算时，可以采取以下措施：建立专门的成本核算人员、制定严格的成本核算制度、建立有效的成本监管机制、加强对成本的核算和分析等。

此外，在邮轮上举办休闲活动时，时间管理也非常重要，它可以帮助活动的策划者和执行者合理安排时间，充分利用时间资源，提高活动效率和质量，提高活动的成功率。

第三节 邮轮休闲活动管理

邮轮休闲活动管理包括活动策划、资源配置、活动执行、反馈和评估等方面。活动策划是休闲活动管理的重要组成部分，需要根据旅客的需求和特点，制订活动的目标和计划。资源配置则是为了满足活动所需的人力、物力、财力等方面的需求，合理分配资源。活动执行是在活动开始后，按照预定计划，严格执行各项活动，保障参与者的安全、卫生等方面的问题。反馈和评估可以帮助邮轮公司了解参与者的需求和反馈，及时调整活动策划和执行，提高活动质量。邮轮休闲活动管理需要对每个环节进行全面的考虑和把控，从而确保活动的顺利进行。只有做好休闲活动管理，邮轮旅游才能更好地满足旅客的需求，提高企业的竞争力和市场占有率。活动管理在执行过程中可以分为活动前期准备、活动现场管理以及活动后期三个阶段。在每个阶段要进行具体的任务分工，界定其主要工作要求，并且明确其负责人以及任务完成的时间节点。

一、活动前期准备

邮轮休闲活动在举办前需要进行充分的前期准备，主要包括调研、策划、物料准备等方面的工作。

1. 调研

邮轮公司需要对旅客的需求和偏好进行调研，了解他们对休闲活动的期望和需求。调研可以通过问卷、访谈等方式进行，目的是根据旅客的需求和偏好，制定适合的休闲活动。

2. 策划

在了解旅客需求的基础上，邮轮公司需要制订休闲活动的策划方案，包括确定活动目标、制订活动计划和活动内容等。策划方案需要充分考虑邮轮的航线、天气、人数等各种因素，确保活动顺利进行。

3. 物料准备

休闲活动需要准备各种物料，如游戏设备、音响设备、餐饮用品、礼品等。邮轮公司需要根据活动的规模和特点，准备相关的物料，并确保其质量和数量符合活动要求。

4. 人员培训

邮轮公司需要对参与休闲活动的工作人员进行培训，包括安全、服务、礼仪等方面的知识和技能培训，确保工作人员能够熟练掌握活动流程和服务标准，为旅客提供优质的服务。

5. 宣传推广

邮轮公司需要通过各种宣传渠道，如邮轮官网、社交媒体、旅游杂志等，宣传推广休闲活动，吸引旅客参与并提前做好活动的预约和报名等工作。

二、活动现场管理

在举办邮轮休闲活动时需要进行现场管理，确保活动的顺利进行以及参与者的安全。现场管理主要包括乘客管理、工作人员管理、流程管理和安全管理等方面的工作。

1. 乘客管理

邮轮公司需要对旅客进行管理，包括对旅客的身份、证件、预订情况等进行核实，确保旅客的身份真实、合法，并安排旅客的座位、服务等。邮轮公司需要提供给旅客的相关重要信息，如船上紧急电话号码、紧急出口等，以便旅客在紧急情况下能够及时获得帮助。

2. 工作人员管理

邮轮公司需要对参与活动的工作人员进行管理，包括安排工作人员的岗位、服务标准、工作流程等。需要对工作人员进行培训和考核，确保他们能够熟练掌握活动流程和服务标准，为旅客提供优质的服务。

3. 流程管理

邮轮公司需要对活动的流程进行管理，包括活动的开展时间、活动的顺序、活动的时长等。需要制订应急预案，以便在紧急情况下能够迅速处置。

4. 安全管理

邮轮公司需要对活动进行安全管理，包括消防、船舶安全、紧急救援等方面的安全措施。需要对旅客进行安全教育和安全指导，以便他们在紧急情况下能够自救和互救。

三、活动后期阶段

邮轮在举办休闲活动时，后期阶段的管理也非常重要，包括场地管理、乘客后期访问、投诉问题处理等方面的工作。

1. 场地管理

邮轮公司需要对休闲活动的场地进行管理，包括清理、维修和保养等。需要做好设备和物料的保管和管理，以便下一次活动时使用。

2. 乘客后期访问

邮轮公司需要对参加活动的旅客进行后期访问，以了解他们对活动的评价和建议。可以通过邮件、电话、短信等方式进行访问，以便及时调整和改进活动。

3. 投诉问题处理

邮轮公司需要对旅客的投诉问题进行及时处理，采取有效的措施解决问题。投诉问题可以通过客服中心、邮轮官网等渠道进行处理，以便及时解决问题并提升客户满意度。

4. 档案管理

邮轮公司需要对休闲活动的相关档案进行管理，包括参与旅客的名单、活动流程、活动方案、工作人员名单等。需要对活动的相关数据进行整理和分析，以便为下一次活动做好准备。

【本章小结】

本章全面探讨了邮轮休闲活动的多个方面，从文化庆典到体育活动，覆盖了邮轮休闲活动的策划与管理全过程。本章涵盖了活动的类型、作用、策划原则、目标分析、管理流程，以及活动策划的可行性和财务规划，为读者提供了邮轮休闲活动从理念到实践的全景视角。通过细致阐述前中后阶段的管理过程，本章为邮轮休闲活动的高效执行提供了具体的操作框架。通过本章的学习，读者不仅能够深入理解邮轮休闲活动的重要性和多样性，还能掌握活动策划和管理的关键技巧。

【典型案例分析】　　　邮轮旅游与现场音乐

邮轮旅游作为一种集休闲、娱乐和旅游于一体的方式，能够很好地满足人们对于文化和娱乐的需求，为游客提供一次难忘的旅行体验。作为全球最大的邮轮品牌之一，皇家加勒比国际邮轮一直在努力为其游客提供最丰富、最独特的娱乐体验。为了进一步丰富表演阵容，2023年，皇家加勒比为船队新增招募1 400多名世界级音乐家和艺人。这一举措不仅将为邮轮旅游带来更加丰富多彩的文化氛围，也将为那些有才华的音乐家和艺人提供更多的展示机会和舞台。

皇家加勒比邮轮公司旗下的邮轮拥有先进的音响和舞台设备，为音乐家和艺人提供了极佳的表演条件。在这里，他们可以面对成千上万的观众展示自己的才华，并享受与志同道合的人一起工作的乐趣。对于许多有抱负的音乐家和艺人来说，皇家加勒比邮轮提供了一个令人兴奋的职业发展机会。除了在船上表演外，许多音乐家和艺人还将参与巡回演出和会议等活动，与其他艺术家交流和学习。此外，皇家加勒比邮轮还为艺术家提供培训和指导，帮助他们发展自己的技能和才华。艺术家在船上的工作也得到了充分的认可和尊重。他们的工作不仅为游客提供了精彩的表演，也为整个邮轮团队的士气和团队精神注入了活力。通过与皇家加勒比邮轮的合作，艺术家们也获得了更好的职业发展机会和个人成长空间。他们可以拓展自己的技能范围、提升自己的表演水平、增强自己的舞台表现力，并与其他优秀的艺术家一起工作和学习。

皇家加勒比国际游轮娱乐部高级副总裁Nick Weir表示："音乐和娱乐是皇家加勒比游轮度假体验不可或缺的元素，正是这些元素令宾客们的假期独特而难忘。我们每晚在105 000名宾客面前不断突破娱乐领域的可能性，娱乐专业人士可以选择的职业机会数以千计。为了继续提高标准，我们正在扩大娱乐阵营，将更多才华横溢的世界级歌手、奥林匹克运动员、百老汇和伦敦西区明星、著名制片人和导演等加入我们的娱乐团队。2023年，我们将在音乐和娱乐体验方面投入比以往更多的资源。"

位于佛罗里达大学的"The Studio"综合建筑是皇家加勒比游轮所有演出的源起之地，包括一栋三层楼高的巨大影棚、一间300个座位的室内剧院、近2 000平方米的演出服制作中心、14间舞蹈排练室、15间录音室、两间空中杂技训练室，以及为数千名演出人员准备的公寓住宅和健身房，占地总面积1.23公顷，花3年时间规划，1年时间建造，花费3 200万美元才得以完成。用Nick的原话说，"就连好莱坞都没有如此规模的配置"。数千名演员和工作人员不分昼夜地在这里排练，仅演出服装每半年就要翻新多达62 000套。为了挑选合适的演员，工作人员每年要前往全世界的60余座城市寻觅。

如此大的投入，其背后是皇家加勒比游轮舰队的快速扩张。Nick介绍目前正在定制的10艘邮轮，以每艘船上2至3场大秀计算，未来十年就要新创作近30场大秀。"放眼全球任何一座顶尖城市，都不会有这样的娱乐秀规模。并且，这需要演出内容的不断创新。"如果计算一下现在航行在世界各个角落的皇家加勒比游轮，每晚观看演出的观众数量加在一起就有近 10 万人。

皇家加勒比船上演出不仅不断推陈出新，更重要的是重视给观众带来的感受。"我们的每一次现场演出都能让观众激动不已，大开眼界的同时还能感受到温暖和美好。"Nick说。他坦言获得这些领悟要感谢自己三十多年前参加的一次演唱会。1986 年 8 月 5 日，当他站在西班牙马贝拉的一个容纳 5 000 人的体育场内，当皇后乐队的歌声响起，Nick 内心深处的那根弦被拨动了。"我感觉他们魅惑的歌喉在为我一个人演唱。"提及往事，Nick依然心醉不已。"确切地说，是他们把我带回了娱乐业。"并且，他不断将自己之前在电视业和拉斯维加斯的经验融入邮轮娱乐事业的创新之中，再加上早年的历练和家庭传承，如今的每一场秀，"我都要做到当年皇后乐队打动我的程度，甚至更好！我把这当作我的使命"。

Nick 很庆幸自己能为皇家加勒比游轮创作出一场又一场的大秀。对他而言，这并不仅仅是船上的一场表演，"我们对标的是百老汇和好莱坞。我们要拿出最炫最酷的作品"。在这样的自我激励下，过去的 5 年一共有 25 出新戏粉墨登场。让他更感欣慰的是，这些演出不仅让观众度过了愉快时光，更启发了心智。他曾经收到一位父亲的来信，称自己 6 岁的孩子在 270 观景厅观看了一场惟妙惟肖的虚拟交响乐表演后，对指挥开始着迷，并随后走上了学习音乐的道路。Nick 说："还有比这更美妙的吗？"

在皇家加勒比的船上，除了赏心悦目的表演，各式各样的互动娱乐同样在追求心智与自我挑战的突破。无论是刺激惊险的甲板跳伞和冲浪，还是考验平衡和毅力的攀岩墙，抑或是全家欢的海上碰碰车、卡拉 OK 等，都让船上的时光变得温暖而美好。在船尾直径11 米的中空橙色南极球内，客人在蹦极床上模拟地心穿越之旅，体验 VR 科技创造的惊心动魄。"我们的宗旨只有一个：提供最好的船上娱乐和体验。"这是 Nick 的承诺。未来，随着科技进步和社会发展，邮轮旅游将会有更加广阔的发展空间。例如，虚拟现实、增强现实等技术可以应用于邮轮演出和娱乐活动中，为游客带来更加沉浸式的体验。邮轮旅游也可以与其他产业进行更加深入的合作，如与音乐、电影、体育等产业合作，推出更加丰富多彩的活动和节目。

（资料来源：TravelWeekly 旅讯，搜狐网，皇家加勒比国际游轮 Nick Weir：我们代表娱乐业的未来，https://www.sohu.com/a/311897353_280657；皇家加勒比游轮，皇家加勒比将在全球提供超过 1 400 个娱乐行业就业机会，https://zhuanlan.zhihu.com/p/569411977，本文由作者根据原文整理所得）

请根据该案例思考以下问题：

鉴于娱乐演出在邮轮旅行体验中的重要性，皇家加勒比国际邮轮应如何持续培养和吸引高素质表演者，以确保在富有竞争力的邮轮行业中保持其娱乐活动的高水准和独特性？

当邮轮成为一种流行的文艺舞台时，皇家加勒比国际邮轮如何通过与其他艺术组织和文化机构的合作，进一步扩大其文化与娱乐活动的影响力，从而为游客、艺术家和企业本身创造更多价值？

【复习思考题】

1. 邮轮休闲活动主要有哪些类型？
2. 邮轮休闲活动策划的基本原则是什么？
3. 邮轮休闲活动目标分析有哪几个步骤？
4. 邮轮休闲活动的前期准备包括哪些？
5. 邮轮休闲活动为什么要开展前期调研？

【在线测试题】扫描二维码，在线答题。

第七章　邮轮目的地产业链管理

【本章学习目标】

　　了解邮轮产业链的构成、特征及其在邮轮业中的作用，掌握邮轮产业链管理的基本原则。

　　学习邮轮目的地产业链的特点和运行机制，探讨如何通过产业链整合提升邮轮目的地的综合竞争力。

　　掌握邮轮船舶产业链的管理策略，包括制造、运营和销售等环节，以促进邮轮产业的健康发展。

【导入案例】　中国邮轮产业的崛起：从设计制造到全产业链发展的探索

　　邮轮产业是一个庞大的产业链，涵盖了邮轮设计制造、邮轮运营、港口服务等环节。在邮轮设计制造方面，意大利的芬坎蒂尼、德国迈尔船厂、法国大西洋公司等是全球最具代表性的企业。这些企业具备先进的设计和制造技术，能够为全球邮轮市场提供高品质的邮轮产品。

　　邮轮运营公司是邮轮产业链的重要组成部分。嘉年华集团、皇家加勒比集团、诺唯真集团、迪士尼邮轮等公司都是全球领先的邮轮运营商，它们拥有丰富的经验和资源，能够为乘客提供高品质的服务和体验。这些公司通过引进先进的管理理念和技术，不断提升服务质量和运营效率，推动着整个邮轮产业的进步和发展。

　　港口服务也是邮轮产业链中的重要环节。巴塞罗那港口、迈阿密港口、中国香港海运大厦等港口都是全球著名的邮轮港口之一，它们具备先进的设施和服务，能够为邮轮提供优质的停靠和补给服务。这些港口通过不断优化服务质量和提升接待能力，为邮轮产业的发展提供了有力的支持。

为了促进邮轮产业的发展，政府和企业也在积极采取措施。2018年，我国出台了《关于促进我国邮轮经济发展的若干意见》，采取一系列优化邮轮经济结构的措施，促进邮轮经济以高质量路径发展。这一政策的出台，为我国邮轮产业的发展提供了有力的政策支持。

2019年，中国邮轮市场供给量有所降低，但也是中国从邮轮旅游向邮轮经济全产业链发展的关键之年。国产大型邮轮逐步起步，本土邮轮船队规模逐步扩大，邮轮配套产业集群逐步形成，邮轮港口接待能力持续提升，邮轮政策环境逐步优化。在这一背景下，2020年中国市场母港邮轮达到17艘，市场规模将由2019年的194万人次上升到240万人次，逐步由波谷向上增长，推动中国邮轮市场规模的逐步扩大。

2022年8月，工业和信息化部等五部门联合印发了《关于加快邮轮游艇装备及产业发展的实施意见》，计划到2025年，邮轮游艇装备产业体系初步建成，国产大型邮轮建成交付，中型邮轮加快推进，小型邮轮实现批量建造。这一政策的出台将进一步推动我国邮轮产业的发展，提升我国在全球邮轮产业中的地位和影响力。

我国邮轮产业在政府和企业的共同努力下，正在迎来新的发展机遇。未来，随着政策的支持和市场的需求，我国邮轮产业将继续保持快速发展态势。我国邮轮产业也将不断提升自身实力和竞争力，为全球邮轮经济的发展作出更大的贡献。

（资料来源：汪泓，等. 邮轮绿皮书：中国邮轮产业发展报告（2021）[M]. 北京：社会科学文献出版社. 2022.本文由作者根据原文整理所得）

本案例中，政府《关于加快邮轮游艇装备及产业发展的实施意见》对推动邮轮游艇装备产业和国产大型邮轮建设有什么作用及意义？中国本土大型邮轮起步对整个邮轮产业链有什么影响？这一发展如何推动邮轮港口接待能力的提升和邮轮配套产业集群的形成？

第一节　邮轮产业链构成

一、产业链概念、理论、构成及特征

产业链概念的起源可以追溯到20世纪50年代美国经济学家哈罗德·鲍恩（Harold Bowen）。他首先提出了产业链的概念，认为一个产业可以划分为多个相互依赖的环节或环环相扣的生产关系，这些环节或关系构成了从原材料采购到最终产品销售的整个过程。

在产业链的发展过程中，迈克尔·波特（Michael Porter）的贡献尤为重要。他在1985年的著作《竞争战略》中详细探讨了产业链以及相关的价值链概念，并强调了了解产业链的结构和规律对于企业识别竞争优势、创造附加值非常重要。产业链是基于一定的技术经济关联，按照特定的逻辑和时空布局形成的一种链条式关联关系。而这种关系又可

以分为价值链、企业链、供需链和空间链等维度。

目前为止，波特提出的产业链概念及其衍生的价值链概念对产业分析和企业发展至关重要。产业链的构建核心原理来源于波特的五力模型，即同行业竞争者、供应商的议价能力、购买者的议价能力、潜在的新进入者的威胁、替代品的威胁。这些因素共同影响了产业的价值创造和企业的竞争优势。通过分析产业链，企业可以识别自身的竞争优势，并根据产业链中的环节和关系，有效管理供应链、增加产品或服务的附加值，从而实现竞争优势的可持续发展。

产业链的本质是用于描述一个具有某种内在联系的企业群结构，它是一个相对宏观的概念。在这个企业群结构中，大量存在着上下游关系和相互价值的交换。上游环节向下游环节输送产品或服务，下游环节向上游环节反馈信息。这种上下游关系和相互价值的交换是产业链形成和运转的核心机制。

1. 产业链的基础理论

产业链的基础理论包括以下几个方面：

（1）价值链理论。波特在《竞争战略》中提出了价值链的概念，将企业视为一系列相互关联的活动，通过分析每一个活动的附加值创造过程，识别出企业的核心竞争优势。价值链理论对产业链的研究起到了重要的理论基础作用。

（2）供应链管理理论。供应链管理理论强调企业与供应商、分销商以及其他相关方之间的紧密协作与协调。它强调通过整合和协调各个环节，实现供应链的优化，提高效率和降低成本。供应链管理理论为产业链的运行和优化提供了理论支持。

（3）产业集群理论。产业集群理论认为在某个区域内，同一产业的企业聚集在一起形成集群，并通过共享资源、技术、人才等优势，形成合作与竞争的关系，提高整个集群的竞争力。产业集群理论为产业链上的企业关系和合作模式提供了有益的理论指导。

这些基础理论为产业链提供了丰富的理论支撑，帮助我们理解产业链的结构和运作规律。产业链理论分析了产业链各个环节的关系、流动和交互作用，揭示了产业链中企业的合作与竞争关系。基础理论还为企业识别自身的核心竞争优势、优化供应链关系，进行战略规划和商业决策提供了有益的指导。

2. 产业链的构成

产业链是由多个相互关联的环节或者活动组成的一种产业结构。它描述了不同企业在一个产业中通过一系列的生产、加工、分销和销售等环节，相互合作、互相依赖的关系。

产业链的构成可以从不同的维度来考虑，其中一种常见的方式是基于价值链的构成。价值链是指将产品或服务的生产过程划分为一系列的环节，每个环节都为产品或服务增加一定的价值，从而形成了整个价值链。典型的价值链包括原材料采购、研发设计、生产制造、销售分销和售后服务等环节。此外，企业链、供需链和空间链也是构成产业链的重要组成部分：

（1）企业链，描述了在产业链中不同企业之间形成的合作与竞争关系。企业链包括供应商、生产商、加工企业、分销商、零售商等企业，这些企业通过合作、竞争和协调，共同推动产业链的运作与发展。

（2）供需链，关注产业链中满足特定需求或供应的各个环节。供需链涉及原材料供应商、零部件供应商、产品制造、物流配送、零售商等环节，它们之间形成的供需关系决定了产品供应的可靠程度和效率。

（3）空间链，描述了产业链中不同地理位置上的企业环节之间的关系。空间链反映了产业的地理分布和组织结构，影响着产业链中企业的选择、布局和协作方式。

3. 产业链的特征

产业链的特征包括以下几个方面：

（1）相互依赖性。产业链中的各环节和企业相互依赖，通过合作和协调实现资源的共享和优化。没有一个环节或企业可以独立地完成整个产业链的运作。

（2）价值创造能力。产业链的每个环节都为产品或服务增加一定的价值，通过整个价值链的协同作用，最终形成产品或服务的附加值。

（3）加强分工协作。产业链中的企业在不同的环节中扮演不同的角色，通过相互合作和分工协作，实现整体效能的提高。

（4）关联性和流动性。产业链中的信息、资金和物资等要素在各个环节之间流动，沟通和协调不同环节的关系决定了产业链的运作效率和灵活性。

通过了解产业链的构成和特征，可以深入理解不同环节之间的关系和相互作用，从而识别出产业链中的机会和挑战，为企业的战略规划和业务决策提供参考和指导。

二、邮轮产业链概念、组成环节及其细分

邮轮产业链是指针对邮轮旅游而形成的一系列相互关联的环节或活动。它涵盖了从设计制造邮轮到邮轮经营及服务，再到邮轮码头及相关配套设施的一整套产业和价值链。下面详细介绍邮轮产业链概念、组成环节等内容。

1. 产业链概念

邮轮产业链是指与邮轮旅游相关的各个环节和参与方之间相互依存和协作的关系网络。它包括了邮轮的设计与建造、邮轮公司的经营管理、邮轮码头及配套设施的建设以及涉及的其他相关产业和服务。

2. 组成环节

（1）设计与建造环节，是邮轮产业链的上游环节，包括邮轮设计和建造。这些过程需要先进的设计理念和造船技术以满足市场需求。欧洲在邮轮设计和建造方面拥有先进的能力和技术，占据了全球邮轮制造业的主导地位。

（2）企业运营环节，是邮轮产业链的中游环节，主要涉及邮轮公司的经营管理。这些邮轮公司通常是全球性的大型企业，承担着邮轮的运营和市场开发任务。邮轮公司通过定期航线安排和舱位销售来满足市场需求，同时还需要具备丰富的营运经验和高水平的管理能力。

（3）码头及配套设施环节，是邮轮产业链的下游环节，主要包括邮轮码头及其配套设

施的建设和服务。邮轮码头是供邮轮停泊和服务的场所，需要提供停泊、船用物资供应、商贸服务等配套设施和服务。邮轮码头的建设和服务对于保证顺利运营和提供良好体验非常重要。

3. 产业链各环节之间的关系

邮轮产业链的各个环节和参与方相互关联，形成了紧密的合作关系。技术、资金、市场需求是推动产业链上游、中游、下游各环节发展的重要因素，它们之间形成双向传导关系。市场需求起着引导作用，影响上游环节的生产和中游环节的经营水平。上中游环节的生产和经营也需要根据市场需求寻找合适的发展路径。产业链的上游环节为中游环节的经营提供支持，中游环节的经营则需满足市场需求，并对下游环节的发展产生影响。邮轮产业链各环节之间的关系，形成了一个有机循环体。技术、资金和市场需求的推动、传导与影响，使得整个邮轮产业链协调运转、发展壮大。

4. 邮轮产业链细分

邮轮产业链可以进一步细分为以下几个产业链：

（1）邮轮船舶制造产业链。这条产业链包括船舶设计和制造、船舶设备供应等环节，确保邮轮的质量和技术水平。

（2）邮轮船舶运营管理产业链。这条产业链包括邮轮公司的船队管理、船舶维护保养、船员培训和管理等环节，确保邮轮运营的顺利进行。

（3）邮轮目的地开发产业链。这条产业链包括邮轮停靠地点及周边地区的市场开发、旅游景点的规划和建设，酒店、餐饮和零售等服务设施的提供，以丰富邮轮游客的旅游体验。

（4）邮轮销售与市场推广产业链。这条产业链包括邮轮旅游产品的销售与推广、市场营销策划和执行等环节，以吸引和满足消费者的需求。

（5）邮轮旅客服务与体验产业链。这条产业链包括邮轮旅客的船舱设计与服务，餐饮、娱乐、购物等综合服务，以提供优质的旅行体验。

综上所述，邮轮产业链由多个细分产业链构成，每个产业链都在不同方面为整个邮轮产业提供支持，共同促进邮轮旅游产业的发展。

三、邮轮产业链的概念辨析

邮轮产业链、邮轮船舶产业链、邮轮旅游产业链和邮轮目的地产业链之间有着密切的关联，共同构成了邮轮旅游产业的完整生态系统。这四个概念之间既有关联又有区别。我们先看各自的概念含义。

1. 各自概念界定

（1）邮轮产业链是以邮轮为主要载体，围绕船舶制造、港口服务、后勤保障、交通运输、游览观光、餐饮购物和银行保险等行业形成的产业链条。邮轮产业链是整个邮轮旅游产业的总体框架，涵盖了从设计制造到邮轮经营及服务的一整套环节。它涵盖了邮轮的设计与建造、邮轮公司的经营管理以及邮轮码头及相关配套设施的建设。

（2）邮轮船舶产业链是指与邮轮船舶的制造、维修、升级等相关的产业活动所形成的链条，它包括邮轮的设计、研发、制造、装配、维修等。这条产业链的重点在于确保船舶的质量和运营效率，以提供安全舒适的旅行体验。

（3）邮轮旅游产业链是指围绕邮轮旅游活动所形成的各种相关产业和服务的链条。它涵盖了从邮轮旅游产品策划设计、邮轮旅游营销、邮轮旅游活动组织、邮轮船上体验、目的地岸上旅游和配套服务等环节。

（4）邮轮目的地产业链是指在邮轮旅游中，与邮轮到达的目的地相关的各种产业活动所形成的链条。邮轮目的地产业链主要关注邮轮游客在停靠地点所享受的服务和体验。它包括了邮轮停靠的城市或地区所提供的各种服务和设施，如邮轮码头、旅游景点、餐饮、酒店、零售等。邮轮目的地产业链的目标是提供丰富多样的旅游体验和服务，以吸引更多游客并提升目的地的吸引力。

2. 联系与区别

邮轮产业链、邮轮目的地产业链、邮轮旅游产业链和邮轮船舶产业链之间的本质区别在于它们关注的焦点不同。邮轮产业链是整个邮轮旅游产业的总体框架，包括邮轮的设计、建造、经营和服务等方面；邮轮目的地产业链关注邮轮游客在停靠地点所享受的服务和体验；邮轮旅游产业链更侧重于邮轮旅游产品在市场上的运作和价值传递过程；邮轮船舶产业链则关注与设计、建造和经营船只相关的环节。

邮轮产业链、邮轮目的地产业链、邮轮旅游产业链和邮轮船舶产业链之间存在紧密关联，共同构成了邮轮旅游产业的完整生态系统。邮轮产业链、邮轮目的地产业链和邮轮船舶产业链之间的合作和协调，共同推动了整个邮轮旅游产业的发展和创新。这四个产业链相互依存、相互促进，共同推动着邮轮旅游产业的发展和繁荣。

第二节　邮轮目的地产业链

一、邮轮目的地产业链特点

邮轮目的地产业链是邮轮旅游产业中的重要环节，它涉及邮轮游客在停靠地点所享受的服务和体验。邮轮目的地产业链的主要特点如下：

1. 多元化的服务内容

邮轮目的地产业链包括了在邮轮停靠地点提供的各种服务和设施，如旅游景点、文化体验、餐饮、购物、娱乐等。这些服务内容多样化，以满足不同游客的需求和兴趣。例如，某个邮轮停靠地点可能有一座供游客参观的著名历史遗址，还可能提供各类水上活动和当地特色美食。

2. 对旅游业高度依赖

邮轮目的地产业链与当地旅游业关联紧密。邮轮游客的到访对目的地地区的经济社会发展具有重要影响。当地旅游业的发展水平和服务质量会直接影响邮轮旅游的吸引力。一个成功的邮轮目的地应该具备吸引力的旅游景点、完善的服务设施和独特的文化体验。比如，加勒比海是世界上最受游客欢迎的邮轮目的地之一。这个地区以其美丽的海滩、清澈的海水和丰富的文化遗产而闻名。邮轮游客抵达加勒比海的港口后，可以选择参观当地的海滩度假胜地、探索古老的城市和历史遗址、品尝当地海鲜美食，或者参加各类水上活动如浮潜、潜水和帆船等。加勒比海的旅游业发展水平与邮轮目的地产业链密切相关，当地的旅游景点、酒店、餐饮和购物设施的利用率也因此提高。

拓展阅读7.1
我国邮轮形成
全产业链发展
模式

3. 强化产业间联动

邮轮目的地产业链各环节之间存在紧密的合作与协调，形成了完整的旅游服务网络。港口管理机构、旅游局、旅游景点、酒店和娱乐设施等，必须在提供服务和设施的同时保持良好的沟通与协作。旅游景点、酒店、餐饮、零售等服务商相互合作，为游客提供多元化的服务，提升整体旅游体验。例如，港口管理机构需要与旅游局和邮轮公司协调船舶的停靠时间和数量，以确保游客的顺利登船和登岸过程。旅游局和邮轮公司可以合作开展宣传推广活动，提高目的地的知名度和吸引力。

二、邮轮目的地产业链环节

邮轮目的地产业链包括港口和停靠设施、旅游局和地方政府、旅游景点和文化遗产、酒店和住宿设施，以及娱乐设施和购物场所等各环节。这些环节共同构成了一个完整的邮轮目的地产业链，为游客提供了丰富多样的服务和体验。

1. 港口和停靠设施

港口是邮轮旅客进出的重要通道。港口管理机构负责提供各种港口设施和服务，如码头、值班人员、安全设施等。港口还协调邮轮的船舶停靠时间和数量，确保游客的顺利登船和登岸过程。迈阿密港口是一个典型的案例，它是世界上最大的邮轮港口之一，每年接待大量的邮轮游客。

2. 旅游局和地方政府

旅游局和地方政府负责邮轮目的地的旅游规划和管理。它们通过规划和推广旅游景点、制定旅游政策、提供游客信息和服务等方式，吸引和接待邮轮游客。例如，巴塞罗那旅游局负责将巴塞罗那作为一个重要的邮轮目的地来推广，它们提供关于城市景点、文化活动和交通信息的宣传资料，吸引游客参观。

拓展阅读7.2
巴塞罗那港口
管理局与巴塞
罗那市政府以
及地方旅游局
密切合作

3. 旅游景点和文化遗产

邮轮游客在目的地通常会参观旅游景点和文化遗产。这些景点和遗产的管理单位致力于保护和展示当地的自然风光、历史文化和艺术特色。例如，希腊的圣托里尼岛以其美丽的蓝顶教堂和壮观的海景而闻名，吸引了大量的邮轮游客。

4. 酒店和住宿设施

邮轮停靠地通常会提供各种酒店和住宿设施。这些设施为游客提供了舒适和便利的住宿选择。旅游目的地通常与酒店经营者合作，提供接送服务和旅行套餐。例如，阿拉斯加的朱诺市是一个典型的邮轮目的地，它也提供了许多酒店和度假村供游客选择。

5. 娱乐设施和购物场所

目的地地区通常还提供各种娱乐设施和购物场所，以满足游客的娱乐和购物需求。这些设施包括餐馆、咖啡厅、剧院、博物馆、购物中心等。例如，巴拿马的巴拿马运河是一个著名的邮轮目的地，游客可以参观运河并购物。

以上是邮轮目的地产业链的几个主要环节。这些环节通过合作与协调，为游客提供全方位的服务和体验。具体的案例和数据可以根据特定的目的地和邮轮公司进行调查和研究，以进一步了解不同目的地的产业链特点。

三、邮轮目的地产业链运行机制

邮轮目的地产业链的运行机制是一个复杂的协作和互动过程，涉及多个利益相关者和各环节，以提供优质的旅游服务和体验。下面是对邮轮目的地产业链运行机制的详细解释。

1. 游客预订和行程安排

邮轮目的地产业链的第一步是游客的预订和行程安排。游客可以通过邮轮公司的网站、旅行社或在线预订平台选择和购买合适的邮轮行程。一旦预订完成，游客会收到行程详情和相关信息。

2. 港口运营和船舶接待

一旦游客抵达停靠地点的港口，港口运营方就开始协调船舶的停靠和游客的接待。它们提供码头设施、安全检查、边检手续等服务，确保船舶和游客安全顺利地登船。

3. 港口和岸上旅游营销

当地旅游局和政府在邮轮目的地产业链中扮演着重要角色。它们负责推广目的地、设计旅游线路、提供旅游信息以及其他支持和服务，以吸引邮轮游客。它们通过与邮轮公司合作，将目的地作为旅游产品和行程的一部分进行宣传。

4. 参观旅游吸引物

旅游景点和文化遗产是吸引游客的重要因素。它们通过独特的文化、历史和自然景观等，为游客提供丰富多样的体验。邮轮公司与当地景点和遗产管理单位合作，组织游客参观和体验。

5. 丰富旅游休闲体验

在邮轮停靠地点，游客通常会享受当地的餐饮和购物。餐饮业者和商店与邮轮公司合作，可提供多样化的餐饮选择和购物体验。

以上是邮轮目的地产业链的主要运行机制。准确的案例和数据的提供取决于具体的目的地和邮轮公司。根据不同的案例和数据，可以深入了解和分析具体的邮轮目的地产业链运行机制。

第三节 邮轮船舶产业链管理

一、邮轮船舶制造产业链及其管理

邮轮船舶制造产业链是与设计、建造和制造邮轮相关的产业链，涵盖了多个环节和参与方，共同推动着邮轮船舶的生产与发展。下面将详细介绍邮轮船舶制造产业链的各个环节及其管理。

1. 设计

邮轮船舶制造产业链的第一环节是设计。设计师和船舶工程师合作，考虑邮轮的功能、舒适性、安全性和效率等方面的要求。设计阶段决定了邮轮整体的布局、外观、内部设施和船舶性能等特点。优秀的设计能够提供出色的船舶体验，包括船上公共区域、客房、餐饮和娱乐设施等。在设计阶段，管理团队需要确保设计团队之间的有效沟通，协调不同部门之间的需求，并制订详细的设计进度和质量控制计划，以保证设计工作的顺利进行。

2. 材料供应和造船

当设计阶段确定后，材料供应商便开始提供所需的材料，如钢铁、铝合金、玻璃等。造船厂按照设计图纸进行船体建造，包括船体结构、设备安装、机械装置等。造船过程需要高度精密和复杂的工程技术，以确保船舶的质量和安全性。在材料供应和造船阶段，管理团队需要与供应商和造船厂建立紧密的合作关系，确保材料的质量和供应的及时性。同时，他们还需要监督造船进度，确保按照预定的时间表和质量标准开展工作。

3. 设备和系统安装

在船体建造完成后，各种设备和系统开始安装。这些设备包括引擎、发电机、通信设备、导航设备、空调系统、给排水系统、治安系统等。船舶的性能和安全性取决于设备和系统的正常运行。船舶制造商和供应商的合作，可以确保设备的质量和性能符合要求。在设备和系统安装阶段，管理团队需要制订详细的安装计划，并确保所有设备和系统都按照设计要求进行安装和测试。他们还需要与供应商和安装团队保持密切沟通，及时解决安装过程中出现的问题。

4. 内部装饰和细节设计

内部装饰和细节设计是制造一艘邮轮的关键环节。船舶设计师、室内设计师和装饰公司合作，创建一个独特且舒适的环境，包括船舶的船舱、公共区域、餐饮场所、娱乐设施等。细节设计涉及选材、家具、照明、艺术品、地毯和装饰品等，可提升船舶的品牌形象。在内部装饰和细节设计阶段，管理团队需要确保设计师和装饰公司之间的有效沟通，协调不同区域的设计风格和功能需求。他们还需要制订详细的装饰计划和预算，并监督装饰进度和质量。

5. 测试和验收

在船舶建造完成后，需要经过一系列的测试和验收程序，确保船舶符合安全标准和设计要求。这些测试包括船舶的稳定性测试、动力系统测试、船员培训、紧急情况演练等。同时，船舶制造商和船级社（如船舶分类社）合作，进行船舶的分类认证，验证船舶是否符合国际标准。在测试和验收阶段，管理团队需要制订详细的测试计划和验收标准，并确保所有测试都按照计划进行。他们还需要与船级社和相关部门保持密切沟通，及时解决测试过程中出现的问题，并确保船舶在交付前完全符合国际标准和客户要求。

6. 交付和售后服务

一旦船舶通过所有测试和验收程序，船舶制造商会将船舶交付给客户，即邮轮运营商。交付后，制造商可能还提供一定的售后服务，如培训、设备维修和技术支持。此外，制造商还会与船舶所有者建立长期的合作关系，以支持船舶的后续维护和升级。在交付和售后服务阶段，管理团队需要确保交付过程的顺利进行，并与客户保持密切沟通，及时解决交付过程中出现的问题。他们还需要制订详细的售后服务计划，包括培训、设备维修和技术支持等，并确保客户对售后服务的高满意度。同时，管理团队还需要与船舶所有者建立长期的合作关系，共同制订维护和升级计划，以确保船舶在运营过程中的性能和安全性。

邮轮船舶制造产业链是邮轮旅游产业的重要环节，直接影响着邮轮的质量、性能和客户体验。

二、邮轮船舶运营产业链及其管理

邮轮船舶运营产业链是指邮轮公司在运营船舶过程中涉及的各个环节和要素。这条产业链包括船队管理、船舶维护保养、船员培训和管理等，旨在确保邮轮运营的顺利进行并提供优质的服务和体验。下面将详细介绍该产业链的各个环节及其管理。

1. 邮轮公司的船队管理、航线及行程管理

邮轮公司的船队管理涉及购买、租赁和管理多艘适用于邮轮旅游的船舶，需要确保船舶数量和类型与市场需求相匹配，并且能够提供多样化的航线和行程选择。船舶航线和行程的管理是根据市场需求、游客偏好和目的地吸引力来确定的。例如，皇家加勒比邮轮公司的船队管理就涉及多个船舶品牌，包括海洋量子号、海洋光谱号等。它们的船舶航线涵盖世界各地的目的地，如加勒比海、地中海、巴拿马运河和阿拉斯加等。根据市场需求和目的地吸引力制定多样化的航线，皇家加勒比国际邮轮公司吸引了大量的游客。

2. 船舶维护保养

船舶维护保养对于保持邮轮船舶的安全性、舒适性和服务质量至关重要。邮轮公司需要确保船舶设备的正常运行、外观的维护和船体的保养。船舶维护保养包括机械维护、设备保养、船体维修等工作。比如，嘉年华邮轮公司非常注重对邮轮船舶进行定期维修和保养，以确保船舶设备和系统的运行正常。它们在船舶维护方面投入了大量资金和资源，以保持和提升船舶的质量和可靠性。

3. 船员培训和管理

邮轮公司需要管理船上的乘务人员，以确保乘客得到安全和舒适的服务体验。船员培训涉及技术和安全培训、客户服务培训等方面。船员管理包括招聘、工资管理、绩效评

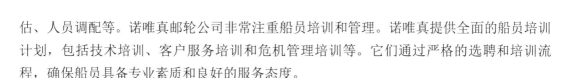

估、人员调配等。诺唯真邮轮公司非常注重船员培训和管理。诺唯真提供全面的船员培训计划，包括技术培训、客户服务培训和危机管理培训等。它们通过严格的选聘和培训流程，确保船员具备专业素质和良好的服务态度。

4. 供应链管理

供应链管理在邮轮船舶运营管理产业链中起着至关重要的作用。一艘邮轮需要大量的供应品和服务，如燃油、食品、饮料、清洁用品、设备和维修部件等。供应链管理涉及与供应商的合作、采购、库存管理和物流协调等方面。邮轮公司需要与多个供应商建立合作关系，并确保及时供应和质量可靠。良好的供应链管理可以确保邮轮在运营过程中充分满足乘客和船员的需求。例如，精致邮轮（celebrity cruises）通过优化供应链管理，确保为乘客提供高品质的餐饮服务。它们与全球各地的供应商合作，从源头控制商品质量，并实施供应链追溯机制，以确保供应品的安全和可追溯。

5. 客户关系管理

客户关系管理是邮轮船舶运营管理中的关键环节。邮轮公司需要与乘客建立良好的互动和长期关系，以提高客户满意度和忠诚度。客户关系管理包括市场营销、预订和销售、客户服务和投诉处理等方面。邮轮公司需要通过各种渠道与潜在乘客沟通，提供详细的行程信息和吸引人的优惠活动。它们还需要提供高效的预订和售后服务，解决客户问题和投诉，以确保客户的满意度。例如，迪士尼邮轮通过与迪士尼品牌的结合，提供独特的家庭度假体验。它们注重客户关系管理，通过专业的客户服务团队和定制化的服务，满足客户的需求并建立忠诚度。

此外，邮轮船舶运营管理还涉及船舶安全管理、航线设计和行程安排等。邮轮公司对船舶的安全管理是至关重要的。它们需要制定和执行安全政策和措施，确保船舶符合国际安全标准，并与海上救援机构合作，以应对紧急情况。邮轮公司需要进行航线设计和行程安排，以提供吸引人的旅游体验。这包括选择适合的邮轮旅游目的地和路线、科学安排停靠时间等。综上所述，邮轮船舶运营管理产业链涵盖了船队管理、船舶维护保养、船员培训和管理、供应链管理和客户关系管理等多个环节。这些环节相互关联，共同确保邮轮运营的高效运营。

拓展阅读7.3
爱琴海地区邮轮业发展

【本章小结】

本章主要介绍了邮轮旅游目的地产业链管理。首先，通过介绍产业链的概念、理论和构成，解释了邮轮产业链的概念、类型和特征，为后续内容的理解奠定了基础。其次，针对邮轮目的地产业链的特点，详细阐述了其各个环节的运作机制，包括目的地的特点、环节的构成和运行机制等。最后，在邮轮产业链管理方面，分别探讨了邮轮船舶制造产业链、邮轮船舶运营管理产业链以及邮轮产品销售与市场推广产业链。

本章内容可以帮助读者深入了解邮轮旅游目的地产业链的管理过程和关键环节，包括产业链的构成、特点以及运行机制。此外，还提供了关于邮轮船舶产业链管理的理论知识和实践经验，以及在销售和市场推广方面的相关内容。通过学习本章内容，读者可以更好地理解邮轮旅游目的地产业链管理的相关理论，为邮轮旅游目的地的发展与管理提供理论指导和操作建议。

【典型案例分析】　　　国产大邮轮的国产化率有多高？

国产大邮轮的国产化率一直是人们关心的话题。对此，国产首艘大型邮轮总设计师回应，"较难统计出准确数字，因为邮轮供应链分级，船厂只和110多家总包供应商合作，不掌握分包供应链体系的具体情况"。根据目前初步统计，有30%的合同金额是以人民币结算并给到中国公司，所以30%是可供参考的国产化率。

国内此前没有邮轮产业链，国内供应商不一定能满足邮轮的设计要求，而欧洲已有完整的系统集成和工程组织能力，有自己的一二级供应商体系，掌握了邮轮供应链的适用标准体系，国内供应商一时难以切入。即使国产供应商能力达标，价格也不一定比进口的便宜，因为原材料可能也是进口的，而且没有规模效应。但第一艘国产大邮轮只是起点，持续构建全产业链的能力，是船厂作为产业链主要企业的责任所在。

邮轮是全球最复杂的单体机电产品——单是设计图纸，就有15万页、重2吨。可想而知，从设计到制造是多么浩瀚的工程。中国此前并没有制造大型邮轮的经验，面对未曾涉足的领域，中国选择了一条较为稳妥的路线：引进、消化、吸收再创新，即中船负责建造，同时引入大型邮轮建造龙头意大利芬坎蒂尼集团作为合作方，由其提供技术支持。从购买意方的图纸资料开始学习再到建造，本身就是一件非常难的事情。这是芬坎蒂尼花了40年时间逐步积累出来的成果，中方必然需要大量的时间去消化和吸收，先知其然，再知其所以然。图纸仅仅是一个结果，引进之后先要消化，消化之后才能谈吸收和再创新。因为工程复杂、行业发展路径比较长，目前我国第一艘船是引进和消化的阶段，下一艘船争取进行吸收和再创新。

爱达·魔都号整船零部件数量高达2 500万个，相当于复兴号高铁的13倍。将这么多个零件拼成一艘邮轮，本身就是一项高难度操作。"100以内的加减法很简单，但连续回答一万次，很难再保证100%的正确率。"上海外高桥造船有限公司邮轮办公室主任易国伟说："船上有2 800多个房间，每个房间有5个插座，如果要换掉这些插座，就有接近15 000个，里面涉及开孔、管件匹配等种种修改，工程量乘以3 000之后就无比复杂。"

面对巨量的工程，中国的工程师们研制了大型薄板自动焊接机器人、分总段翻身、吊运、舱室登船等邮轮专用工装，解决重大物资运输技术难题；根据建造阶段和安装顺序、物资类型和保养需求，优化邮轮物资托盘划分规则，并利用智能物料管理平台进行全公司仓储和物流协同管理；基于三维孪生场景融合物联网技术，实现大型邮轮智能化物流集配和数字化立体仓储等关键核心技术突破。

邮轮制造商的角色并不单纯是制造，更是资源整合方，除了把自己擅长的船舶动力系

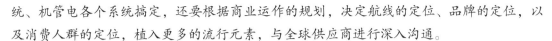

统、机管电各个系统搞定，还要根据商业运作的规划，决定航线的定位、品牌的定位，以及消费人群的定位，植入更多的流行元素，与全球供应商进行深入沟通。

未来，中国邮轮产业要向自主设计、自主建造、自主配套、自主运营的终极目标迈进。围绕邮轮供应链本土化，位于长江入海口的上海外高桥区域正在积极布局，加快建设邮轮特色产业园。根据规划，到 2025 年，这里将初步建成世界级邮轮制造总装基地、服务全国并辐射亚洲的亚太邮轮物供基地。国际上，邮轮产业的本土化率达到 80%，以欧洲三巨头为圆心，呈现明显的产业集群特征，意大利、法国、德国形成了多个邮轮产业基地。需要指出的是，100% 国产化从来不是目的。邮轮产业链漫长，与全球共享利益，有助于打造良好的外部发展环境。邮轮要在全球运营，停泊诸多国际港口，符合当地标准和国际通用标准也必不可少。从邮轮产业规律来说，这是一个生而全球化的产业，必须进行国际分工。

（资料来源：出行一客，王静仪、邓雨洁，36氪，10%、30%、50%，国产大邮轮的国产化率几何，总设计师独家回应，https://36kr.com/p/2578773084481156，本文由作者根据原文整理所得）

请根据该案例思考以下问题：

在追求全产业链自主化的过程中，中国如何平衡国际合作与自主发展的关系？中国提高国产化率以及面对成本和质量挑战时，如何优化供应链管理以确保邮轮制造的竞争力？中国如何构建自主核心技术体系、克服技术难题？

【复习思考题】

1. 邮轮产业链的构成及特征是什么？为何邮轮产业链的特征与其他产业链有所不同？

2. 邮轮目的地产业链的特点是什么？各个环节的具体构成和运行机制是怎样的？

3. 邮轮船舶制造产业链和邮轮船舶运营管理产业链各自的重要环节是什么？这些环节的管理对邮轮产业链发展的作用是什么？

4. 为何邮轮产品销售与市场推广产业链对于邮轮旅游目的地管理至关重要？该产业链的主要环节包括哪些内容？

5. 如何在邮轮旅游目的地产业链管理中实现协同作用和效益最大化？具体的管理策略和方法有哪些？

【在线测试题】扫描二维码，在线答题。

第八章　邮轮目的地营销管理

【本章学习目标】

掌握邮轮公司和目的地港口城市的营销策略，包括价格策略、品牌营销和联合营销等，提升市场竞争力。

学习如何利用新媒体、短视频等现代营销工具，提高邮轮旅游产品的知名度和吸引力。

理解邮轮中间商营销的重要性和策略，探讨如何通过有效的渠道管理和合作营销提升销售效率。

【导入案例】　　　　宇宙的尽头是直播，直播的尽头是低价？

当天津女孩斯羽第一次刷进抖音售卖邮轮旅游产品的直播间时，她惊讶地发现邮轮旅游的价格竟然可以如此"亲民"。直播间赫然醒目的标题带给她强烈的视觉冲击："2024 年 9 月 30 日天津港发船的爱达邮轮地中海号日本 6 天 5 晚行程 2 199 元／人。"她指尖稍微一划，下一个直播间里，2024 年春季上海母港始发的 16.8 万吨皇家加勒比海洋光谱号邮轮日本航线 2 905 元／人。女主播"热烈欢迎"每一个直播观众，并介绍邮轮旅游中"上了船吃喝玩一价全含，不收任何差价，后面再怎么涨价和你没关系。"彻底让斯羽动心了。

低价之所以能带动邮轮直播销售，其原因是疫情后的几年时间里，部分非高端消费者会更偏向低价和性价比更高的商品。高涨的失业率和低迷的股市、楼市让邮轮产品自觉放低身价，在消费情绪低位摇摆的 2023 年，降价正在成为商家们一种不约而同的"默契"。面对如何"抓住价格敏感型邮轮客户"这个问题，销售代理们在直播间给出的答案千篇一律，最终呈现在消费者手机屏幕上均是个让人一眼心动的价格。在低价造爆款的直播氛围中，旅行社们想让用户多停留几秒，要时刻"睁着眼睛"，死死盯着价格、销量，保证自家品牌不会落后。因此，邮轮代理商也看到了借助价格战来提高直播间订单量的可能性。

抖音平台成了邮轮旅游产品的直销主战场。目前抖音已牢牢占据用户的碎片化时间，其日活跃用户也已达到 7 亿人。从直播规律来看，抖音"内容＋交易"的流量模型更青睐那些"超便宜的小店"。抖音用户的低价心智已经初步养成，而商家要上线各类商品和相关功能，也自然要符合当前用户的低价消费习惯。在此背景下，提供高性价比产品的抖音生活服务不断涌现，旅行社、酒店、民宿纷纷加入，性价比极高的邮轮产品在直播间上线并不让人意外。

目前直播间低价邮轮旅游产品多为旅行社代理销售，均非邮轮公司直销。这些代理深谙抖音平台的传播规律，将抖音视为经营生意的第二阵地。他们利用低价策略吸引流量，列出不含额外费用的"裸船票"价格，以吸引更多消费者下单。以当下的日本邮轮产品为例，旅行社往往会在直播间列出不含燃油费、港务费的"裸船票"价格。上船吧创始人刘建斌披露："客人真正直播间下单后，代理、旅行社会让客人上船前每人再补一千多元的税费，客人不愿意补就让他们取消。"这种以"低价"为噱头的气氛，不可避免地传递给了刚刚复航的国内外邮轮公司们。

从邮轮旅游产品的销售模式看，邮轮旅游代理模式占据邮轮旅游销售的主导地位。邮轮旅游产品销售压力大，只靠邮轮公司无法完成全部销售目标，必须依靠旅行社代理。深耕中国市场多年的皇家加勒比游轮亚洲区主席刘淄楠曾透露，2019 年其直销产品比例已达到 20%～35%，这使得皇家加勒比对产品有了更多的控制。但即使如此，代理模式依然是国内邮轮产业的分销大户。中国出境游消费者平均提前 40 天开始计划行程，这对邮轮旅游产品销售带来了巨大的压力。邮轮公司必须采用宽渠道联合多个销售代理去完成销售目标。但在数字化浪潮之下，旅行社也面临着从传统面对面推销到网上直播销售的转变。

（资料来源：旅界，36氪，低价邮轮团杀入直播间，https://36kr.com/p/2377596987059207，本文由作者根据原文整理所得）

本案例中，抖音等社交媒体平台在邮轮产品营销中扮演了什么角色？邮轮产品通过抖音直播销售的案例，显示了什么样的消费者购买行为和趋势？这反映了消费者对于直播销售模式的接受程度和对低价产品的敏感度如何？针对邮轮产品在直播间的低价销售策略，这种策略的长期可行性如何？它对品牌形象和消费者信任有何影响？

随着旅游业的快速发展和人们对旅游的需求不断增加，邮轮旅游越来越受到人们的关注和喜爱，而邮轮公司的营销策略对于邮轮公司的市场份额和销售量的提高具有至关重要的作用，目前邮轮公司主要的营销策略包括价格策略、面对面营销、网络营销等。

邮轮公司应该根据目标用户的特点和行为习惯，选择合适的营销策略，提高邮轮公司的知名度和吸引力，从而提高销售量和市场份额。

一、价格策略

邮轮公司的价格策略是邮轮旅游市场竞争中的一个重要因素，邮轮公司制定合理的价格策略，有利于提高市场竞争力，增加收益，进而推动整个邮轮旅游市场的发展。目前，邮轮公司营销的价格策略根据不同标准有不同的类型。

1. 动态定价策略

动态定价策略是指根据市场需求和竞争情况，实时调整价格的策略。邮轮公司的动态定价策略是一种灵活且多变的市场策略，旨在根据市场需求、竞争环境以及舱位供应情况等因素，实时调整各类型舱位的价格，以实现收益最大化。邮轮公司需要收集大量关于市场需求、客户行为、竞争环境等方面的数据，并进行深入分析，以了解市场趋势和客户需求。基于历史数据和实时信息，邮轮公司需要预测未来一段时间内的舱位需求情况，为定价策略的制定提供依据。根据需求预测结果，邮轮公司需要确定各类舱位的基准价格，并设定价格调整的范围和时机。在销售周期内，邮轮公司需要根据实际销售情况和市场需求变化，实时调整舱位价格，以确保舱位供应与市场需求的平衡。

动态定价策略能够使邮轮公司更好地适应市场变化，提高舱位利用率和收益水平。通过灵活的价格策略，邮轮公司还可以吸引更多潜在客户，扩大市场份额。然而，实施动态定价策略需要邮轮公司具备强大的数据处理和分析能力，以及敏锐的市场洞察力。此外，邮轮公司还需要关注客户需求的变化和竞争对手的动态，以制定更为精准的定价策略。

2. 定位定价策略

定位定价策略是指根据产品或服务的定位来设定价格，旨在与目标市场的认知和预期相匹配。邮轮市场可以细分为高端豪华市场、中端舒适市场以及大众经济型市场等多个层次。邮轮公司的定位定价策略需要综合考虑市场定位、目标顾客群体、产品特色以及竞争态势等多个因素。通过制定合理的定价策略，邮轮公司可以更好地满足市场需求，提升品牌形象，实现盈利目标。

撇脂定价和渗透定价都是基于产品或服务在市场中的定位来制定价格的策略，从而达到营销和销售的目标。撇脂定价策略是根据消费者的购买力或意愿来设定不同价格选项，以实现最大化收益，这种策略更加关注目标市场的消费能力。渗透定价策略是以相对较低的价格进入市场，吸引顾客，赢得市场份额，并逐步提高价格，注重在市场中建立品牌知名度和市场份额。针对高端市场的邮轮公司，如提供顶级设施、五星级服务和奢华体验的邮轮，其定价往往较高，以体现其独特的价值和品质，如丽晶七海、水晶邮轮等。而针对大众市场的邮轮公司，可能更注重性价比，通过合理的定价策略吸引更多的消费者，如嘉年华邮轮等。

3. 促销定价策略

促销定价策略是指通过促销活动来吸引用户以达到销售目标的策略。邮轮公司通常会结合多种定价策略来灵活应对市场需求和竞争情况，以提高销售量和利润。邮轮公司可以通过优惠价格、打折、赠送礼品等方式吸引用户。目前，国内外的邮轮公司均采取了促销定价策略。如皇家加勒比邮轮公司采取了多种促销策略，针对不同的人群，推出不同的促销活动；诺唯真邮轮采用了定期的促销活动，通过降价或赠送礼品等方式吸引旅客前来预订。

（1）特定节假日优惠。特定季节优惠通常是指在特定时间段内，邮轮公司为了吸引更多游客而提供的优惠价格或特殊服务。这些季节性优惠通常会针对某些节假日或旅游淡季，如夏季旅游、春节、中秋节等。优惠种类包括降低票价、免费升舱、附赠服务、升级包等。例如，某些邮轮公司或旅行社可能会在夏季提供一些特别的折扣或优惠，比如通过邮轮订票平台预订特别限时的促销方案。

（2）团购优惠。团购优惠是一种集体购买的优惠活动，旨在吸引更多的人参加邮轮旅游。在团购活动中，参与者可以一起团体订舱，享受折扣价格和其他优惠。一般而言，邮轮公司或旅行社会在特定的时间段内发布团购优惠活动，比如节假日或旅游淡季，这些时间段通常是邮轮旅游需求较小的时候。有时候邮轮团购优惠还会包含附加服务，如优先登船、免费使用设施、赠送餐饮或消费券等。但需要注意的是团购活动的价格可能会随着团购人数的增加而变化：一般来说购买人数越多，所获得的优惠折扣也会越高。

4. 会员和忠诚度定价策略

会员和忠诚度定价策略是针对经常选择邮轮度假的客户制定的一种市场策略。这种策略旨在提高客户的忠诚度，增加他们对邮轮公司的消费，从而带来更稳定的收入。邮轮公司通常会设立会员计划，吸引客户成为会员。会员通常可以享受到更多的优惠和折扣，比如特定航线的优先预订权、免费升级舱位、专属会员活动等。邮轮公司会通过这些特权来吸引客户成为会员，并且通过不断提供更多的优惠和服务，激励会员保持对邮轮公司的忠诚度。

忠诚度定价策略通常包括为会员提供更低的价格或者更多的福利。邮轮公司会根据会员的消费频率和金额，以及他们在会员计划中的级别来定价。通常来说，会员在预订航线时会享有折扣，甚至有可能获得额外的奖励积分或免费服务。这些优惠和福利都旨在鼓励会员继续选择邮轮度假，并且增加他们的忠诚度。

5. 限时定价策略

限时定价策略是一种营销策略，是在特定的时间段内，为产品或服务设定特别的价格优惠或折扣，以促进销售和吸引顾客的消费行为。这种策略的核心是在有限的时间内，提供特别的价格优惠，以鼓励顾客尽快作出购买决定，营造一种购买紧迫感。通过这种方式，企业可以有效地刺激顾客的购买欲望，提高销售量，从而促进产品的推广和营销。限时定价策略包括早鸟优惠、最后一刻优惠、限时特价等。

（1）早鸟优惠。早鸟优惠是指顾客提前预订旅游产品并在规定的早鸟优惠期内付款，可以享受的一些折扣或其他福利。通常情况下，提前预订意味着乘客能够在更广泛的选择上获得更理想的价格和更好的舱位位置。邮轮公司也可能针对"早鸟"提供其他福利，如免费餐饮、房间升级或者其他特别活动。通过向提前预订的客户提供有吸引力的折扣和福利，邮轮公司旨在增加提前预订量、提前锁定收入，同时也能够更有效地预测航行需求。这个策略还有助于邮轮公司管理库存、高效分配舱位，并提前规划运营物流。

（2）最后一刻优惠。最后一刻优惠是指邮轮公司可能会在出发日期临近时推出的特别优惠，以填补未售出的舱位。与早鸟优惠相反，有些客人喜欢临时决定旅行或者寻找最后一刻的折扣。通过提供折扣或其他吸引人的优惠，可以吸引那些临时决定要出游或者正在寻找折扣的客户。此外，邮轮公司可能希望通过最后一刻的优惠来增加销售量，确保航行时的舱位利用率，提高销售收入，以规避潜在的损失。然而，这种策略也存在一些缺点，比如可能会影响商品的品牌价值，降低客人对商品的正常价格预期。此外，邮轮公司还需要权衡提供折扣的数量和幅度，以免降低商品的整体价值。

二、面对面营销

面对面营销是一种与潜在用户进行交流、互动、推销和销售产品或服务的营销方式。邮轮公司的面对面营销包括人员推销、口碑营销。面对面营销的优势在于可以直接与潜在用户建立联系，让用户更加了解产品或服务，提高销售效果和用户满意度。

1.人员推销

人员推销是指邮轮公司为了吸引用户，而派遣一些专业的销售人员，在邮轮公司的相关场合，向用户介绍邮轮的特点、服务和优势，从而增加用户对邮轮的认知度和购买决策的可能性。邮轮公司销售人员需要具备专业的知识和技能，能够根据用户的需求和偏好，提供个性化的建议和推荐，以达到最大化的销售效果。目前，邮轮公司人员推销主要采用活动推广以及专业咨询的方式。

（1）活动推广。销售人员可以通过各种活动来推广邮轮公司的产品和服务。例如，通过举办展览、组织体验活动、提供优惠券等方式，吸引用户的关注和参与。2018年，星梦邮轮最新15万吨豪华巨轮——"世界梦"号，以长沙为首发站，开启"万人同邮世界梦"主题巡回路演。该巡回路演活动于同年9月至11月陆续登陆武汉、成都、珠海、东莞、佛山等地。

（2）专业咨询。销售人员通过专业咨询服务，可为用户提供个性化的建议和推荐。例如，邮轮公司可以在相关网站、社交媒体、邮轮服务中心等提供在线咨询和预订服务，帮助用户了解公司的特点和优势，提供个性化的建议和推荐。

2.口碑营销

口碑营销是一种基于顾客口碑和社交网络的营销策略，通过与顾客之间的互动和分

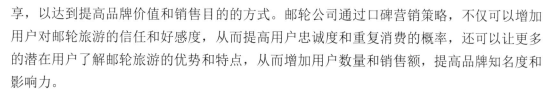

享，以达到提高品牌价值和销售目的的方式。邮轮公司通过口碑营销策略，不仅可以增加用户对邮轮旅游的信任和好感度，从而提高用户忠诚度和重复消费的概率，还可以让更多的潜在用户了解邮轮旅游的优势和特点，从而增加用户数量和销售额，提高品牌知名度和影响力。

邮轮公司可以通过鼓励消费者自发分享、提供优质的产品和服务、加强在线口碑管理、建立品牌形象等方式来提高品牌口碑。

（1）鼓励消费者自发分享。在社交媒体盛行的当下，用户通常先自行在不同平台上查看相关的品牌或者产品信息来帮助自己作出最优的决策。因此，从品牌角度来说，通过鼓励用户自行分享自己的真实产品体验，有利于潜在消费者对于品牌建立信任并提高消费者考虑新品牌的购买可能性。邮轮公司可以创建品牌标签来识别用户创建的内容，如果用户在品牌体验过程中能够获得某种回报，他们会更愿意和更有可能去参与。因此，品牌商可以考虑为消费者提供折扣或免费礼品来获得他们的推荐。邮轮公司应该注重营造品牌社区意识，在品牌独立站或社交媒体账号展示用户生成的内容。

（2）提供优质的产品和服务。邮轮公司可以通过优质的产品和服务来满足消费者的需求，获得良好的品牌口碑。邮轮公司可以从设施、餐饮、娱乐等方面提升产品质量，从员工培训、用户服务等方面提升服务质量，让消费者感受到邮轮公司的专业和用心。

（3）加强在线口碑管理。首先，邮轮公司需要发布有价值的内容，如旅游攻略、美食推荐等，吸引用户关注和参与，提高品牌知名度和好评率。其次，可以通过社交媒体监测工具，定期关注用户对公司的反馈和评价，及时了解用户的意见和建议，增加用户黏性，提高用户满意度。最后，应积极回应用户的负面评价，及时解决问题，提高服务质量，赢得用户信任和好评。

（4）建立品牌形象。邮轮公司应建立良好的品牌形象，让消费者对其产生认同感和信任感，通过品牌宣传、广告、赞助等方式来宣传品牌，增加品牌知名度和美誉度。

（5）提供优惠和礼品。邮轮公司还可以通过提供优惠和礼品来吸引用户。例如，邮轮公司可以提供折扣、免费升舱、免费旅游等优惠，让用户感受到邮轮公司的诚意和关怀，从而增强用户的忠诚度。

三、网络营销

随着数字化时代的到来，邮轮公司需要采取网络营销策略来提高品牌知名度和销售额。网络营销是使用数字传播渠道来推广产品和服务的实践活动。网络营销有短视频营销、直播营销、提供数字化服务等多种形式。

1. 短视频营销

短视频营销是指通过短视频的方式来展示邮轮的设施、服务、产品等信息。视频是一种更生动、直观的展示方式，通过视频，观众可以更好地体验邮轮的设施、服务、公司等信息。

（1）制作精美的视频。邮轮公司需要制作精美的视频，展示邮轮的设施、服务、公司等信息。视频需要有高质量的画面、音效和配乐，让观众感受到邮轮旅游的魅力。

（2）制定合适的营销策略。邮轮公司可以通过付费推广、合作推广等方式来让视频更多地被观众看到。

（3）制作多语言版本的视频。邮轮公司可以制作多语言版本的视频，让使用不同语言的观众都可以看到。这样可以更好地吸引国际游客来选择邮轮旅游。

例如，皇家加勒比邮轮公司制作了一个名为《走进海洋量子号》的短视频，展示了其旗下海洋量子号的设施、服务、公司等信息。视频通过高质量的画面、音效和配乐，展示了邮轮的豪华、时尚、舒适等特点。视频共有英语、中文、德语、意大利语、西班牙语等多个版本，吸引了来自不同国家和地区的观众。视频在各大社交媒体平台和视频网站上发布，获得了大量观众的关注和分享。

2. 直播营销

随着社交媒体的崛起和直播技术的发展，越来越多的企业开始将直播营销作为推广产品的新手段。通过直播营销策略，邮轮公司可以将邮轮旅游产品的优势和特色展示给更多的潜在用户，提高品牌知名度和销售额。而随着 AR/VR 技术的发展，直播的形式将走向多样化。未来除了即时消费之外，直播还应该成为与消费者持续沟通的渠道，在品牌增长、产品增值等方面进行更深入的融合。

邮轮公司可以根据不同的直播主题和目标受众，确定直播内容和时间，并邀请不同的嘉宾参与直播。同时，邮轮公司需要注重直播的互动与奖励，与观众进行互动，回答观众提出的问题，展示观众留言和点赞。此外，还可以设置奖励机制，如直播抽奖、优惠券赠送、红包等，以吸引观众参与。直播营销兴起的时间并不长，目前有两个基本的直播营销模式。

（1）明星代言直播。明星代言是传统广告中最常见的一种方式，代言人将自己的个性和标签赋予品牌，品牌可以借助明星的知名度以及粉丝的好感度建立影响力，有的时候还可以快速打开市场。邮轮公司在进行明星代言直播之前，需要选择适合自己品牌形象和产品定位的明星代言人。明星代言人应该具有高知名度、高人气、高影响力，能够吸引目标客户的关注和兴趣。此外，明星代言人还应该具有良好的形象和口碑，能够为邮轮公司带来正面的品牌效应。

（2）IP 打造式直播。随着旅游行业的发展和人们对旅游的需求不断增加，邮轮旅游成为了备受关注的旅游方式。为了吸引更多的消费者并提高品牌知名度，邮轮公司可以通过 IP 打造式直播来进行营销推广。邮轮公司在进行 IP 打造式直播时，需要选择适合自己品牌形象和产品定位的 IP 形象。IP 形象应该具有一定的特色，能够吸引目标客户的关注和兴趣。此外，IP 形象还应该具有良好的口碑，能够为邮轮公司带来正面的品牌效应。

拓展阅读8.1
邮轮直播

3. 提供数字化服务

邮轮公司通过提供数字化服务，可为游客带来更真实的体验，提升其旅游意愿。例如，邮轮公司可以提供邮轮航线数字化地图，为顾客提供更加直观、详细的航线信息和旅游景点介绍，让顾客了解邮轮产品的特色和亮点。通过提供多语言版本的数字化地图，方便不同地区和国家的顾客了解邮轮公司产品。同时，邮轮公司可以利用虚拟现实技术，为游客提供更加真实、逼真的邮轮体验，让顾客在未真正乘坐邮轮之前，就感受到邮轮的服务和设施，进一步提升游客的满意度。2022 年元宇宙概念持续火爆，各行各业都掀起了一股元宇宙热潮，全球知名的邮轮公司也相继发布各类专属虚拟产品，开启沉浸式文旅新体验。

邮轮公司还可以通过搜索引擎优化，提高邮轮公司在搜索引擎上的排名，增加潜在用户的访问量和预订量。此外，邮轮公司通过建立数字化平台，如官方网站、App、社交媒体平台等，提供邮轮公司的详细介绍、产品价格、预订等信息，让顾客更方便地了解和购买邮轮公司产品，同时可以通过社交媒体平台与顾客互动、回答顾客的问题和反馈，增强顾客的满意度和忠诚度，并让顾客成为品牌的传播者。

四、品牌营销

品牌营销是随着品牌管理和市场营销学的发展逐渐形成的一个重要分支，其理论基础和实践方法受到多位学者和市场营销专家的影响。通常而言，品牌营销是指企业通过设计、实施及管理全面的营销计划和活动，以塑造、传播和维护其品牌形象和价值，增强品牌在其目标市场中的市场定位、品牌感知及消费者忠诚度的过程。邮轮公司的品牌营销包括 IP 营销和影响者营销。

1. IP 营销

IP 营销是指品牌与知名 IP 进行合作，通过共同推广来提高品牌知名度、销量和用户忠诚度的一种营销策略。IP 营销的核心思想是将品牌与知名 IP 进行有机结合，共同推出具有品牌特色的产品或活动，以达到品牌宣传和推广的效果。IP 营销策略的意义在于，可以借助知名 IP 的影响力和品牌形象，快速提升品牌知名度和美誉度，增强品牌的竞争力和扩大市场占有率。IP 营销也能够吸引更多的目标用户，提高用户忠诚度和黏性，从而为品牌带来更为稳定的市场收益。

（1）名人代言。邮轮船只代言人是邮轮公司选出来的代表人物，一般都是公众人物、名人、业内专家。邮轮代言人会在邮轮首航仪式上为邮轮命名或祝福，并且代言人的评选和首航仪式可以吸引媒体和公众的关注，进而提高邮轮品牌的知名度和美誉度。邮轮公司可以与名人合作，以此来提高品牌知名度，吸引更多的用户。通过与名人合作，邮轮公司可以充分利用明星的影响力和粉丝群体，提高品牌知名度。例如，2023 年 11 月，首艘国产大型邮轮"爱达·魔都号"在上海举行盛大命名交付仪式。国家荣誉称号获得者、改革先锋、感动中国人物、敦煌研究院名誉院长樊锦诗担任首艘国产大型邮轮的启航大使。

邮轮代言人的选择通常会从三个方面来考虑：一是代表性。要选择一位知名人物为邮轮公司带来更多的曝光和关注度。比如，英国老牌邮轮公司——冠达邮轮旗下玛丽女王二号邮轮在 2004 年 1 月 8 日由英女皇伊丽莎白二世命名。二是相关性。选择一位与邮轮公司业务相关的代言人可以更好地体现品牌形象和价值观。比如，诺唯真邮轮公司曾选择挪威前总理格罗·哈蒙德为代言人，这与诺唯真邮轮公司一直倡导环保和可持续发展的理念相符。三是个人魅力。代言人的个人魅力也是选择的重要因素之一。他们需要具备亲和力、知名度等优势，吸引更多的媒体关注和旅客青睐。比如，"盛世公主号"邮轮在中国地区选择姚明夫妇作为代言人，因为他们不仅是中国篮球领域的杰出代表，也是身兼多重身份的"斜杠青年"。

（2）与影视作品合作。邮轮公司可以与电影或电视剧合作，通过电影或电视剧中的宣传效应来提高品牌知名度。还可以将电影或电视剧的主题元素融入邮轮的宣传中，如特别设计的房间或餐厅等。通过与电影合作，邮轮公司可以借助电影的广泛传播和影响力，快速提升品牌知名度和美誉度。P&O邮轮与《超级无敌掌门狗》和《小羊肖恩》的创造者阿德曼公司建立合作关系，邮轮上的孩子们将有机会参加主题舞蹈课程；维京邮轮与英国知名影视剧《唐顿庄园》合作发布该剧的续集，并同步为客人提供了多种方式探访体验剧中的标志性建筑物——海克利尔城堡。

（3）与游戏公司合作。邮轮公司可以与游戏公司合作，利用游戏的广泛受众和用户黏性，吸引更多的目标用户。例如，可以开发邮轮主题游戏，并与游戏公司进行合作推广，吸引更多的年轻人前来体验。此外，还可以在邮轮上设置特别的游戏区域，提供更多的游戏娱乐选择。

迪士尼的设计和研发部门成功复原了《星球大战》中的宇宙飞船千年隼号驾驶舱。这一复原不仅外观逼真，更在功能上模拟了真实的飞船驾驶体验。为了让小朋友更深入地体验太空航行的乐趣，迪士尼策划了专门的船上活动。这些活动结合了《星球大战》的元素，让小朋友们在游戏中学习太空知识，体验航行的刺激。邮轮上设置了"迪士尼无限"系列的体感游戏厅。这个游戏厅配备了Xbox Kinect和真人大小的屏幕，让游客能够全身心地投入到游戏中。此外，还提供Xbox One游戏的单间，满足不同游客的游戏需求。

2. 影响者营销

影响者营销是一种利用社交媒体上有影响力的人或机构来宣传和推广产品或服务的营销策略。这些影响者可以是网络视频博主、关键意见领袖（key opinion leader，KOL）等，他们在自己的领域内拥有大量的粉丝和关注者，能够对于他们所推荐的产品或服务产生很大的影响力。通过与这些影响者合作，企业可以将自己的品牌形象和产品特点传播给更多的潜在用户，提高品牌知名度和销售业绩。

影响者营销是一种非常有效的营销手段，通过与有影响力的人或机构合作，能够快速地将品牌和产品信息传递给更多的潜在用户，提高品牌知名度和销售业绩。在具体实践中，邮轮公司可以根据自己的需求和目标用户，选择合适的影响者进行合作，让他们通过文字、图片、视频等多种形式展示自己在邮轮上的旅游经历，从而进一步扩大品牌影响力和宣传效果。

拓展阅读8.2
薛兆丰等KOL
的维京欧洲内
河之旅

关键意见领袖营销是一种利用社交媒体上具有一定影响力和粉丝基础的意见领袖来推广产品或服务的营销策略。在当今社交媒体兴起的时代，KOL营销已成为许多行业推广的重要方式之一,其在邮轮旅游营销中的应用也逐渐受到关注。

五、联合营销

联合营销策略是指邮轮公司与其他企业或机构合作,通过共同推广、互相支持,吸引更多的目标用户和游客,从而提升知名度和市场竞争力的方式。

1. 实施策略

邮轮公司在进行联合营销时,需要选择适合自己的合作伙伴,同时可以选择多种合作方式,包括联合推广、产品组合、品牌合作等。具体的合作方式需要根据邮轮公司的实际情况和市场需求来进行选择。通常选择合适的合作伙伴需要考虑以下几个方面:

(1)合作伙伴的资源和优势。邮轮公司需要选择具有与自己品牌相符合的资源和优势的合作伙伴,以达到共同推广和互相支持的最大化效果。

(2)合作伙伴的信誉度和诚信度。邮轮公司需要选择具有良好信誉度和诚信度的合作伙伴,以确保合作顺利进行。

(3)合作伙伴的合作意愿和合作方案。邮轮公司需要选择具有良好合作意愿和合作方案的合作伙伴,以确保合作的顺利实施。

2. 优势

邮轮公司实施联合营销可以与合作伙伴互相分享资源和优势,提高品牌知名度和美誉度;共同承担营销成本,降低市场推广的成本;利用各自的影响力和用户资源,快速扩大品牌影响力和用户群体。

拓展阅读8.3
电影《动物世
界》在诺唯真
喜悦号召开主
题发布会

以中船嘉年华邮轮有限公司旗下的中国邮轮自主品牌爱达邮轮(Adora Cruises)为例,其运营之初宣布与知名喜剧品牌"开心麻花"达成合作,这一跨界携手标志着双方在营销创新上的重要突破。这一创举为中国游客带来了前所未有的海上娱乐体验,打造了中国首个海上喜剧专场的独特品牌标签。对爱达邮轮而言,这不仅能够丰富其邮轮上的娱乐内容,提升乘客的游玩体验,还能够借助"开心麻花"的影响力,吸引更多喜剧爱好者和家庭游客,进一步拓宽其市场覆盖面。而对"开心麻花"来说,与爱达邮轮的合作,不仅为它的喜剧表演开拓了一个新的演出平台,还使其品牌得以在旅游领域延伸,接触到更广泛的受众群体,能够进一步提升其品牌知名度和影响力,实现跨领域的品牌增值。

六、公关营销

公关营销是以公关工具为主要方式的营销,目前邮轮公司采用的公关营销策略包括事件营销、社会责任营销和情感营销。

1. 事件营销

事件营销是一种通过组织或参与特定的活动或事件来吸引目标用户、促进销售和提高品牌形象的市场营销手段。事件营销的原理在于,通过参与或组织特定的活动或事件,目标用户可以产生情感共鸣,从而提高品牌的认知度和美誉度。

目前，邮轮公司采用的事件营销包括活动营销、赛事营销以及慈善营销。

（1）活动营销。邮轮品牌营销中的事件营销最常见的就是活动营销。邮轮公司可以组织各种活动，与相关综艺节目合作，吸引目标消费者的注意。星梦邮轮曾与风靡全球的选秀节目《中国达人秀》合作，将梦想舞台伸延至海上，为宾客呈现了首个在海上举办的达人秀品牌系列节目《星梦传奇——中国达人秀》。

（2）赛事营销。赛事营销也是邮轮公司营销中的常用手段。邮轮公司通过赞助或组织各种赛事，如国际帆船比赛、海钓比赛等，吸引目标用户的参与。诺唯真邮轮公司赞助了2019年的亚洲国际帆船赛，通过赛事营销提高品牌知名度和形象。

2. 社会责任营销

邮轮作为旅游行业中的一种特殊形式，也在积极开展社会责任营销。社会责任营销是一种积极的营销手段，可以提高企业的社会责任形象，增强消费者对企业的信任和好感度。邮轮企业可以通过多种方式，如环保行动、社会公益活动、文化传承、紧急救援、优惠福利等，开展社会责任营销，为社会作出自己的贡献，提高企业的社会形象。社会责任营销包括以下几类：

（1）环保行动。邮轮作为一种特殊形式的旅游，其对环境的影响也比较大。因此，邮轮企业需要积极采取环保措施，减少对环境的不利影响。例如，诺唯真邮轮公司就推出了"零排放邮轮"计划，计划在2030年前，推出全新的绿色邮轮，实现零排放的目标。此举不仅可以保护环境，而且提高了企业的社会形象。

（2）社会公益行动。邮轮企业可以积极参与社会公益活动，为社会作出自己的贡献。例如，皇家加勒比国际邮轮公司就组织了"乘客协助"计划，鼓励乘客在邮轮旅行中参与社会公益活动，如义务救援、慈善捐款等。通过这些活动，不仅可以为社会作出贡献，也可以塑造企业的社会形象。

（3）文化传承。邮轮企业还可以积极传承和弘扬本土文化，为本土文化的传承和发展贡献自己的力量。例如，嘉年华邮轮公司就推出了"中国之旅"系列邮轮旅游产品，旨在让游客深入了解中国的文化、风土人情，为中国文化的传承和发展作出自己的贡献。

（4）紧急救援。邮轮作为一种特殊形式的旅游，其安全问题也备受关注。因此，邮轮企业需要积极采取措施，保障游客的安全。例如，诺唯真邮轮公司在2019年发生邮轮火灾事件后，主动采取措施，为游客提供紧急救援，赢得了消费者的信任和好评。

（5）优惠福利。邮轮企业还可以通过优惠福利的方式，回馈社会，塑造企业的社会形象。例如，嘉年华邮轮公司在2020年新冠疫情期间，推出了"医护人员免费邮轮游"活动。

3. 情感营销

情感营销，就是通过情感因素来进行营销，让消费者对产品或品牌产生情感认同、依恋和忠诚。情感营销的核心是情感因素，它可以是品牌的文化、价值观、品质、服务、形象等，也可以是消费者的情感需求、体验和记忆。

情感营销已经成为企业推广的重要手段，能够拉近与消费者的距离。邮轮公司可通过邮轮主题活动、品牌故事传播等手段进行情感营销。消费者对品牌产生较高忠诚度的一个必要条件是"消费者对品牌产生正向的、积极的态度与情感"。而情感营销正是采用了"攻心为上"的营销策略，通过与消费者进行情感交流，使消费者在心理上产生对品牌的认同，进而形成消费者对品牌的偏爱与忠诚。

（1）邮轮主题活动。主题活动是邮轮公司情感营销的重要手段。通过让用户体验邮轮主题活动，可提高用户对邮轮品牌的认知度和好感度，增强品牌的美誉度和忠诚度。迪士尼邮轮通过推出"迪士尼魔法之旅"主题邮轮，将迪士尼的魔法世界带到海上，打造了一个全家出游的理想场所。邮轮上设有迪士尼主题娱乐场所、电影院、卡通人物、魔法表演等，让游客在海上度过一个充满魔法和欢乐的假期。这种情感化的邮轮主题活动，不仅提高了用户对品牌的认知度和好感度，也增强了品牌的美誉度和忠诚度。

（2）邮轮品牌故事传播。品牌故事传播是指通过品牌故事来吸引消费者的情感共鸣和认同，从而增加消费者对产品的好感度和忠诚度。邮轮公司可以利用自身独有的历史、文化和传奇故事或者结合当下热点，打造出具有情感价值的品牌故事。

拓展阅读8.4
歌诗达邮轮公司广告视频

第二节 目的地港口城市营销

邮轮港口城市是连接邮轮公司与游客的关键节点，其功能不仅限于提供停泊、补给和维修等基本服务，更重要的是作为展示目的地魅力和吸引游客的前沿阵地。邮轮港口城市的设施完善程度、服务质量以及营销活动的创新性和吸引力，直接关系游客对目的地的第一印象和整体评价。邮轮港口城市通过精心策划的营销活动，能够有效提升目的地的知名度和美誉度，吸引更多国际邮轮选择停靠，进而带动当地旅游、餐饮、住宿等相关产业的发展。此外，邮轮港口城市还承担着推动区域旅游合作、构建邮轮旅游联盟的重要职责，通过整合资源、共享信息，共同打造具有竞争力的邮轮旅游目的地品牌。

一、节庆营销

邮轮岸上游节庆营销策略是指利用节庆活动，提高邮轮港口城市的知名度和吸引力，吸引更多的游客和邮轮公司前来停靠和旅游。邮轮港口城市可以通过相关主题节庆活动，如文化节庆活动、宗教节庆活动、体育节庆活动、音乐节庆活动等方式，提高港口城市的知名度和吸引力，吸引更多的游客和邮轮公司。

1. 邮轮岸上游节庆营销特点

邮轮岸上游节庆营销通常会在重要节日或特定时期推出，如春节、圣诞节、国庆节等，具有时机性强的特点；主题性鲜明，邮轮港口城市节庆营销通常会以当地的文化特色、历史背景、自然景观等为主题，打造独具特色的节庆活动和旅游服务；效果显著，节庆营销将会提供丰富多彩的节庆活动和优质的旅游服务，吸引更多的游客。

2. 营销设计思路

港口城市岸上游节庆营销的设计思路如表 8-1 所示，主要包括：确定节庆主题、定位目标受众、制定营销策略和计划、创意营销宣传、数据分析与反馈，邮轮港口可以根据自身情况设计相关的节庆活动。

表 8-1 节庆营销设计思路

确定节庆主题	根据港口城市的文化特色、历史背景、自然景观等
定位目标受众	根据游客人口学统计特征以及旅游需求
制订营销策略和计划	制定具体的节庆活动内容；与其他相关企业或机构合作，如当地旅游局、酒店、餐饮企业、文化机构等，共同开展节庆营销活动
创意营销宣传	覆盖多个渠道和媒介，包括传统渠道以及新媒体等新型渠道；创意营销宣传内容以及形式，如具有视觉冲击力的视频和图片
数据分析与反馈	反馈和总结经验教训，增强下一次活动的效果

3. 意义

（1）推动邮轮旅游市场发展。随着经济的发展和人们旅游消费水平的提高，邮轮旅游逐渐被认为是一种高品质、高享受的旅游方式。作为邮轮旅游的重要节点，邮轮港口城市的发展也广受关注。邮轮岸上游节庆营销可以通过多种形式的活动和宣传，向更多游客宣传邮轮旅游的特点和优势，增加游客对邮轮旅游的认知度和兴趣，从而推动邮轮旅游市场的发展。

（2）提高邮轮港口城市的知名度和品牌形象。岸上游节庆营销可以通过节庆活动和宣传推广，提高邮轮港口城市的知名度和品牌形象。例如，可以组织邮轮开港仪式、船舶巡游、音乐会等活动，吸引更多游客和媒体的关注，提高邮轮港口城市在市场中的知名度和影响力。

（3）促进当地经济发展。邮轮旅游是一种集旅游、餐饮、购物等多种消费形态于一体的全新经济模式，其带动当地经济的能力也越来越受到重视。邮轮岸上游节庆营销可以通过吸引更多邮轮游客的到来，带动当地旅游、餐饮、购物等相关行业的发展，促进当地经济的繁荣和发展。

拓展阅读8.5
邮轮嘉年华

二、事件营销

事件营销是港口城市通过策划、组织和利用具有新闻价值、社会影响的事件，吸引媒体、社会团体和消费者的兴趣与关注，以求提高港口城市的知名度、美誉度，吸引更多游客前来旅游，促进当地经济发展的手段和方式。邮轮港口城市主要通过举办论坛、会议、赛事等活动进行事件营销。

1. 营销策略

（1）举办论坛和会议。港口城市可以通过举办论坛和会议来进行营销，这些论坛或会议可以是关于旅游业、邮轮业的，也可以是关于当地文化、美食、历史等主题的。通过邀请专业人士、学者、业界精英等人士参与论坛或会议，并且邀请媒体进行报道，可以提高邮轮港口城市的知名度和影响力，吸引更多的游客前来旅游。每年4月底，迈阿密都会举行邮轮业的顶尖年度盛会——全球邮轮大会（Seatrade Cruise Global），讨论邮轮行业的最新趋势、市场动态和技术创新，展示最新的邮轮产品、服务和技术，提供与行业内的专业人士建立联系和交流的机会，促进业务合作和发展。

（2）举办邮轮赛事。港口城市可以通过举办赛事来进行营销，如体育竞赛、文化赛事等。通过赛事的举办，可以吸引更多的游客前来观赛、参赛，同时提高邮轮港口城市的知名度和影响力。2019年上海吴淞口国际邮轮港举办了第一届上海邮轮港国际帆船赛，吸引了来自全球各地的帆船爱好者和观赛者，为上海吴淞口港口带来了很大的关注。

2. 意义

（1）提高知名度和影响力。港口城市通过举办论坛和会议，可以让更多人了解和认识自己，提高自身知名度和影响力。此外，港口城市还可以通过在社交媒体上的宣传，吸引更多的粉丝，进一步提高知名度和影响力。

（2）提升港口城市的竞争力。在旅游业竞争日益激烈的今天，提高港口城市的竞争力已成为管理者必须面对的问题。通过事件营销，可以帮助港口城市提升竞争力和知名度。在这个过程中，港口城市还可以借助事件营销，与旅游产业链上的其他企业进行合作，共同推广港口城市的各种活动，提高港口城市的市场占有率。

三、合作营销

合作营销是指不同旅游对象之间的合作，通过共同整合双方的资源，开展市场营销活动，从而实现各方的互利共赢。目前港口城市的合作营销对象包括其他港口、邮轮公司以及旅行社。

1. 港口之间的合作营销

（1）合作形式。目的地港口之间的合作形式主要包括加入邮轮港口协会以及港口自主合作。亚洲邮轮港口协会（ACTA）是由新加坡邮轮港和上海吴淞口邮轮港共同发起的非营利性组织，谋求、探寻和推动亚洲地区国际邮轮港口间的合作和互动。目的在于促进邮轮港、港口运营商和船东之间的共同理解，将亚洲邮轮业期望的共同标准提升到国际水平的服务及运作。协会将代表所有会员并促进所有成员的共同利益，为实现亚洲邮轮业的共同期望提供极大帮助，向会员提供一个地区性的码头开发、运营和管理的合作平台，提高邮轮码头的设备和服务能级，增加国际知名度，促成有影响力的联盟，从而使充满吸引力的亚洲邮轮市场勃然兴起。

（2）合作内容如下：

①合作推广旅游线路。合作推广旅游线路是港口之间进行营销的一种常见方式。不同港口可以联合推广一条邮轮航线，共同推广旅游目的地，提高知名度和影响力，吸引更多的游客前来旅游。中国的三亚、海口、北海等地就联合推出了"南疆海游"邮轮旅游线

路。这条旅游线路覆盖了三亚、海口、北海等多个港口，游客可以在不同的港口上下船，游览海南岛和广西壮族自治区的风景名胜。这条旅游线路的推出，不仅提高了海南岛和广西壮族自治区的旅游知名度和影响力，也为游客提供了更多的旅游选择。

②合作举办旅游活动。合作举办旅游活动是港口之间进行营销的另一种方式。不同港口可以联合举办文化节、音乐节、美食节等活动，提高旅游目的地的知名度和影响力，吸引更多的游客前来参加。文化节是一种常见的旅游活动。不同港口可以联合举办文化节，共同展示本地区的文化、艺术和传统，吸引更多的游客前来旅游。

③合作推广旅游资源。合作推广旅游资源是港口之间进行营销的另一种方式。不同港口可以共同宣传旅游资源的特色和优势。例如，美国佛罗里达州的迈阿密港口和加勒比海的多个港口合作推广了加勒比海的海滩旅游资源。

2. 与邮轮公司的合作营销

邮轮港口城市与邮轮公司合作营销是一种互惠合作的营销方式，可以促进双方的业务拓展和市场份额的提升，提升品牌知名度和美誉度，同时也可以为游客提供更好的旅游体验和服务。因此，邮轮港口城市和邮轮公司应该加强合作，共同开发旅游项目，实现共赢。邮轮港口城市与邮轮公司的合作形式主要是签署合作协议，实现共同发展。

可以对邮轮港口城市和邮轮公司的资源进行整合。港口城市可以为邮轮公司提供丰富的旅游资源，包括景点、餐饮、住宿、购物等，同时还可以协助制定旅游路线和提供旅游服务，为邮轮客人带来更好的旅游体验。邮轮公司可以为港口城市带来客源。港口作为邮轮公司的销售渠道，为其提供销售渠道和营销支持。港口城市与邮轮公司共同合作，开发旅游产品，共同推广和营销，可实现双方的共赢。2019年12月，青岛国际邮轮有限公司与地中海邮轮船务（上海）有限公司举行战略合作签约仪式。通过此次合作，青岛携手地中海邮轮围绕航线进行布局，在青岛及周边地区市场的开发、市场培育及邮轮母港运营等方面开展深入合作，发挥各自优势，进一步推动青岛邮轮产业的发展。

3. 与旅行社的合作营销

邮轮港口城市与旅行社合作营销是指港口和旅行社在邮轮旅游领域进行合作，以共同推广邮轮旅游服务，提高市场竞争力，增加营收。通过合作营销，邮轮港口城市和旅行社可以共同提高品牌知名度和美誉度，吸引更多的游客前来旅游，提高旅游收入。

（1）合作形式。邮轮港口城市和旅行社的合作形式主要是旅行社提供渠道优势，由邮轮港口和旅行社推出更具竞争力的产品和服务，提升双方知名度。

（2）合作内容。邮轮港口城市和旅行社可以共享旅游信息，进行市场调研，了解游客需求和旅游趋势；共同推广品牌，提高品牌知名度和美誉度。邮轮港口城市可以在当地推广旅行社的品牌，而旅行社可以宣传邮轮港口城市的旅游资源和优势；联合推广旅游产品，如联合推出旅游套餐、旅游线路等，为游客提供更加优质的旅游体验，吸引更多的游客前来旅游；共同开展营销活动，包括打折、赠品、抽奖等多种促销手段。

（3）共同推出旅游线路。海南三亚与多家旅行社合作，共同推广邮轮旅游线路，如推出中国三亚—越南岘港五晚六日邮轮旅游线路、中国三亚—马来西亚槟城七晚八日邮轮旅游线路等。这些线路不仅覆盖了海南本地游客，还吸引了越南、马来西亚等国家和地区的游客参与。

（4）联合营销。迈阿密港是美国最繁忙的港口之一，每年有数百万名游客从这里出发进行邮轮旅游。为了提高客流量和营收，迈阿密与多家旅行社合作，推出了"迈阿密港·欢乐游"联合营销活动，旅行社可以为游客提供迈阿密港的邮轮服务，游客也可以通过旅行社购买迈阿密港的邮轮服务，获得更好的旅游体验。

邮轮港口城市合作营销是邮轮旅游行业中的一种重要推广方式。通过联合营销共同推广旅游产品，可吸引更多的游客前来旅游，拓展旅游市场；通过合作营销共同推广品牌，可提高品牌的知名度和美誉度，共同分担营销成本，降低营销成本。

第三节 邮轮中间商营销

邮轮中间商作为邮轮公司与游客之间的桥梁，通过其专业的市场洞察力和广泛的销售渠道，能够精准地将邮轮旅游产品和目的地信息传递给目标群体，有效扩大邮轮旅游的市场覆盖面。邮轮中间商还具备丰富的行业经验和资源，能够根据市场需求和游客偏好，为邮轮公司定制个性化的营销方案，包括优惠套餐、特色活动等，从而增强邮轮产品的吸引力和竞争力。同时，它们还能协助邮轮公司处理预订、咨询等烦琐事务，提升游客的购买体验和满意度。另外，邮轮中间商在收集游客反馈和市场动态方面发挥着重要作用。它们能够及时获取游客对邮轮产品和目的地的评价和建议，为邮轮公司和目的地提供宝贵的市场信息，帮助其不断改进产品和服务，提升整体竞争力。总之，邮轮中间商不仅是信息传递者和销售渠道的拓展者，更是营销方案的策划者和市场动态的监测者，为邮轮旅游产业的繁荣发展贡献着重要力量。

一、渠道营销

随着邮轮旅游的发展，邮轮中间商开始出现，目前中间商的渠道可以分为线上渠道和线下渠道两种。中间商应该根据目标用户的特点和行为习惯，选择合适的渠道进行营销，提高自身的知名度和吸引力，从而提高销售量和市场份额。

1. 线上渠道

随着互联网的发展和普及，线上渠道已经成为邮轮旅游中间商的主要销售渠道。线上渠道不仅具有成本低、覆盖面广等优势，还可以通过数据分析等手段更好地了解消费者需求。

（1）搜索引擎优化（search engine optimization，SEO），即通过优化网站内容和结构，使其在搜索引擎的搜索结果中排名更高，从而增加网站的流量和曝光度。邮轮旅游中间商可以通过搜索引擎优化，使其网站在搜索引擎排名更高，从而吸引更多的消费者。

（2）搜索引擎广告（search engine advertising，SEA），即通过投放广告，使其在搜索引擎的搜索结果中显示，从而吸引更多的消费者。邮轮旅游中间商可以通过投放搜索引擎广告，增加网站的曝光度和流量，从而提高销售业绩。

（3）社交媒体营销，即通过社交媒体平台向消费者推广和销售邮轮旅游产品。邮轮旅游中间商可以通过在社交媒体平台上发布邮轮攻略、游记、景点介绍等内容，吸引消费者的关注和兴趣，从而提高销售业绩。

（4）网站。随着互联网的普及和使用率的不断提高，网站成为线上营销渠道中不可或缺的一部分。邮轮中间商可以建立自己的官方网站，使消费者可以随时随地了解邮轮公司的信息，并向消费者展示产品、提供在线预订服务等，提高消费者的购买体验。

（5）电子邮件，邮轮中间商可以通过电子邮件向潜在用户发送邮轮公司的信息、促销活动等。通过电子邮件，直接与潜在用户进行沟通和互动，提高消费者的购买意愿和忠诚度。

2. 线下渠道

邮轮旅游中间商的营销渠道选择不仅仅局限于线上渠道，线下渠道也同样重要。

（1）旅游展会。邮轮旅游中间商可以通过参加旅游展会，向消费者展示邮轮旅游产品，吸引消费者的关注和兴趣，从而提高销售业绩。

（2）门店推广。邮轮旅游中间商可以通过门店进行线下推广，如携程旅行在其线下门店内设置了专门的邮轮旅游展示区，将邮轮旅游产品进行分类展示，为消费者提供了直观的购买体验。

二、价格营销

邮轮旅游中间商的价格营销是指中间商在销售邮轮旅游产品时所采用的价格策略，旨在吸引更多的消费者，提高销售量和利润。不同的价格策略有不同的优缺点，邮轮旅游中间商可以根据自己的实际情况和市场需求，选择合适的价格策略。

1. 折扣优惠策略

折扣优惠策略是邮轮旅游中间商最常用的价格策略之一，通过降低邮轮旅游产品的价格，可吸引更多的消费者购买。一般来说，折扣力度越大，吸引的消费者越多，但是也会降低利润率。邮轮旅游中间商可以根据市场需求和销售情况，灵活调整折扣力度。例如，旅行社通常会在淡季或者促销活动期间推出折扣优惠。

2. 套餐优惠策略

套餐优惠策略是指将不同的邮轮旅游产品进行组合，形成套餐来销售，并且给予一定的优惠。这种策略可以满足消费者的多样化需求，同时也可以提高销售量和利润率。例如，旅行社可以将邮轮旅游产品和其他旅游产品（如机票、酒店、景点门票等）进行套餐组合销售。

3. 促销优化策略

促销优化策略是指邮轮旅游中间商在特定的时间段内，通过降低价格、增加服务等方式促进销售的策略。促销优化策略可以吸引更多的消费者进行购买，提高销售量和知名度。例如，邮轮销售代理商可以在节假日或者特定的销售季节推出促销活动。

4. 差异化定价策略

差异化定价策略是指根据不同的消费者需求和购买能力制订不同的价格，以达到最大化利润的策略。例如，邮轮旅游中间商可以根据不同的消费者群体（如年龄、收入、性别等）制订不同的价格，以满足不同消费者的需求，提高销售量和利润率。

三、合作营销

邮轮旅游中间商的合作营销策略是指中间商与其他旅游服务提供商之间的合作，共同开展营销活动，以提高销售量和利润率。这种合作营销策略可以有效地利用各方资源，扩大市场影响力，提高品牌知名度，增加消费者满意度，从而实现共赢。

1. 与其他旅游服务商联合营销

邮轮旅游中间商可以与机票代理商、酒店服务商、景点门票代理商等旅游服务提供商合作，共同推广邮轮旅游产品。例如，中间商可以与机票代理商合作，推出"机加船"的旅游产品。此外，中间商还可以与酒店服务商合作，推出邮轮旅游套餐（包括邮轮旅游和酒店住宿）以增加销售额。

2. 与邮轮公司联合营销

邮轮旅游中间商可以和邮轮公司进行联合营销，包括联合推广、联合推出定制产品、打造线下体验店等。

（1）联合推广。这种合作营销形式是指邮轮旅游中间商与邮轮公司合作进行推广活动。邮轮旅游中间商可以通过各种渠道进行宣传推广，如线上广告、线下活动等。而邮轮公司可以提供一定的优惠政策，吸引游客进行购买。携程曾经与皇家加勒比国际邮轮公司联合推出了"秒杀"活动。该活动将皇家加勒比国际邮轮公司的产品价格降至极低，吸引了大量游客。此次活动主要由携程进行宣传推广，而皇家加勒比国际邮轮公司提供相应的优惠政策。通过这种合作营销方式，携程和皇家加勒比国际邮轮公司都获得了很好的效果。

（2）联合推出定制产品。这种合作营销形式是指邮轮旅游中间商与邮轮公司共同设计和推出一种定制化的产品。邮轮旅游中间商可以根据游客需求进行产品设计，而邮轮公司可以提供相应的资源和服务。这种合作方式可以更好地满足游客的需求，提高游客的满意度。例如，携程与世界知名邮轮公司 MSC 地中海邮轮公司合作，推出了一款定制化的邮轮产品"全球旅行家邮轮之旅"。该产品将邮轮旅游与旅游体验相结合，游客可以在邮轮上享受海上风光，同时还可以前往多个目的地进行旅游体验。此次合作营销中，携程和 MSC 地中海邮轮公司共同制定了产品定位和推广方案，并提供了专业的服务。通过这种合作营销方式，携程和 MSC 地中海邮轮公司都获得了很好的效果。

（3）打造线下体验店。邮轮旅游中间商和邮轮公司共同打造线下体验店，在提高邮轮旅游市场竞争力、增强消费者体验、提高用户满意度、扩大产品销售等方面发挥着重要作用。选择合适的地点是非常重要的。一般而言，线下体验店应该位于人流较为密集的商业区或旅游区域。并且，还需要考虑目标用户的需求和习惯，比如选择靠近旅游景点或者购物中心的位置等。线下体验店需要设计吸引人的展示方式，让用户直观地了解邮轮旅游的特色和优势。比如，可以使用大屏幕播放邮轮旅游的宣传片或者设置仿真的船舱和旅游景点。线下体验店需要提供全方位的服务，包括旅游咨询、线路规划、预订、售后服务等。此外，还需要提供一些特色服务，如邮轮主题游、船上娱乐等。线下体验店还可以通过建立用户关系，提高用户的满意度和忠诚度。比如，可以通过定期举办活动、提供礼品等方式来增强用户的归属感和参与感。

四、短视频营销

随着短视频平台的兴起，越来越多的企业开始将短视频作为一种新的营销手段，邮轮旅游中间商也不例外。短视频营销可以让消费者更加直观地了解邮轮旅游产品和服务，提高品牌知名度和消费者的忠诚度。

1. 制订短视频营销计划

邮轮旅游中间商需要制订一份详细的短视频营销计划，包括要制作的视频数量、视频主题和内容、发布时间和频率、投放平台等。计划制订的关键是要根据目标用户的需求和习惯，选择有针对性的营销策略。

2. 制作有吸引力的短视频

邮轮旅游中间商需要制作有吸引力的短视频。视频的内容可以包括邮轮旅游的特色和优势、船舱、餐饮、娱乐等方面的介绍，也可以包括旅游景点和行程的介绍。视频的制作要求画面清晰、音效合理、时长控制在 1 ～ 3 分钟。

3. 发布视频并加强宣传

邮轮旅游中间商需要在不同的短视频平台上发布视频并进行宣传。发布视频的平台可以是抖音、快手、微博等，也可以是自己的官网和社交媒体。发布视频的时间和频率需要根据目标用户的在线时间和习惯制订出合理的计划。

4. 利用社交媒体互动

邮轮旅游中间商可以利用社交媒体与消费者进行互动。可以在评论区回复消费者的问题和建议，通过抽奖等方式增加互动性，提高消费者的参与度和忠诚度。

五、新媒体营销

随着新媒体的兴起，越来越多的企业开始将新媒体作为一种新的营销手段。新媒体营销可以让消费者更加直观地了解邮轮旅游产品和服务，提高品牌知名度和消费者的忠诚度。

1. 社交媒体营销

随着社交媒体的普及，邮轮旅游中间商也开始将社交媒体营销作为重要的推广手段。社交媒体平台的用户基数庞大，借助社交媒体平台，可以轻松地与大量的潜在用户进行互动，提高品牌曝光度和知名度。

（1）社交媒体平台的选择。社交媒体平台的种类繁多，邮轮旅游中间商需要在众多平台中选择适合自己的推广平台。目前，主流的社交媒体平台有 Facebook、X（Twitter）、Instagram、微博、微信等。

Facebook 是全球最大的社交媒体平台之一，用户数量超过 20 亿人。Facebook 的广告投放形式多样，可以根据不同的产品和目标受众进行精准投放。邮轮旅游中间商可以在 Facebook 上发布邮轮旅游相关的内容，如船只信息、旅游攻略等。通过 Facebook 的广告投放，可以将邮轮旅游的信息推送给更多的目标用户。微信是中国国内最大的即时通信软件之一，用户数量超过 10 亿人。邮轮旅游中间商可以通过微信公众号发布邮轮旅游相关的内容，如旅游攻略、船只信息等。微信小程序也可以提供邮轮旅游的在线预订和支付等功能，增强用户黏性。

（2）社交媒体内容的策划。社交媒体平台上的内容是邮轮旅游中间商吸引目标用户的重要手段，因此社交媒体内容的策划至关重要。邮轮旅游中间商需要根据目标用户的需求和喜好，制作合适的社交媒体内容以吸引目标用户的关注。

（3）社交媒体互动的开展。社交媒体互动是社交媒体营销的关键，通过与目标用户的互动，可以增加用户的参与感和忠诚度，提高用户对邮轮旅游产品的满意度。邮轮旅游中间商可以通过社交媒体平台进行一些互动活动，如发布邮轮旅游产品的折扣信息、举办邮轮旅游的线上问答活动等，吸引更多的目标用户。

（4）社交媒体广告的投放。投放社交媒体广告是提高邮轮旅游产品知名度和销售额的重要手段。邮轮旅游中间商可以通过投放社交媒体平台广告，增加邮轮旅游产品的曝光率和点击率。邮轮旅游中间商可以根据目标用户的属性和兴趣爱好，选择合适的广告形式和投放位置，提高广告的精准度和效果。

2. 直播营销

直播营销具有互动性高、话题性强、传播范围广的特点，它可以增强用户黏性，提升品牌影响力。直播营销可以通过直观的形式，让用户更好地了解邮轮旅游产品和服务，增加用户的信任度和购买意愿。最后，还可以通过折扣、福利等优惠措施吸引用户，增加销售量。

（1）确定直播主题和形式。直播主题可以是邮轮旅游产品的介绍、旅游经验分享、海外景点推荐等，直播形式可以是单人直播、多人直播、互动直播等。可根据目标用户的不同需求和喜好，选择适合的直播主题和形式。

（2）选择合适的平台并计划直播内容。目前市场上比较流行的直播平台有抖音、快手、B 站等，应根据邮轮旅游中间商的定位和目标用户的特点，选择适合的直播平台。根据直播主题和形式，制订直播计划和内容。直播计划包括直播时间、直播频次、直播时长等，直播内容包括文字、图片、视频等。同时，可以邀请邮轮旅游专家参与直播，对产品和服务进行介绍并解答用户的问题，提高用户的信任度和购买意愿。

（3）提供优惠活动。为吸引用户关注和参与，邮轮旅游中间商可以提供一些优惠活动，如折扣、礼品、积分等，增强用户的购买意愿。

六、人员营销

邮轮中间商的人员营销主要以线下推荐会为主，是借助会议的形式进行产品销售推荐的一种活动。邮轮中介商通过邀请目标用户参加推荐会，从而向用户展示邮轮旅游产品的优势和特点，使用户更好地了解邮轮旅游，增强其消费信心和购买欲望。邮轮推介会是一种针对性强的营销手段，可以针对不同的目标用户进行定向推广，提高推广效果；同时，其传播效果好并且用户参与度高。通过现场演讲、宣传资料等多种形式，可使用户更加深入地了解邮轮旅游产品，建立良好的用户关系，提高用户忠诚度。

【本章小结】

目的地营销管理是旅游业中的一种战略管理方式，其目标是通过对旅游目的地的开发、推广和管理，吸引更多的旅游者前往该目的地旅游。邮轮目的地营销管理的核心是对邮轮进行营销，通过建立和维护邮轮形象，吸引更多的旅游者，提高邮轮利益相关者的收益，促进邮轮旅游的持续健康发展。

本章的内容涵盖了邮轮目的地营销管理的各个方面，从邮轮公司的营销策略、目的地港口的营销活动，到中间商的渠道策略和推销方法，提供了全面的视角和实践经验。通过学习本章内容，读者可以获得有关邮轮目的地营销管理的理论知识和实际操作技巧，为邮轮目的地的市场推广和销售活动提供指导和建议。

【典型案例分析】 中国邮轮业：从低谷走向复苏，展望未来的新机遇与挑战

2023年已然过半，邮轮业正迎来一个转折点。经过三年的"至暗时刻"，邮轮业终于逐步回归正轨。据中国交通运输协会邮轮游艇分会（简称"CCYB"）消息，2023年全球市场上将有19艘新邮轮入海启航，而中国市场迎来了MSC地中海邮轮和皇家加勒比邮轮的重磅回归。

在停航三年后，中国旅游者的消费习惯与心态已经发生了巨大转变。随着国内经济的持续发展和人民生活水平的提高，旅游消费已经成为人们日常生活的重要组成部分。特别是在年轻一代中，旅游观念的转变使得他们更加注重旅游的品质和体验感。因此，邮轮旅游作为一种新型的旅游方式逐渐受到年轻人的青睐。

2023年的全球邮轮游客数量已经超过2019年的数量，并在原基础上增长了7%。根据市场变化和消费者趋势，我们对中国邮轮业复苏非常乐观。在此情况下，邮轮公司也正在加紧布局新的发展策略，以适应市场的变化和消费者的需求。

邮轮旅游的消费人群呈现出显著的多元化趋势。为了满足不同消费者的需求，邮轮公司提供更具针对性的产品。例如，针对年轻游客的猎奇打卡和多代同行的家庭旅游需求，推出更加多元化的创新产品；针对退休族群的老友相聚和高端客群的私密奢享需求，提供

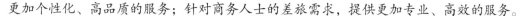

更加个性化、高品质的服务；针对商务人士的差旅需求，提供更加专业、高效的服务。

为了增强竞争力，邮轮公司也在努力创造更丰富的邮轮项目。例如，与乐高、施华洛世奇等品牌合作，打造独具特色的邮轮体验；作为 F1 的全球合作伙伴，MSC 地中海邮轮也计划在 2024 年 4 月于上海举办的 F1 中国大奖赛期间安排联动活动。这些举措旨在吸引更多不同类型的消费者，提高消费者的满意度和忠诚度。

尽管前景十分乐观，但邮轮旅游在中国仍处于相对初级的阶段，邮轮品牌方对消费者的市场教育仍需时间的积累与触达面的扩大。目前，依然有很多消费者对于长线邮轮处于观望状态。所以对于业界来说，还需要花更多力度在市场上进行宣传推广，让更多人了解邮轮旅游的优势和魅力。

在各方的努力之下，未来的中国邮轮业值得期待。随着政策的支持和市场的变化，中国邮轮业将迎来新的发展机遇和挑战。在消费升级的大背景下，邮轮公司需要不断创新和完善产品与服务以满足消费者日益多样化的需求。加强市场教育和宣传推广也是关键。通过扩大触达面，提高消费者认知度，可以进一步推动中国邮轮业的快速发展。

此外，邮轮公司还应注重与当地旅游资源深度融合，开发具有地域特色的航线。这样可以更好地满足本地游客的需求，同时促进当地经济发展。例如，可以开发具有历史文化特色的主题航线、结合当地风土人情和民俗文化的特色活动等。

在技术应用方面，邮轮业应积极拥抱数字化转型的趋势。通过引入智能化、"互联网＋"等先进技术手段提升服务质量和管理效率。例如：借助大数据分析实现精准营销、提供个性化服务；利用人工智能和物联网技术改善游客体验；借助区块链技术保障信息安全和数据共享等。

综上所述，中国邮轮业在经历了三年的低谷后正迎来新的发展机遇。在政策支持、市场变化和消费者需求等多重因素的推动下，中国邮轮业有望实现快速复苏和持续发展。各方的努力将共同推动中国邮轮业迈向新的高度，为消费者带来更多元化、更高品质的旅游体验。

（资料来源：JingDaily 商业观察，邮轮旅行重启，如何鼓励更多消费者"带着酒店去旅行"，https://baijiahao.baidu.com/s?id=1774931759744850147&wfr=spider&for=pc，本文由作者根据原文整理所得）

请根据该案例思考以下问题：

在邮轮目的地营销管理中，为什么多元化的产品和服务对于吸引消费者和提高竞争力非常重要？中国的邮轮旅游业处于相对初级的阶段，邮轮品牌在市场教育和消费者触达方面还需要做哪些工作？

【复习思考题】

1. 邮轮公司如何制定价格策略以在竞争激烈的市场中取得优势？请列举具体的价格策略并分析其适用性。

2. 面对面营销在邮轮公司中的作用是什么？如何有效地进行面对面营销活动以提高销售效果？

3. 网络营销在邮轮公司的营销中扮演着重要角色，这具体体现在哪些方面？如何利用网络营销手段扩大邮轮产品的曝光和销售？

4. 品牌营销对于邮轮公司的发展和市场影响力有何重要性？请列举一些成功的邮轮品牌营销案例并分析其成功因素。

5. 为什么联合营销对于邮轮目的地的推广和销售至关重要？请举例说明有效的联合营销策略和合作伙伴关系。

【在线测试题】扫描二维码，在线答题。

第九章　邮轮旅游对目的地的影响与可持续管理

【本章学习目标】

理解邮轮旅游对目的地的影响原因与机制；详细了解邮轮旅游对目的地的经济、社会文化以及生态环境的具体影响；探讨邮轮目的地可持续实践的策略，包括环境保护、社会责任和经济贡献。

了解政策法规在邮轮目的地可持续管理中的作用和意义，明确利益相关者在邮轮目的地可持续管理中的角色和重要性。

【导入案例】　　邮轮公司因污染海洋而遭受巨额罚款

2019年，一桩涉及全球最大度假邮轮公司嘉年华邮轮（Carnival Cruise Lines）的海洋污染案件引发了广泛关注。经过与美国联邦检察官达成协议，嘉年华邮轮公司同意支付高达2 000万美元的罚款，以了结其因污染海洋环境而面临的刑事指控。这一历史性的裁决不仅表明了海洋环境保护的重要性，也强调了企业对于遵守环保法规的责任。

在法庭上，嘉年华邮轮公司的首席执行官阿诺德·唐纳德（Arnold Donald）承认了公司的罪行，并表示将采取积极措施解决这些问题。他指出，"公司承认存在缺点，并承诺将制订计划来解决这些问题"。嘉年华邮轮公司的董事长米奇·阿里森（Micky Arison）也出席了庭审。法庭上还展示了嘉年华邮轮旗下船只非法排放废物的视频证据，这些行为对海洋生态系统造成了严重破坏。

根据协议，嘉年华邮轮除了支付罚款外，还同意对其船只的污水处理系统进行升级改造，并加强对船员的环保培训。此外，该公司还同意接受第三方审计，以确保其遵守相关环保法规和协议。法官在庭审中指出，如果企业继续违反环保法规，将对整个生态系统造成不可逆转的损害。法官强调了保护海洋环境的重要性，并表示罚款是对嘉年华邮轮公司违规行为的惩罚，同时也是一种警示，提醒其他企业必须重视环保责任。

嘉年华旗下的公主邮轮（Princess Cruise Lines）曾因非法排放含油废物被判处 4 000 万美元的罚款。在此之后，该公司被列入观察名单，其间必须遵守一系列环保规定。然而，嘉年华邮轮在观察期内继续犯下环境罪行，包括将废水倾倒在禁止区域以及故意将塑料垃圾扔在巴哈马群岛等地。这些行为对当地海洋生物造成了严重威胁。除了伪造合规文件和行政违规行为外，嘉年华邮轮还承认其船只犯下了破坏环境的罪行。这些行为严重违反了环保法规，并对全球海洋生态系统造成了不可估量的损害。

这一案例再次提醒我们，保护海洋环境是每个人的责任。企业必须认真对待环保问题，严格遵守相关法规，采取切实有效的措施来减少对海洋生态系统的负面影响。政府和监管机构也应该加大对企业的监督和执法力度，确保企业在追求经济效益时也承担起对环境的责任。在全球范围内，越来越多的企业开始意识到环保的重要性，并采取积极措施来减少对环境的负面影响。这些努力不仅有助于保护生态系统，也能够为企业带来长远的利益。通过加强环保意识和社会责任，企业能够赢得消费者的信任和支持，并在竞争激烈的市场中脱颖而出。

（资料来源：国际船舶网，罚款 4 000 万美元！公主邮轮非法排放遭重判，https://www.sohu.com/a/135726761_155167；红星新闻，全球最大度假邮轮公司因污染海洋被罚 2 000 万美元，https://baijiahao.baidu.com/s?id=1635401603882793480&wfr=spider&for=pc，本文由作者根据原文整理所得）

本案例中，嘉年华邮轮公司污染海洋会对目的地生态环境造成哪些不良影响？如何通过可持续管理实践来减少这种影响？查找邮轮相关处罚案例，探究政策法规在管理邮轮方面的作用和意义。

第一节　邮轮旅游对目的地的影响

邮轮目的地在气候变化和邮轮旅游增长的双重压力下，面临着一系列的可持续发展挑战。一方面，气候变化导致的海平面上升、极端天气和温度变化可能破坏这些目的地的自然和文化旅游资源。例如，温度的升高和极端天气可能导致海洋酸化和珊瑚礁死亡，降低海洋生物多样性，从而影响邮轮目的地的吸引力和旅游价值。由于全球气候变化，一些生态环境本已脆弱的目的地可能会经历更为频繁和严重的自然灾害，如飓风和台风等，这不仅会对当地社区造成破坏，还可能中断或限制邮轮活动。

另一方面，邮轮旅游的增长带来了更多的环境压力和社会经济挑战。不断增加的游客

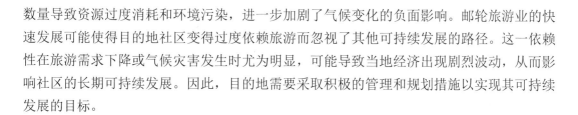

数量导致资源过度消耗和环境污染，进一步加剧了气候变化的负面影响。邮轮旅游业的快速发展可能使得目的地社区变得过度依赖旅游而忽视了其他可持续发展的路径。这一依赖性在旅游需求下降或气候灾害发生时尤为明显，可能导致当地经济出现剧烈波动，从而影响社区的长期可持续发展。因此，目的地需要采取积极的管理和规划措施以实现其可持续发展的目标。

一、邮轮旅游对目的地产生影响的因素分析

邮轮旅游对停靠港目的地产生的影响是多方面的，主要来源于四个关键因素：大量游客的涌入、邮轮的运营活动、基础设施的建设和使用，以及游客与当地社区的交互。

首先，大量游客的涌入。一艘邮轮的停靠可能在很短的时间内带来数千名游客进入目的地，这种大规模的人流会对目的地产生显著的压力。从社会文化方面来看，大量游客的涌入可能会稀释当地文化，甚至引发文化冲突，尤其是当游客和当地居民的文化观念或行为习惯存在差异时。从经济角度看，游客的到来会增加对当地商品和服务的需求，这会推动物价上涨，但也可能带动当地商业活动和收入的增加。此外，大量游客的涌入可能对自然景点和文化遗址产生压力，导致环境退化或文化资源的损失。

其次，邮轮的运营活动。邮轮的运营活动会对环境产生直接影响，比如，邮轮的燃油消耗、污水和废物处理都可能对目的地的环境造成压力。邮轮的污染物排放可能导致海洋和空气污染，而废物处理可能对海洋生态造成威胁，尤其是在环境监管较松的地方。

再次，基础设施的建设和使用。为满足邮轮旅游的需求，目的地可能需要建设或扩建一些基础设施，如港口、交通网络、旅游景点等。这样的建设活动可以创造就业机会，推动当地经济发展。然而，这也可能对自然环境带来影响，如砍伐树木、开发土地等。

最后，游客与当地社区的交互。当地居民可能从与游客的文化交流中受益，但也可能会感觉自己的文化被侵犯或误解。游客的消费可能会为当地商家带来收入，但如果过度依赖邮轮旅游，当地经济可能会变得更加脆弱。

综上所述，邮轮旅游对停靠港的影响涉及经济、社会文化和环境多个维度。可能既有积极方面的影响也有消极方面的影响，因此对邮轮旅游的管理和规划需要十分慎重，以确保在满足游客需求的同时尽可能降低对目的地的不利影响，实现可持续发展。

二、邮轮旅游对目的地的经济影响

邮轮旅游对停靠港目的地的经济影响是多维度的，既有正面影响，也有负面影响。

1. 正面经济影响

（1）消费支出增长。邮轮游客在停靠港目的地停留期间会产生各种消费，如购物、餐饮、娱乐等，从而刺激当地经济的发展。根据统计，2019年加勒比海地区的邮轮游客每天的平均支出为103.83美元。

（2）增加就业机会。邮轮旅游的发展会增加与旅游相关的就业岗位，如酒店、餐饮、零售等服务行业，为当地提供更多就业机会。例如，在巴哈马，邮轮旅游为当地提供了数

千个就业岗位。

（3）基础设施投资。为了适应邮轮旅游的发展，港口城市需要不断完善基础设施，如扩建港口、改善交通等，从而促进当地基础设施的升级和完善。在过去的十年中，科斯塔默斯港口在其设施上投资了超过2亿美元，以容纳更大的邮轮。

（4）税收增加。邮轮旅游的发展会增加当地的商业活动和消费，从而带来更多的税收收入，为当地政府的财政收入作出贡献。例如，2020年美国佛罗里达州的邮轮产业为当地带来了约5亿美元的税收。

（5）经济刺激与多样化。邮轮旅游为当地经济带来了明显的刺激，尤其是在那些高度依赖旅游的地区。邮轮旅游为当地带来了多样化的经济来源，降低了对某一产业的依赖。

（6）收入增加。商家和服务提供者从邮轮游客中获得额外的收入。例如，巴厘岛当地手工艺人和小贩通过销售手工艺品、食品和服务，每年增加的平均收入可达30%。

2. 负面经济影响

（1）经济不稳定。过度依赖邮轮旅游可能导致当地经济容易受到外部因素的影响。例如，在2020年的新冠疫情期间，众多邮轮取消行程，导致许多依赖邮轮旅游的港口城市遭受巨大的经济损失。

拓展阅读9.1
疫情对韩国
邮轮旅游业
的影响

（2）物价上涨。大量邮轮游客的到来可能会暂时推高当地的物价，对当地居民的生活造成压力。例如，2018年荷兰半岛的物价在邮轮旅游旺季期间上涨了15%。

（3）资源竞争。邮轮游客和当地居民在某些资源上可能存在竞争，如水资源、公共设施等，从而引发一些社会问题。虽然邮轮的供应链跨越全球，但也会在停靠时使用当地的资源和服务。邮轮带来的大量旅游者加剧了这些地方的资源压力。

拓展阅读9.2
邮轮旅游带
来的淡水资
源紧张

（4）过度商业化。为了满足邮轮游客的需求，某些地方可能会过度开发旅游资源，导致当地原有的特色和魅力丧失，甚至可能出现文化同化的现象。例如，威尼斯因邮轮游客过多，导致城市面临过度旅游的问题，失去了原有的宁静和特色。

（5）经济漏损。邮轮游客在目的地下船的时间通常较短，所以他们在当地的消费也较为有限。他们或许只是在岸上购物、进行短途游览或餐饮消费，而往往会在邮轮上进行大量的消费。邮轮上的商品和服务大多由外部供应商提供，而不是当地生产。例如，食品、饮料、纪念品、维修服务等可能都是从国外直接进口，而不是通过目的地国家的供应链。大多数邮轮公司是国际性质的，通常注册在税收友好国家（如巴哈马、马耳他、巴拿马等）。因此，游客在邮轮上消费的绝大部分资金都流回到这些邮轮公司的总部所在地。

综上所述，邮轮旅游对停靠港目的地的经济影响是多方面的。为了充分发挥邮轮旅游的积极作用，同时减轻其可能带来的负面影响，政府和相关部门应该制定科学合理的发展策略，加强与邮轮公司的合作与沟通，共同推动邮轮旅游产业的健康发展。

三、邮轮旅游对目的地社会文化的影响

邮轮旅游作为一种特殊的旅游形式，对停靠港目的地社会文化的影响也是多方面的。

1. 正面文化影响

（1）文化交流和理解增强。邮轮旅游为游客和当地社区提供了一个互动的平台，促进了文化交流和理解。对于较为偏远或较少人了解的目的地来说，邮轮旅游带来的文化交流尤为珍贵。例如，在新西兰的毛利文化体验之旅中，游客们通过观看传统的毛利舞蹈、参加木雕课程、品尝毛利传统食物等方式，深入了解毛利文化，从而增强了文化交流和理解。

（2）传统技艺的保护和传承。邮轮旅游的发展为一些地方的传统技艺和文化提供了保护和传承的机会。通过向邮轮游客展示和销售传统技艺和手工艺品，当地社区得以保护和传承自己的传统文化。例如，在南太平洋的瓦努阿图，一些当地社区通过向邮轮游客展示和销售他们的传统技艺和手工艺品，如编织、木雕、陶器等，成功地保护并传承了他们的传统文化。

（3）社区参与感的增强。邮轮旅游通过丰富多彩的活动和项目，增强了当地社区的凝聚力和参与感。当地社区积极参与文化活动，如音乐表演、舞蹈等，以此迎接邮轮旅游，并在与游客的交流中增强了社区的凝聚力。例如，在墨西哥的科苏梅尔岛，当地社区积极参与文化活动，与游客进行交流，从而增强了社区的凝聚力。

（4）文化宣传与推广。邮轮旅游可以帮助推广并宣传当地的文化和传统，尤其是在一些偏远或较不被人知的地区。通过邮轮旅游，游客可以了解并体验当地的文化特色和传统习俗，从而增加对目的地的认知和了解。这有助于提升目的地的知名度和吸引力，吸引更多的游客前来参观和体验。

（5）社区活力的提高。旅游业的发展，包括邮轮旅游，可以提升当地社区的活力，为当地带来更多的文化和娱乐活动。邮轮旅游带来的大量游客和经济活动，可以为当地社区创造更多的就业机会和商业机会。为了吸引游客，当地社区也会举办各种文化和娱乐活动，如音乐节、民俗表演等，从而增加了社区的活力和吸引力。

（6）文化多样性。来自不同地方的旅游者可以使目的地社区接触到不同的文化和观念，增加文化多样性。邮轮旅游带来的游客来自世界各地，他们拥有不同的文化背景和观念。通过与游客的交流和互动，当地社区可以接触到不同的文化和观念，从而增加了文化的多样性和包容性。

2. 负面文化影响

（1）文化冲突与摩擦。由于游客与当地社区的文化差异，有时会导致文化冲突和摩擦。游客的行为举止可能会与当地传统文化产生冲突，引发当地居民的不满和反感。例如，在大洋洲的一些岛屿，游客的举止和行为（如穿着暴露、高声喧哗等）有时会与当地的传统文化形成冲突，引发文化摩擦。

（2）过度商业化和失真。为了吸引游客，一些地方可能会对传统文化进行过度的商业

化包装。过度商业化可能导致传统文化的失真和变质，失去其原有的内涵和价值。例如，在印度尼西亚的巴厘岛，一些传统舞蹈和仪式被改编为适合旅游观赏的形式，这也引发了人们对文化失真的担忧。

（3）影响社区生活质量。大量游客的涌入可能会扰乱当地社区的生活节奏，影响居民的生活质量。游客的大量涌入可能导致当地社区变得拥挤不堪，居民不得不改变原有的生活方式和日程安排。例如，在威尼斯，大批的邮轮游客使得一些地区过于拥挤，当地居民不得不改变原有的生活方式和日程安排。

（4）邮轮游客消费水平和持续性问题。一些研究指出，邮轮游客相对于其他类型的游客在目的地停留的时间较短，而且他们往往会在邮轮上进行大量的消费，这就可能导致他们在目的地的实际消费水平较低。

（5）过度旅游。"过度旅游"（overtourism）是指因旅游目的地的游客数量过多，超出了当地环境、基础设施和社会文化的承载能力，从而导致一系列负面影响的现象。过度旅游已成为全球旅游业面临的一个重要挑战，其影响包括但不限于当地自然环境的破坏、历史遗迹的磨损、居民生活质量的下降、基础设施的超负荷运行以及游客体验质量的降低等。例如，欧洲的阿姆斯特丹、巴塞罗那、威尼斯等城市，由于游客的大量涌入导致当地物价上涨、交通拥堵，当地居民生活成本上升等。

四、邮轮旅游对目的地生态环境的影响

1. 邮轮旅游对环境的影响及环保措施

邮轮作为一种大型的移动式旅游设施，需要消耗大量的能源。邮轮的能源消耗主要包括燃料消耗和电力消耗。燃料消耗主要用于推进邮轮航行和维持船上设施运转，而电力消耗主要用于船上照明、空调、娱乐等设施。邮轮的能源消耗对环境的影响主要表现在温室气体排放和空气污染方面。邮轮使用的燃料主要是柴油，这些燃料的燃烧会产生大量的二氧化碳、氮氧化物和硫氧化物等温室气体和空气污染物。此外，邮轮在航行过程中还会产生噪声污染。邮轮的发动机和螺旋桨等设备的运转会产生高强度的噪声，对海洋生态和当地居民造成影响。

邮轮在运营过程中还需要消耗大量的水资源、食物、燃料、电力等资源。这些资源的消耗不仅会对当地资源供应造成压力，也会对环境产生影响。首先，邮轮需要消耗大量的淡水资源。邮轮上的游客和船员每天都需要大量的淡水用于洗漱、饮食等方面。这些淡水需要通过海水淡化或陆地供水等方式获得，这会对当地水资源供应造成压力。其次，邮轮在运营过程中还需要消耗大量的食物。邮轮上的餐厅、自助餐厅等设施需要提供大量的食物供游客和船员食用。这些食物的采购、加工和废弃等环节都会对环境产生影响。最后，邮轮在运营过程中还需要消耗大量的燃料和电力。这些资源的消耗不仅会产生温室气体和空气污染物，还会对当地能源供应造成压力。

邮轮业已经制定了"2050年碳中和"的目标，为了实现这个目标，邮轮公司正在采取一系列的环保措施。这些措施包括投资研发和使用清洁燃料，如液化天然气和电力，以

减少废气排放和温室气体。邮轮公司还采用了先进的废水处理系统和垃圾分类回收措施，以确保排放的废水符合国际环保标准，并减少垃圾的产生和排放。邮轮公司还采取了多种节能措施，如使用 LED 灯具、节能空调和智能能源管理系统等，以降低能源消耗和减少温室气体排放。为了实现碳中和目标，邮轮公司还积极研发和应用碳捕获和储存技术。邮轮公司也在旅游活动中加入了海洋生态保护的内容，以提高游客的环保意识和参与度。总之，邮轮公司正在为实现 2050 年邮轮业碳中和目标而努力，采取多种措施来减少对环境的影响，保护海洋生态，实现可持续发展。

2. 邮轮旅游对停靠港目的地生态环境的影响

邮轮旅游在为游客提供独特体验时也对各个停靠港目的地的生态环境产生了深远的影响。

（1）正面生态环境的影响如下：

①促进生态旅游发展。邮轮公司在一些地方与当地政府或私人企业合作，发展生态旅游项目。这些项目不仅能够为游客提供独特的体验，还有助于当地自然资源和生态的保护。例如，在加勒比地区，一些邮轮公司与当地合作开发珊瑚礁潜水项目。这些项目不仅让游客有机会近距离接触珊瑚礁，同时也资助了珊瑚礁的保护计划。据统计，仅 2019 年，该项目就为当地的珊瑚礁保护筹集了超过 50 万美元的资金。

②投资生态保护设施。为了确保游客体验，邮轮公司有时会在当地的生态保护设施上进行投资，如建设生态观景台、生态步道等。这些设施不仅可以让游客近距离观察野生动物和自然景观，也为当地生态保护提供了支持。例如，在阿拉斯加的一些邮轮停靠地，为了保护野生动物和自然景观，邮轮公司投资建设了生态观景台和信息中心。这些设施不仅让游客有机会近距离观察野生动物，也为当地生态保护提供了支持。根据阿拉斯加旅游局的数据，自 2015 年以来，该地区的生态设施投资已经超过了 2 000 万美元。

（2）负面生态环境的影响如下：

①污水和垃圾排放。尽管现代邮轮配备了先进的污水处理系统，但仍有可能会对海洋环境造成污染。根据国际海事组织（IMO）的数据，一艘中型邮轮每天大约可以产生 21 000 加仑的污水。如果这些污水未经处理就排入海中，可能会对海洋生态造成破坏。

拓展阅读9.3
歌诗达协和号
触礁事件

②空气污染和温室气体排放。邮轮的燃油燃烧会产生大量的温室气体和空气污染物。根据德国环境和自然保护协会（NABU）的报告，一艘大型邮轮在一天内所排放的氮氧化物相当于 378 万辆汽车的排放量。这些气体排放不仅加剧了全球气候变化，也对当地空气质量造成了影响。

③游客涌入造成了生态破坏。过多的游客可能会对某些脆弱的生态环境造成破坏，如踩踏珊瑚礁、打扰野生动物等。例如，在泰国的玛雅湾，因为过多的游客导致珊瑚礁受到严重破坏。根据泰国国家海洋和沿海资源部的数据，2018 年该地区的珊瑚覆盖率下降超过了 50%。

④生物入侵。邮轮可能会带入外来物种，对当地生态造成破坏。例如，在澳大利亚，

有报道指出，由于船舶运输，一种名为"船底藤"的外来水生植物入侵当地水域。根据澳大利亚海洋科学研究所的数据，这种植物已经在超过 100 个地方被发现，并对当地生态造成了威胁。

总之，邮轮旅游对停靠港目的地生态环境的影响是多方面的，既有积极的一面，也存在一定的风险。为了确保邮轮旅游的可持续发展，既要充分利用其带来的正面效益，也要尽量避免或减少其可能带来的负面影响。这就需要邮轮公司、当地政府和社区，以及游客共同努力。

第二节　邮轮目的地的可持续实践

邮轮目的地的可持续性实践分为环境保护、社会责任和经济发展三个方面。

一、环境保护可持续性实践

近年来，邮轮产业对环保的关注度日益加强，采取了一系列措施来保护和恢复环境。这些措施包括改进船舶设计、提高能源效率、减少污染、保护海洋生物、提高资源利用效率等。2021 年，国际邮轮协会（CLIA）在航运业率先做出承诺，将于 2050 年实现"碳中和"。CLIA 邮轮公司成员表示，到 2030 年全球船队的碳排放量将较 2008 年减少 40%，这与国际海事组织（IMO）的碳减排目标一致。

1. 污染控制

邮轮公司致力于控制和减少对环境造成的各种污染，包括空气污染和水域污染。根据《2023 年全球邮轮业环境报告》提供的数据，2023 年，全球邮轮船队中 45.5% 的运力已经具备使用岸电的能力。目前在建邮轮订单中，100% 将配备先进的污水处理系统（MSD），15% 将配备燃料电池或锂电池，61% 将使用液化天然气（LNG）燃料作为动力，且这些液化天然气燃料动力邮轮中的 88% 将配备废气净化系统（EGCS）。

2. 生态保护

邮轮公司也在努力保护海洋生态，以减少它们的业务对海洋生物的影响。例如，克鲁尼尔邮轮和迪士尼邮轮，制定了特别的航线，尽量避免经过海洋动物活动频繁的海域，以减少噪声干扰和对海洋生物的其他影响。皇家加勒比公司执行严格的垃圾处理政策，禁止任何垃圾（包括食物垃圾）在海洋中丢弃，以保护海洋生物的生存环境。

3. 资源利用效率

提高资源利用效率是邮轮环保中非常重要的一个方面。各家邮轮公司都采取了相应的措施，在节能和资源回收方面进行努力。例如，皇家加勒比公司利用先进的船舶设计和技术，使其新船在能源利用率上节省了 20%。它们的船舶还装有节水淋浴设备和高效洗衣设备，大大降低了淡水的使用。歌诗达邮轮公司也推行了"4R"策略，即减少、再利用、回收和重建。该公司称它们在 2019 年回收了约 100% 的纸张和铝制品，以及约 90% 的玻璃，对节约资源起到了很大作用。

通过这些努力，邮轮公司不仅提高了自己的环保水平，也为整个行业树立了可持续发展的典范。

二、社会责任可持续实践

邮轮业作为一个全球化的产业，在追求经济收益时也深知其对于社区和全球文化的影响和责任。世界各地都有广泛的邮轮业务往来，邮轮业的社会责任不仅仅局限于经济利益，更应关注对环境、社区和文化的影响。例如，嘉年华邮轮公司在其 2019 年的可持续性报告中指出，它们已投资超过 10 亿美元在环境技术上，如先进的废水处理系统等。

1. 参与目的地经济发展

首先，邮轮公司通常会为其停靠的目的地创造就业机会，例如，在岛屿或港口的服务、维护和运营领域提供工作机会。邮轮抵达的目的地通常会因游客消费而带动经济。购物、用餐和参与当地活动都为社区带来了收入。邮轮公司在目的地通常会雇佣大量当地员工，提供训练并促进当地经济发展。

其次，邮轮业会通过投资和培训等推进社区发展。邮轮公司可能会投资于当地的基础设施建设，如升级港口设施，提高当地居民的生活质量。邮轮业也可能会提供教育和培训项目，帮助当地居民获得技能和知识，以便他们在旅游行业中找到工作或创业。

最后，邮轮公司通常会与其服务的社区合作，提供教育和培训机会以及其相关资源。嘉年华邮轮公司长期与巴哈马群岛的多个社区合作，提供教育和培训项目，帮助当地居民提高职业技能，增加就业机会。这些项目涵盖了旅游业、酒店管理、客户服务等多个领域，旨在促进当地经济的可持续发展。嘉年华邮轮公司还投资数百万美元在加勒比地区升级港口设施，这样不仅便利了游客，也增加了当地居民使用这些设施的机会。

2. 推动目的地文化保护

文化是每个旅游目的地吸引力的核心，邮轮企业致力于尊重和保护当地文化，并通过相关活动促进文化的交流和了解。例如，MSC 地中海邮轮公司与当地的文化组织合作，在其航线的目的地为游客提供文化导览，如在地中海地区，游客可以参观历史古迹并了解当地的历史和文化。

邮轮公司通常会在其停靠的目的地开展文化交流。通过组织文化活动、讲座和工作坊，邮轮公司可以增强游客对目的地文化的理解和尊重。邮轮公司可能还会购买当地艺术品用于装饰船舶，并在邮轮上为当地艺术家提供表演的平台。例如，在阿拉斯加，一些邮轮公司会与当地居民和社区合作，使他们可以在船上销售手工艺品和展示传统表演艺术。

通过上述各种方式，邮轮业与目的地社区的合作可以在多个层面上实现共赢，确保旅游活动能够给当地带来正面的影响，同时保护和尊重当地的文化和传统。

3. 助力目的地生态环境保护

作为一个全球化的旅游产业，邮轮业早已认识到了其对全球社会和环境的巨大影响，并采取了一系列措施来履行其环境责任。

（1）设立基金会或慈善机构。这些基金会或机构通常会关注特定的议题，如海洋保护、教育、灾害救援、社区发展等。皇家加勒比邮轮集团创建了相应的基金，致力于支持海洋保护和生态系统的研究、教育和保存项目。邮轮公司在当地社区也会进行环境保护活动，如清理海滩垃圾，保护当地的野生动物。

（2）参与社会公益事业。邮轮公司通过自己的基金会或合作伙伴组织筹集资金，参与各种公益项目，如改善教育、健康和基础设施，支援受自然灾害影响的地区。如飓风Dorian 于 2019 年袭击巴哈马后，嘉年华邮轮公司和其他邮轮公司捐款数百万美元，并使用其邮轮运送救援物资和人员。

（3）承担环境责任。邮轮公司经常会投资于新技术以减少其对海洋的环境影响，如减少碳排放、改进废水处理和减少塑料使用。MSC 地中海邮轮公司承诺到 2024 年年底将其船舶的碳排放减少 40%。

（4）增强透明度与发布相关报告。许多邮轮公司每年都会发布企业社会责任报告，详细介绍其在社会、环境和经济方面的努力和进展。嘉年华邮轮公司会定期发布可持续性报告，其中包含对社会和环境的影响以及采取的改进措施。

三、经济发展可持续性实践

邮轮业可以帮助不同类型的目的地实现经济持续发展：

1. 发展中国家

发展中国家通常有丰富的文化遗产、自然风光和传统手工艺品，但由于经济发展水平相对较低，往往缺乏将其转化为可持续收入来源的能力。邮轮旅游为这些国家提供了一个有效的解决方案。除了游客的直接消费，许多邮轮公司还与当地企业进行合作，如提供本地食品和饮料，购买当地的手工艺品作为船上商品等。以多米尼加共和国为例，该国位于加勒比海，拥有美丽的沙滩和丰富的文化遗产。但在过去，尽管它有众多的旅游资源，却未能对其充分利用。邮轮旅游的兴起为该国带来了大量的外汇收入和就业机会，改变了其旅游业的面貌。2019 年，邮轮业为该国带来了超过 4 亿美元的收入。

2. 发达国家

发达国家通常已经有了成熟的旅游基础设施，但仍然需要创新和多样化的旅游产品来继续吸引游客。在欧美，邮轮旅游通常与会议旅游相结合。例如，有些邮轮被用作会议中心，吸引商务客户的同时也为当地带来了收入。以新西兰为例，它以壮观的风景和独特的文化吸引了全球游客。邮轮旅游为新西兰打开了一个新的市场，特别是吸引那些希望在短时间内体验多个目的地的游客。2019 年，邮轮产业为新西兰带来了约 5 亿纽币的经济收益，创造了超过 9 000 个工作岗位。

3. 生态敏感区

生态敏感性的邮轮目的地指的是那些自然环境独特且生态环境脆弱的地方，这些地方通常具有独特的生物多样性和壮观的自然景观。许多地方可能还包括受保护的区域，如国家公园或保护区。此类地点可能会有更严格的环保法规，对游客到访和活动的限制也更多，以确保不对生态系统造

拓展阅读9.4
加拉帕戈斯
群岛邮轮旅
游模式

成损害。举例来说，南极或者加拉帕戈斯群岛就是典型的生态敏感性邮轮目的地。这些地方的自然环境极为脆弱，对于人类干扰非常敏感。因此，对这类地方的旅游活动需要特别谨慎，必须遵循一定的环保标准和规定，以减少对原生生态系统的负面影响。

总之，邮轮旅游不仅为目的地带来了经济效益，还与当地的文化、环境和社区紧密结合，提供了一种可持续、有益的旅游方式。但各地需要制定合适的策略，以确保旅游的长远利益。

第三节　邮轮目的地的可持续支持

一、政策法规

邮轮目的地的可持续性政策和法规涵盖了多个方面，以下是对这四大类政策的详细介绍：

1. 环境保护政策

这些政策主要关注保护生态环境、水资源、空气质量以及野生动植物。具体措施可能包括限制邮轮排放废水和垃圾、规定邮轮使用的燃料类型以减少污染，以及对进入自然保护区的邮轮活动进行限制。相较于其他三类政策，环境保护政策更侧重于生态层面，关心自然环境的健康与稳定。然而，它也与经济发展政策相互关联，如通过生态旅游为当地带来经济收益。2020年国际海事组织（IMO）实施的限硫令，强制要求邮轮使用硫含量不超过0.50%的燃料，以减少船只排放。

拓展阅读9.5
国际海事组织（IMO）的限硫令

2. 社会文化政策

社会文化政策的目的是保护当地文化、习俗、历史遗迹以及维护当地居民的权益。具体措施可能包括规定邮轮游客在参与当地活动时应遵守的行为准则，以及对访问敏感文化遗迹的邮轮数量和时间进行限制。社会文化政策更注重人文层面，虽然与环境保护政策有所不同，但两者都体现了可持续性的核心思想。此外，它与旅游管理政策密切相关，涉及如何妥善组织和管理游客活动。社会文化政策致力于保护当地文化遗产和提升社区福祉。例如，联合国教科文组织的世界遗产公约注重保护物质和非物质文化遗产，它影响了邮轮对特定目的地的访问。一些海岛目的地要求邮轮游客在上岸时遵守当地的风俗习惯，从而保护和尊重本地社区的文化价值。

3. 经济发展政策

这些政策主要关注邮轮旅游如何为目的地带来经济收益，同时避免产生负面的经济影响。具体措施可能包括收取邮轮旅游税用于基础设施建设和其他公共项目，以及鼓励邮轮游客购买当地产品以支持当地企业。经济发展政策更侧重于物质层面，与社会文化政策形成对比。然而，两者可以互补，如通过发展文化旅游来促进经济发展。经济发展政策涉及税收、财政激励和其他经济工具的使用，促进或限制特定的旅游活动。例如，阿拉斯加向每名邮轮乘客征税 50 美元，用于改善基础设施和环境保护。

4. 旅游管理政策

这类政策涉及邮轮旅游的组织、协调和监管。具体措施可能包括规定邮轮的停靠时间和上岸时间、设置邮轮上岸游客的最大数量，以及对邮轮公司和游客进行安全教育。旅游管理政策旨在更好地实施环境、文化和经济政策。旅游管理政策涉及监管邮轮的操作标准、健康和安全规定等。例如，美国联邦公共卫生法（US Federal Public Health Law，Vessel Sanitation Program）对邮轮的卫生和安全进行规定。

综上所述，这四大类政策虽然各有侧重，但它们之间存在紧密的联系。共同的目标是实现邮轮目的地的可持续发展，确保环境、文化和经济的和谐共存，并且提供优质的旅游体验。

二、利益相关者参与邮轮目的地管理

1. 利益相关者参与邮轮目的地可持续管理的原因

利益相关者参与邮轮目的地可持续管理的原因多种多样，且都十分重要。每个利益相关者都可以从邮轮业务中获得经济、社会和环境层面的利益。

首先，各利益相关者参与可持续管理有助于在经济效益和可持续发展目标之间取得平衡。邮轮活动会对目的地的自然环境产生影响，所以各利益相关者通过参与管理，可以共同推动必要的环境保护和治理措施。

其次，各利益相关者参与管理过程可以确保自身的利益得到充分的保护。邮轮利益相关者作为邮轮旅游活动的直接受益者或受害者，他们的参与有助于保障自身的利益和福祉，同时也可以确保邮轮活动更符合经济、社会和环境价值。通过参与管理，各利益相关者可以维护自己的权益，避免因管理不善或决策失误而受到损害，他们的合法权益也应得到保障。

最后，利益相关者的参与带来了多种视角和专业知识，有助于提高决策的质量和效率，确保决策符合实际情况和需求。由于旅游业存在多种风险因素，如经济波动和环境灾害等，所以各方的参与有助于更好地识别、分析和管理这些风险。参与过程可以促进各利益相关者之间的沟通和协作，有助于建立互信和理解，从而促进高效的合作。

总之，各利益相关者参与邮轮目的地可持续管理不仅可以保护和促进各自的利益，更是为了实现目的地的长期可持续发展。

2. 利益相关者类型

邮轮旅游涉及的利益相关者主要包括政府机构、邮轮公司、居民和社区、游客、非政府组织和社会公众等。这些利益相关者都与邮轮旅游的发展密切相关，各自发挥着不同的作用。

政府机构在邮轮目的地的管理和运营中起到了决定性的领导和监督作用，它们负责确保邮轮活动符合国家和地方的法规和政策，并为邮轮业务提供必要的基础设施，如码头、交通和安全设施。它们面临的挑战是如何在促进经济发展和保护环境之间寻找平衡。

邮轮公司作为业务的运营主体，通过其运营和管理活动，对邮轮目的地的繁荣和可持续性有着直接的影响。例如，通过采购本地商品和服务以及实施环保措施，邮轮公司不仅能推动目的地的经济发展，还能减轻环境压力，确保旅游业的长期可持续发展。

居民和社区作为邮轮活动的直接受益者或受害者，它们通常对邮轮行业的发展持有积极态度或保留意见。它们的职责是参与决策过程，保证自身的声音被其他利益相关者听到，并建立起行之有效的合作关系。它们的挑战在于保证自身的权益不被侵害，如土地权和生活质量等。

游客作为邮轮行业的核心消费者，他们的决策和行为都会对目的地的经济和环境产生深远影响。游客有责任遵守当地的文化和环境规定，选择可持续的旅游活动。他们需要在享受旅游体验的同时确保不对当地的环境和社区产生过大压力。

非政府组织（Non-Governmental Organization，NGO）。非政府组织作为第三方监督者，确保了邮轮目的地的可持续发展和合理管理。它们提供研究和数据，监督邮轮业和政府的活动，广泛推广可持续旅游实践。它们的挑战则是需要在有限的资金和资源下，竭力实现其环保和社会使命。

总体来说，邮轮目的地的可持续管理涉及多个利益相关方，各方都在其中扮演着独特的角色和职责。它们互相合作、互相影响，共同推动邮轮目的地的长期繁荣和保护。

3. 利益相关者之间的冲突

利益相关者存在冲突主要是因为它们的目标和利益可能不同或存在交叉。当邮轮目的地的可持续管理涉及个体或组织的多重利益时，它们在追求自身的目标时可能发生冲突，如追求经济利益与环境保护间的矛盾。然而，也正是因为它们也有相同的目标，这使得它们能通过合作来解决问题，互利互惠。

利益相关者之间的冲突主要发生在经济利益与环境保护之间。邮轮公司追求经济效益，可能希望增加港口的停靠次数，但这可能对当地的生态环境和社区生活质量产生压力。此外，政府机构在管理旅游的环境和社会影响方面可能与邮轮公司发生分歧。另一个冲突点是文化保护与旅游发展之间的关系。游客可为当地带来经济机会，但同样可能带来与本地文化的冲突，尤其是当游客数量增加到对当地的习俗和历史遗产构成威胁时。政府在促进经济发展时可能会优先考虑邮轮旅游的利益，这可能引起社区或居民的不满，因为他们担心会破坏当地环境和文化价值。

但是，也存在许多合作的机会。邮轮公司与政府可以共同制定和执行环境规定，以保护邮轮目的地。为鼓励邮轮公司投资环保技术和设施，政府可以提供一些优惠政策。此外，社区也有机会与邮轮公司合作，在决策过程中保护自己的权益，并为游客提供独特的文化体验，从而获得更多的经济效益。非政府组织同样可以与政府、邮轮公司、社区和游客合作，分享可持续旅游的最佳实践以及研究数据，以推动邮轮目的地的可持续发展。

为有效地解决这些冲突并充分利用合作的机会，各利益相关者需要深入合作，强调开放透明的沟通、信息共享以及公平的决策过程。

4. 利益相关者之间的合作

邮轮目的地可持续管理中各利益相关者的合作是建立在共享的目标、互信和相互理解的基础上的。这需要深化对相关问题的理解，积极寻找合作机会，并形成有效的管理策略。

（1）共享的目标和愿景。所有的利益相关者都需要对可持续的发展持有共同的目标和愿景，包括社会福祉的提高、环境资源的保护以及经济效益的优化。这需要各方对可持续发展的重要性和紧迫性达成共识，并为此制定并执行相应的策略。

（2）开放和透明的沟通。透明和公开的信息交换能促进各方理解和信任，降低误解和冲突。各方需要分享信息、经验和知识，一起解决挑战和问题。这需要建立有效的沟通渠道和机制，如定期的会议、新闻发布、报告等。

（3）公平参与和决策。所有的利益相关者都有权参与到邮轮目的地的可持续管理中，并对决策产生影响。这需要为各方提供参与的机会，并且尊重他们的声音和意愿。此外，也要确保收益的公平分配，让每一方都能从合作中受益。

（4）尊重和理解。不同的利益相关者背景不同，立场和利益也各自不同。合作的基础是理解和尊重这些差异，找到共同点，处理关系，解决冲突。

（5）长期承诺。持续的合作需要各利益相关者的长期承诺。这包括投入资源、承担责任，以及对长期结果和影响的考虑。只有持续的承诺，才能实现可持续管理的目标。

总体来说，邮轮目的地可持续管理中，各利益相关者的合作基础需要通过共享愿景、开放沟通、公平参与、尊重差异以及长期的承诺来实现。

5. 利益相关者参与目的地管理的模式

邮轮目的地的可持续管理离不开利益相关者的深入参与，不同的参与模式反映了参与者之间的关系以及它们在决策过程中的作用。以下是几种常见的利益相关者参与模式：

（1）信息传递模式。在此模式下，决策者向其他利益相关者提供关键信息，但后者在决策过程中的作用有限。例如，某些邮轮目的地在制定新的环境规定时，会通知邮轮公司和当地社区，但不一定征求它们的意见。

（2）咨询模式。在这种模式下，决策者会征求其他利益相关者的观点和建议，但最终决策权仍在决策者手中。例如，巴厘岛在 2018 年考虑限制某些区域的邮轮数量时，虽然进行了公开咨询，但最终的决策权仍在政府手中。

（3）合作模式。此模式强调各方在决策过程中的合作关系。例如，新西兰的米尔福德峡湾（Milford Sound）以其壮观的峡湾、瀑布和冰川而闻名，其所在的福尔兰德（Fiordland）地区制定了一个邮轮管理策略，其中包括了当地居民、邮轮公司和环境团体的共同决策。

（4）联合决策模式。在此模式下，所有的利益相关者共同参与决策过程，并共同承担决策的后果。例如，阿拉斯加的某些邮轮目的地由邮轮公司、当地社区和环境团体共同管理，以确保既能带来经济效益，又能保护环境。

（5）控制模式。在这种模式下，某些利益相关者控制整个决策过程，而其他参与者的权利可能非常有限。例如，一些小型岛屿国家，如马尔代夫，可能完全由政府和邮轮公司决定邮轮的行程和活动，而当地利益相关者在决策过程中的参与非常有限。

因此，邮轮目的地的可持续管理需要各个利益相关者的参与和合作。通过不同的参与模式，可以平衡各方的利益，实现邮轮目的地的长期可持续发展。

【本章小结】

本章深入探讨了邮轮旅游对目的地产生的多维影响，包括经济增长、社会文化变迁以及生态环境的挑战，并着重分析了如何通过一系列措施实现邮轮旅游目的地的可持续管理。本章详细讨论了邮轮旅游影响目的地的原因和机制，然后逐一分析了这些影响的具体内容。本章着眼于如何运用环境保护、社会责任和经济支持等措施，在目的地落实可持续的实践。本章提供了关于邮轮与旅游目的地互动影响的深入分析，并且启发读者思考如何结合利益相关者的合作以及相关政策支持来促进邮轮目的地的可持续发展。

【典型案例分析】 阿拉斯加的邮轮乘客税：管理邮轮旅游的必要措施

阿拉斯加的邮轮乘客税（也称为人头税）是每位邮轮游客在阿拉斯加邮轮旅行期间需要支付的费用。该税收用于支付邮轮游客产生的各种成本，包括港口设施使用费、基础设施维护和环保项目等。这一税种的设置目的在于确保邮轮旅游的可持续发展，维护当地的环境和文化遗产，平衡邮轮旅游带来的经济收益和相关成本。

2006年，阿拉斯加州通过了一项法律，对进入阿拉斯加水域的每位邮轮乘客征收50美元的税费。这些税收收入被用于多个方面：

①提供与邮轮旅游相关的服务，如航道安全和医疗服务，确保游客的安全与健康；

②在接待邮轮的社区中建设和改善基础设施，如港口设施、道路等公共设施，以便更好地为邮轮游客服务，提升游客的旅游体验；

③监督邮轮公司的环保合规性，确保邮轮运营对环境的影响降至最低，并资助旨在保护和保持阿拉斯加自然环境的项目；

④用于支持社区发展项目，如当地企业的推广和旅游活动的组织，促进当地经济的增长。

此类税收不仅有助于阿拉斯加州及其社区更好地管理邮轮旅游，实现当地环境保护和经济发展，而且也有助于确保资源的合理分配，以满足旅游需求，同时保护当地的环境和文化遗产。它为阿拉斯加的可持续发展提供了重要的资金支持。

然而，具体的税率和使用方式可能会受到海港政策、州法律以及邮轮业与政府之间谈判的影响。因此，税率可能随时间而变化，也可能因特定目的地的需求和条件而有所不同。此外，如何合理使用税收收入也是需要关注的问题。

值得注意的是，阿拉斯加并不是唯一征收此类税的地区。世界各地的许多邮轮目的地都有类似的税收政策，以管理和规划邮轮旅游带来的成本和收益。以下是一些例子：

（1）加勒比海地区：许多加勒比海岛国都对邮轮乘客征税。例如，巴哈马对每个进入该国的邮轮乘客征收人头税，然后将这些资金用于基础设施改善和环保项目。这一举措有助于确保巴哈马作为邮轮目的地的竞争力，并维护其作为国际游客热衷的旅游胜地的形象。

（2）欧洲：欧洲许多城市，特别是地中海地区的热门邮轮目的地，如意大利的威尼斯和西班牙的巴塞罗那，也会对邮轮乘客征税。这些资金主要用于基础设施建设、环境保护和历史文化保护等。

（3）新西兰：新西兰对进入其港口的邮轮乘客征收一定的税费，用于维护和更新港口设施、保护环境以及支持社区发展等。这一政策有助于增强新西兰作为邮轮目的地的吸引力，同时保护其独特的自然环境。

（4）墨西哥：一些墨西哥城市，如恰帕斯的圣克鲁斯港，也对进入港口的邮轮乘客征收入港税。这些税收被用于支持当地经济发展和社会福利项目。

这些税费的征收对于目的地来说是一种平衡邮轮旅游带来的经济收益和相关成本的重要方式。通过合理的税率和税收使用，可以确保资源的合理分配，满足旅游需求，同时保护当地的环境和文化遗产。这种平衡不仅有助于促进当地经济的发展，也有助于保护自然资源和文化遗产，为游客提供更美好的旅游体验。

总之，通过合理地征收和管理邮轮乘客税，各邮轮目的地可以更好地管理邮轮旅游带来的成本和收益，实现环境保护和经济可持续发展的双重目标。这不仅能够确保游客的旅游体验质量，同时也有利于维护目的地的生态环境和社会文化完整性。因此，这一税种是促进邮轮旅游业可持续发展的重要措施之一。未来，我们希望看到更多的邮轮目的地采取类似的税收政策来共同推进全球邮轮旅游业的可持续发展。

（资料来源：Mak J. Taxing cruise tourism: Alaska's head tax on cruise ship passengers[J]. Tourism Economics, 2008, 14(3): 599-614. 本文由作者根据原文整理所得）

请根据该案例思考以下问题：

请分析阿拉斯加邮轮乘客税对阿拉斯加目的地可持续管理的意义和影响。以意大利的威尼斯为例，探讨该城市对邮轮乘客征税的作用以及对当地社区和环境的影响。

【复习思考题】

1. 简述邮轮旅游对目的地的影响原因与机制。

2. 邮轮业在环境保护方面采取的主要措施有哪些？这些措施如何帮助实现旅游目的地的可持续管理？

3. 讨论邮轮业在履行社会责任方面所做的努力。分析它如何与目的地的社会文化价值观相融合？

4. 分析政策和法规在邮轮目的地可持续管理中的作用。为什么这些政策和法规对邮轮旅游的可持续发展至关重要？

5. 分析利益相关者参与的重要性。它如何影响邮轮目的地的可持续管理策略和实践？

【在线测试题】扫描二维码，在线答题。

第十章　邮轮目的地智能化

【本章学习目标】

理解智能邮轮的定义和特征，了解智能技术在客户服务、船舶管理、安全、环保和通信中的具体应用。

掌握智能技术在邮轮服务、管理、安全、环保和通信中的应用；学习智能邮轮岸上游的概念和智能技术应用，提升旅游体验和运营效率。

分析智能邮轮技术发展的趋势及其对邮轮行业和邮轮目的地管理的影响和挑战。

【导入案例】　　听说过值机，但你听说过"值船"吗？

2019年11月13日，支付宝、飞猪与歌诗达邮轮集团共同宣布国内首个"智慧邮轮"项目上线。乘客通过支付宝内的"在线值船"小程序，即可用一部手机玩转邮轮。从上海吴淞口邮轮母港出发前往日本的歌诗达威尼斯号，成为了第一艘"智慧"试点邮轮。"智慧邮轮"最大的特点在于对乘客通关登船的流程简化。

乘客只要事先在支付宝"在线值船"小程序上完成个人信息填写，即可在现场扫描护照完成值船，无须其他多余材料。有了通过机器扫描护照所给予的凭证和提前在值船小程序上传的照片信息，之后无论是人工证件审核还是人像采集，乘客都无须再排队停留，可直接扫码通过，切实解决了以往登船时通关复杂和耗时长的问题。

除了通关流程得到简化，"智慧邮轮"对于船上的吃喝玩乐服务，也进行了数字化升级。只要打开值船小程序，就能对邮轮各区分布，以及每日娱乐活动了解得一清二楚。值得注意的是，每位乘客来到自己的房间后，还能收到一张准备好的房卡，扫描右上方二维码，绑定支付宝免密支付功能，接下来乘客在船上消费时便只需刷房卡，就能通过支付宝扣款结账，不必再一次次掏出手机扫码支付。此外，邮轮上的其他预约服务，包括客房、送餐、打扫、送吹风机等，都可以一键通过这个小程序来完成，大大缓解了船上乘客与外籍服务员之间语言沟通不畅的问题。

指尖操作只是智慧邮轮的第一步，支付宝方面表示，未来还可能加入刷脸识别等更为便捷的功能。智慧邮轮不仅仅解决了通关登船的烦琐问题，更是通过数字化手段提升了游客在邮轮上的整体体验感。这种全新的"智慧"服务模式，为乘客带来了极大的便利性。

通过支付宝的"在线值船"小程序，乘客可以轻松完成各项准备工作。从填写个人信息到上传照片，再到完成支付等步骤，都可以在手机上轻松完成。这不仅简化了流程，还节省了乘客的时间和精力。

除了在登船时提供便利，"智慧邮轮"还在船上提供了丰富的数字化服务。乘客可以通过小程序了解邮轮各区的分布和每日娱乐活动信息，提前规划好行程。此外，支付宝免密支付功能的引入也让游客在船上的消费更加便捷。乘客只需刷房卡即可完成支付，避免了携带现金或频繁使用手机支付的麻烦。

除此之外，"智慧邮轮"还提供了一键预约服务，包括客房服务、送餐、打扫房间等。通过小程序，乘客可以轻松完成各种预约服务，并享受到更加贴心的个性化服务。这种智能化的服务方式不仅提升了游客的体验感，也缓解了由于语言沟通不畅带来的不便。

随着科技的不断发展，"智慧邮轮"将成为未来邮轮旅游的一大趋势。它不仅解决了传统邮轮旅游中存在的问题和不便之处，还通过数字化手段提升了游客的整体体验感。未来，"智慧邮轮"将引领着邮轮旅游业的创新发展，为游客带来更加美好的旅行回忆。

（资料来源：唐莹莹，澎湃新闻，国内首个在线值船功能上线，平均每人通关时间节省三分之二，https://www.thepaper.cn/newsDetail_forward_4945712，本文由作者根据原文整理所得）

本案例中，船上吃喝玩乐服务方面的数字化服务会如何带来消费体验的改变？这种数字化服务对于邮轮旅游业的竞争优势和未来发展有何影响？智能技术在促进邮轮旅游可持续发展方面有什么作用和意义？

第一节　智能邮轮

邮轮本身就是一种特殊类型的旅游目的地，智能技术对于提升邮轮运营效率和旅客体验至关重要。邮轮港口作为邮轮旅游中不可或缺的组成部分，其智能化也是为了提升整体邮轮的旅游体验和效率。邮轮旅游不仅限于船上体验，岸上游的智能化也是为了提升整体旅游的体验感并增强目的地的吸引力。通过整合智能技术，邮轮、港口及岸上游三者共同构成了邮轮目的地智能化系统，以提升整个邮轮旅游产业的发展竞争力。

一、智能邮轮的定义

智能邮轮是一种利用信息技术、自动化技术和其他相关技术，将智能化元素应用于船舶设计、构建、操作和维护中的高度智能化船舶。智能邮轮可以通过各种传感器和通信设备收集数据，并利用人工智能、大数据分析技术进行处理和决策，从而实现更高效、更可靠和更环保的船舶运营，在船舶航行、管理、维护保养等方面实现自动决策、运行和自主安全航行。智能邮轮可以实现自动驾驶、无人机配送、智能能源管理、智能客房和智能导览等功能，提高航行安全性、节能减排、优化运营管理和旅客服务质量。智能邮轮的发展是未来邮轮业向数字化、智能化转型的重要趋势，也是整个船舶行业升级革新的体现。

随着人工智能技术的不断发展和应用，邮轮业也开始引入相关技术来提高客户的体验感和船舶管理效率。邮轮公司希望通过智能技术来吸引更多年轻人和科技爱好者的关注。早在2017年，一些邮轮公司开始推出搭载人工智能、物联网和大数据分析等技术的船舶。这些技术旨在为乘客提供更加便捷、个性化的服务，并提高船舶管理的效率和安全性。

智能邮轮现在已经成为邮轮业的一个热点话题。越来越多的邮轮公司开始将人工智能、机器人、虚拟现实等技术应用于船舶的各个方面，从而提升客户体验、降低成本、提高安全性。智能邮轮的发展也带动了相关技术的迅速发展和应用。全球多家著名邮轮公司均已推出了智能邮轮产品，如皇家加勒比国际邮轮、嘉年华邮轮、诺唯真邮轮等。一些科技公司也开始涉足智能邮轮领域，如英特尔、微软等。随着相关技术的不断发展和应用，智能邮轮在未来还有很大的发展空间。

二、智能邮轮的特征

智能邮轮作为一种新型船舶，具有以下特点：

（1）自动驾驶。智能邮轮可以通过安装各种传感器和系统，实现自主导航和自动控制。这不仅可以提高邮轮的安全性和精度，还可以降低运营成本，提高航行效率。

（2）个性化服务。智能邮轮可以利用物联网、人工智能等技术实现对旅客需求的识别和响应，从而提供更加贴心、便捷的服务。例如，邮轮上的机器人服务员可以为旅客提供一系列服务，如送餐、清扫、引导等，减轻船员工作负担，同时提高服务质量和旅客体验感。

（3）舒适环保。智能邮轮采用先进的环保技术，如洁净燃料、能源回收等，可以大幅降低船舶的碳排放和环境污染，并提供更加舒适、安全的旅行体验。

（4）虚拟现实娱乐。智能邮轮可以利用虚拟现实技术，为旅客提供更加丰富多彩的娱乐和互动体验，如沉浸式游戏、虚拟现实演出等，大大提升了旅客的满意度和快乐指数。

（5）互联网连接。智能邮轮实现了与外界的高速互联网连接，这使得乘客可以随时随地使用互联网服务，如在线购物、社交媒体等。

（6）数据分析应用。通过收集、分析邮轮上各类数据，智能邮轮可以更好地了解旅客需求和运营状况，进而实现差异化服务和效率提升。

综上所述，智能邮轮具有自动驾驶、个性化服务、舒适环保、虚拟现实娱乐、数据分析应用等特点，为邮轮行业注入了新的活力。

三、智能邮轮的技术构成

邮轮智能化系统是现代邮轮重要的组成部分，它通过整合先进的技术手段，实现了船舶管理、客户服务、安全监控等多个方面的自动化和智能化。邮轮智能化系统的构成要素主要包括以下几个方面：

（1）物联网技术。邮轮通过物联网技术将各种设施和服务连接起来，实现自动化控制和管理。例如，客房设备、船舶引擎、机器人等都可以通过物联网进行监测和控制。

（2）大数据分析。邮轮公司通过收集和分析乘客的偏好、行为、历史数据等信息，为乘客提供更加个性化的服务和推荐。大数据分析也可以帮助邮轮公司优化船舶管理流程，提高效率和安全性。

（3）人工智能技术。邮轮利用人工智能技术，如语音识别、图像识别等，可实现与乘客的智能互动和服务。例如，通过智能助手可以为乘客提供饮料、点心等点餐服务，并回答相关问题等，增强了乘客的体验感。

（4）机器人和自动化技术。邮轮引入了机器人和自动化设备，如智能机器人、自助式登记结账机器等，以提高服务效率和降低人力成本。

（5）虚拟现实和增强现实技术。邮轮利用虚拟现实和增强现实技术，为乘客提供更加沉浸式的游戏、娱乐和导览体验。例如，通过头戴式显示器可以进行虚拟现实游戏，通过增强现实导览可以更加生动地了解邮轮周围的海洋环境。

（6）互联网技术。邮轮通过高速互联网连接，可使乘客随时随地使用互联网服务，如在线购物、社交媒体等。

综上所述，物联网技术、大数据分析、人工智能技术、机器人和自动化技术、虚拟现实和增强现实技术以及互联网技术是构成邮轮智能化系统的重要因素。这些技术的应用，可以提高邮轮的管理效率和安全性，提升乘客的旅行体验感和满意度，同时也带来了邮轮行业的商业机会。

四、智能技术在客户服务中的应用

智能技术为邮轮客户服务带来了更加便捷、高效、个性化的体验。自助服务设施、智能化客房服务、语音识别技术和多语种翻译系统等应用，使得旅客可以更加自主地完成登船、退房、预订餐厅等服务。船上娱乐设施的创新也提供了丰富的选择，包括虚拟现实游戏、3D电影等。这些智能化技术的应用，不仅在提升旅客满意度和服务质量方面起到了关键作用，也为邮轮行业的发展带来了更多的商业机会和技术创新。随着科技的发展，未来邮轮客户服务中的智能化技术将会越来越普及和便捷。这些智能化客户服务系统的实际应用为旅客提供了更加便捷、个性化、高效的服务，也为邮轮业带来了更多的商业机会。

1. 自助服务设施和智能化客房服务

智能邮轮上的自助服务设施是指为旅客提供便捷、自主的服务方式，如自动登船机、自助餐厅等。这些设施可减少旅客排队等待的时间，同时提高旅客满意度。

智能化客房服务是指通过先进技术手段实现客房内设施的自动化管理和个性化服务，如电子门锁、智能照明系统、温控系统等。这些服务可以让旅客更方便地掌控客房环境，提高旅客入住体验。

智能邮轮上的自助服务设施和智能化客房服务，可以大大提高旅客的满意度，带来许多好处。主要作用如下。

（1）提高便捷性。自助服务设施可以让旅客更加便捷地完成登船、退房、预订餐厅等操作，减少排队时间。智能化客房服务可以使旅客更方便地掌控自己的客房环境，如通过电视遥控器或手机应用程序调节温度、灯光等。

（2）增强个性化体验。自助服务设施和智能化客房服务可以为旅客提供个性化服务体验。例如，通过自助餐厅，旅客可以根据自己的口味偏好选择食物；智能化客房服务可以记录旅客的喜好，为他们提供更加贴心的服务。

（3）降低成本。自助服务设施可以降低人力成本，减少服务员的工作量。智能化客房服务可以实现自动化管理，减少客房清洁等人力成本。这些成本的降低可以使邮轮公司在保证服务质量时更具有竞争力。

（4）提高服务质量。自助服务设施和智能化客房服务可以提高服务效率，减少旅客等待的时间，提高服务质量。这样可以使邮轮公司在市场中更加受欢迎，吸引更多的旅客。

智能邮轮上的自助服务设施和智能化客房服务在提高旅客满意度、降低成本、提高服务质量等方面都起到了重要作用，同时也促进了邮轮业的创新发展。

2. 语音识别技术和多语种翻译系统

智能邮轮上的语音识别技术是指通过机器学习和自然语言处理等技术，让计算机能够识别、理解和处理人类语言。这种技术可以应用于邮轮旅客与船员的交流中，如通过语音命令控制舱内设备或进行各种查询操作，提高服务效率。

多语种翻译系统是指为了满足不同语言背景的旅客需求，在邮轮上提供的多种语言翻译服务。这些系统对传统的翻译工作实现了自动化，提供了更快、更准确的翻译服务。多语种翻译系统也可以为旅客提供更加便捷、无障碍的沟通体验，帮助邮轮企业更好地覆盖全球市场。

总之，语音识别技术和多语种翻译系统的应用可以提高旅客与船员之间的沟通效率和便利性，改善旅行体验，也有助于提升邮轮服务的国际化程度和竞争力。

3. 船上娱乐设施的创新

智能邮轮上的船上娱乐设施不断创新，包括虚拟现实游戏、3D电影、智能互动墙等。这些创新设施的作用主要如下：

（1）提高旅客满意度。船上娱乐设施的创新可以提供更多元化的娱乐活动，让旅客有更多的选择和体验，从而增强旅客的出行满意度。

（2）增加邮轮服务的附加价值。创新的船上娱乐设施可以为邮轮提供差异化竞争优势，吸引更多潜在旅客。对于部分旅客来说，邮轮上的娱乐设施也是选择邮轮出行的重要因素之一。

（3）推动邮轮技术创新。船上娱乐设施的创新需要借助科技手段，如虚拟现实技术、人工智能等。这些技术的应用推动了邮轮技术的发展和进步。如某些智能邮轮引入了虚拟现实游戏，旅客可以通过佩戴 VR 头盔体验真实感十足的游戏场景，如独木桥、飞行等。某些智能邮轮还在船上放映 3D 电影，让旅客享受高清晰度、立体感强烈的电影体验。

拓展阅读10.1
"我的MSC"
应用软件

综合来看，智能邮轮上的创新娱乐设施可以为旅客带来更加丰富、多样化的娱乐体验，也为邮轮业带来了更多的技术创新和商业机会。

五、智能技术在船舶管理中的具体应用

智能技术在邮轮船舶管理中扮演着重要的角色。邮轮船舶管理需要处理大量的数据和信息，包括航行、能源、负载、维护、监控等方面的数据。通过智能技术对数据进行实时采集和分析，并及时对数据进行处理，提高决策的效率和准确度，从而优化邮轮船舶的运营和管理。智能技术还可提高邮轮船舶的安全性、客户体验和环保性能。因此，在现代邮轮船舶管理中，智能技术已经成为越来越重要的一部分。

1. 航行自动化系统和货物运输智能化管理

航行自动化系统是一种基于自动化技术的导航和控制系统，可使船舶实现无人驾驶或减少人工干预。该系统通过感知和分析周围环境、航行数据和海洋气象等信息，实现自适应舱室控制、自适应速度控制、自动规避障碍物和自动驾驶等功能。这些功能可以提高邮轮船舶的安全性和效率，并且减少了人员操作的风险。现代邮轮上常见的航行自动化系统包括自适应速度控制系统、自动舵控系统、雷达和激光雷达障碍物检测系统等。例如，荷兰皇家加勒比国际邮轮公司的智能邮轮"海洋新星号"采用了 ABB 公司的自动船舶控制技术，实现了半自动化和全自动化的导航。

货物运输智能化管理是一种基于物联网技术和大数据分析的货物运输管理系统。该系统可以跟踪和监控邮轮船舶上所有货物及其运输状态，包括运输路径、货物数量、货物种类、存储位置、卸载时间等信息，并根据这些数据进行实时分析和预测，从而优化邮轮船舶的负载平衡、货物配送和库存管理。此外，该系统还可以提供智能化的在线订货、货物追踪和支付服务，方便客户使用，并提高邮轮船舶的运营效率和客户满意度。现代邮轮上的货物运输智能化管理系统包括常规的条形码、RFID 标签等识别设备，以及更高级别的传感器、无线通信、大数据分析等技术。例如，诺唯真邮轮公司的智能邮轮"未来之舟"采用了 IBM 的人工智能系统 Watson，用于客户服务、机器学习和数据分析。该系统还可以跟踪货物运输情况，提供实时信息并进行预测和优化，从而提高邮轮的货物配送和库存管理效率。

2. 能源消耗监控系统和人员定位与安全监控系统

能源消耗监控系统和人员定位与安全监控系统是现代船舶管理中非常重要的组成部分，它们的作用如下：

（1）能源消耗监控系统。智能邮轮中的能源消耗监控系统是一种基于传感器技术和大数据分析的能源管理系统，可实时监测船舶的能源使用情况，并且进行分析和预测。该系统可以帮助船舶管理人员优化船舶的动力系统、燃油消耗和储能设施，从而降低运营成本并减少对环境的影响。

（2）人员定位与安全监控系统。智能邮轮中的人员定位与安全监控系统是一种基于物联网和云计算技术的人员安全管理系统。该系统可以跟踪和监测船舶上所有人员的位置和状态，包括船员、乘客和游客等，并根据这些数据进行实时分析和预警，以提高人员安全性和健康保障。例如，英国南安普敦大学的智能邮轮研究项目"船新未来"中使用了Rolls-Royce公司开发的能源管理系统，该系统通过传感器和数据分析技术实现了对船舶能源消耗的监控和预测，并提供了节能优化方案，使邮轮的能源效率得到了显著提高。诺唯真邮轮公司的智能邮轮"未来之舟"采用了一种基于物联网技术的人员定位与安全监控系统，该系统可以跟踪所有乘客和船员的位置和状态，并在紧急情况下自动启动安全预警机制。此外，该系统还可以提供在线导航、信息查询和个性化服务等功能，提高客户满意度。

3. 船舶维护保养的智能化

船舶维护保养智能化是一种基于物联网、大数据分析和人工智能等技术的全新维护模式。它通过实时监测、预测性维护和机器学习等手段，提高邮轮船舶的可靠性和安全性，最小化停船时间和成本，从而提高邮轮的运营效率。

作为现代邮轮船舶管理的重要组成部分，智能化维护保养可以帮助船舶管理人员更好地了解和控制船舶设备的状态和健康状况，及时发现和修复潜在问题，减少设备故障和停机时间，提高设备使用寿命和降低维护成本。诺唯真邮轮公司的智能邮轮"未来之舟"采用了ABB公司开发的智能化维护系统，该系统可通过无线传感器收集船舶各个设备的实时数据，并将这些数据传输到云端进行分析。系统利用机器学习算法对这些数据进行分析，预测并诊断潜在的故障，提供有效维护策略和预测性维护计划，最大限度地减少设备停机时间和成本。中国航海集团的智能邮轮"天鲲号"采用了船舶自诊断系统，该系统可以通过传感器实时监测船舶设备的状态，对可能存在的问题进行自动诊断并向船员提供解决方案。系统还可以根据各个部件的使用情况和环境条件，制订个性化的维护计划，避免不必要的维护和更换，降低维护成本。

4. 数据分析和决策支持

数据分析与决策部分是指采用先进的数据分析和人工智能技术对邮轮船舶的各种数据进行处理和分析，以支持邮轮的运营和管理。这一部分的具体内容包括以下三个方面：

（1）数据采集和处理。智能邮轮可以通过各种传感器、监测装置和计算机系统等手段对船舶上的各类数据进行采集和处理。这些数据包括邮轮的航行数据、货物运输数据、设备状态数据等。皇家加勒比（Royal Caribbean）使用名为"STORM Geo"的软件服务，这是一个为海上运营提供决策支持的先进平台。它可以帮助监控天气条件并为节约燃料、确保安全运营等提供决策支持。

（2）数据分析和挖掘。在数据采集和处理的基础上，智能邮轮可以利用各种数据分析和挖掘技术，如机器学习、深度学习等，从海量数据中提取有价值的信息和知识。这些信息和知识可以帮助邮轮管理人员进行更加准确、科学的决策，提高邮轮的运营效率和经济效益。诺唯真邮轮公司的智能邮轮"未来之舟"将 IBM 公司的 Watson 人工智能系统用于数据处理和分析。该系统可以通过自然语言处理和机器学习技术从邮轮上收集的各种数据中提取有价值的信息，并为邮轮管理人员提供决策支持，如优化船舶货物配送、制订预测性维护计划等。

（3）决策支持和实施。通过数据分析和挖掘得到的信息和知识可以为邮轮管理人员提供决策支持，使他们能够更好地理解邮轮的运营情况和趋势，并根据这些信息制定相应的决策方案。在决策实施过程中，智能邮轮可以采用自动化控制和优化算法等技术，实现对船舶的智能化管理。中国航海集团的智能邮轮"天鲲号"采用了自主研发的数据分析和决策支持系统，该系统可以实时监测邮轮设备状态、货物运输情况等信息，并通过机器学习和智能优化算法，为邮轮管理人员提供数据分析和决策支持，如设备维护计划、货物配送计划等。

5. 大数据分析技术在邮轮中的应用

智能邮轮中的大数据分析技术是指利用物联网设备、传感器和其他信息采集技术从各种数据源中获取数据，并使用高级分析方法，如机器学习、数据挖掘和自然语言处理等，来理解和提取有价值的信息。这些技术可以帮助智能邮轮的管理人员更好地了解船舶运营状况和客户需求，以便制定更好的业务策略并优化航线、货物配送、维护计划等。

智能邮轮中的大数据分析技术可以发挥比较大的作用。通过分析船舶设备中的传感器数据，可以进行故障预测和设备维护规划，从而降低设备故障率和停机时间。根据海洋气象数据、客户需求和市场趋势等信息，可以确定最佳航线和货物配送方案，提高船舶的经济效益和客户满意度。通过分析客户行为和偏好，可以为客户提供个性化和精准的服务，增强客户忠诚度和口碑。通过分析航行数据和环境因素，可以实现船舶的智能化控制和自动化导航，提高船舶的安全性和可靠性。通过对船舶运营成本进行分析，可以识别潜在的成本降低机会，并优化船舶资源配置，最大限度地降低邮轮运营成本。总之，智能邮轮中的大数据分析技术可以帮助管理人员更好地了解船舶的情况，提高邮轮的运营效率和经济效益，同时为客户提供更好的服务体验。

6. 决策支持系统的构建和使用

智能邮轮中的决策支持系统是指采用先进的信息技术，如大数据、人工智能等，在海量数据中自动化地提取、分析和处理信息，并为决策者提供决策支持和建议。这些系统通过成熟的算法、模型和规则来识别趋势和模式，预测未来可能发生的情况，并生成有关不同决策方案和选项的意见和建议。

决策支持系统在智能邮轮中的构建和使用通常包括如下步骤。首先，需要明确所要解决的决策问题及其背景和目标，以便确定决策支持系统的范围和目标。其次，收集、整理和清洗船舶上的各类数据，并将它们存放在数据仓库或数据湖中。再次，利用数据挖掘、机器学习和其他高级分析方法，从数据中提取有价值的信息和知识，如船舶设备状态、客户需求和市场趋势等。在此步骤中，可利用数据分析结果建立数学模型，分析和评估不同的决策方案，并生成有关不同决策方案和选项的意见和建议。最后，根据决策支持系统提供的建议和意见，决策者可以制定相应的决策方案并实施，但还需要关注决策实施后的效果和反馈，以便对决策支持系统进行更新和优化。

在智能邮轮中，决策支持系统可以用于优化航线、配送货物、维护计划等方面。例如，通过分析海洋气象数据、客户需求和市场趋势等信息，可以确定最佳航线和货物配送方案，提高船舶的经济效益和客户满意度；通过预测设备故障和维护计划，可以避免不必要的停机并降低维修成本。

六、智能技术在邮轮安全中的应用

邮轮安全是指保障邮轮和其乘客、船员及货物免受潜在威胁、伤害和损失的一系列措施和行动。智能技术在邮轮安全中的广泛应用，可以大大提高邮轮的安全性和可靠性。

1. 可应用于邮轮安全中的智能技术

（1）物联网（internet of things，IOT）技术。通过将传感器安装在邮轮的关键部位，如发动机、燃油系统、导航设备等，实时监测邮轮的状态和参数，并将数据传输到云端进行分析和处理。借助物联网技术，可以快速识别并报告任何潜在的问题或故障，以便及时采取适当的措施。

（2）人工智能（AI）技术。借助人工智能技术，可以对海上环境、天气、交通和航线等因素进行分析和预测，帮助船员和管理人员制定最佳航线和风险规划，减少事故和损失的发生。

（3）自主式水下车辆（autonomous underwater vehicle，AUV）技术。AUV 是一种能够自主运动和执行任务的水下机器人。在邮轮安全中，AUV 可以进行海底勘探、水下监测和搜救等任务，提高邮轮应对突发事件的能力。

（4）区块链技术。区块链技术可以确保邮轮上各种数据和信息的真实性和完整性，防止恶意攻击和篡改。例如，可以在区块链上记录邮轮维修和保养记录，确保船舶设备的安全和运行效率。

2. 智能技术在邮轮安全中的应用领域

（1）火灾预警系统和环境监测系统。智能邮轮中的火灾预警系统是一种用于检测、报告和响应邮轮内部发生火灾的技术。它通常包括火灾探测器、火灾报警器、灭火设备和自动灭火系统等组件，可以在火灾发生时及时采取措施来减少人员伤亡和财产损失。环境监测系统则是一种用于监测邮轮内部环境的技术，如温度、湿度、氧气含量、二氧化碳含量等。通过对这些参数的实时监测，可以及时发现并解决舱室内部的不良环境问题，保障乘客和船员的健康和安全。

例如，一些智能邮轮会配备高感度的火灾探测器和智能化的灭火系统，可以快速地检测到火源，并通过喷雾或滴定等方式进行灭火；一些邮轮也会使用环境监测系统来优化空气质量和水质，确保乘客和船员的舒适感和健康状态。此外，还会采用智能化手段有效提高安全水平和应急效率，通过船载摄像头和巡检人员手机视频，实时巡视查看邮轮的各个角落，构建全方位无死角的安全监管，随时掌握船舶的重要数据和运营指标，并进行有效的决策和调整，以提高船舶的效率和安全性。

（2）防盗监控系统和紧急救援系统。智能邮轮中的防盗监控系统是一种用于保护船上乘客和财产安全的技术。它通常包括视频监控设备、门禁系统、入侵检测器等组件，可以实时监测整个船舶区域是否有异常情况发生，如窃盗、破坏等，并及时报警，以确保邮轮的安全。紧急救援系统则是一种用于应对船舶遇到紧急情况时提供帮助和支持的技术。例如，当邮轮遭遇危险情况时，紧急救援系统可以通过卫星通信和定位技术迅速定位邮轮位置并向救援机构发送求援信号，同时也可以为乘客和船员提供紧急医疗救治和人员撤离的指导。例如，一些智能邮轮会配备视频监控设备、门禁系统和入侵检测器等防盗监控系统组件，来监测船舶内部是否存在不法行为或异常情况；一些邮轮还配备了 GPS 定位系统和紧急呼叫装置等紧急救援系统组件，以提供安全保障和紧急救援支持。

七、智能技术在邮轮环保中的应用

智能技术应用在邮轮的环保中，可使邮轮环保管理数字化。邮轮的环保数字管理是指利用先进的数字技术和数据管理方法，对邮轮的环境保护和可持续发展进行全方位、深度化的监测和管理。它可以包括船舶废水处理、废气净化、垃圾分类处理等多个方面，旨在实现航行过程中对环境影响的最小化，并且提高企业社会责任意识。智能船舶环保数字管理对于现代航运业的可持续发展至关重要，可从以下几个方面进行环保数字管理。

（1）减少碳排放。航路规划软件可以帮助有效地计划航程，并且优化航行路线和停泊时间。优化航程意味着能源消耗的减少。通过优化航线、节约燃油等方式，可降低碳排放量，减少对大气环境的污染。以船舶发动机控制系统为例，该系统利用计算机来监控和控制船舶发动机，以提高燃油效率并延长发动机寿命。采用智能技术可以根据船只的载荷情况自动调整发动机输出功率，从而最大限度地减少燃油消耗。

（2）废弃物管理。采用先进的废弃物处理技术和数字管理系统，可实现有效的废弃物分类、回收和处置，从而减少海洋垃圾对环境的危害。MSC 地中海邮轮在改善空气质量方面进行了大量投资，积极完善和推行更卓越的环保举措，旨在减少船舶在港口和特定作业地区的硫及其他污染物排放。所有新建的船舶均装载了混合废气净化系统（exhaust gas cleaning systems，EGCS），或者使用液化天然气供能。对于船队中服役时间较长的邮轮，进行升级改造，装载混合废气净化系统。混合废气净化系统在开环或闭环系统中均可正常运行，减排效果比使用超低硫燃料的船只更好。

例如，一些智能邮轮配备了先进的废水处理装置，可以将污水经过过滤、消毒等多道处理工序后达到国际排放标准；还可以通过数字监控系统对废水排放量、水质等参数进行实时监测，确保船舶排放符合环保法规要求。另外，智能邮轮还可以采用数字化的垃圾分类处理系统，将产生的固体垃圾按照不同物种分门别类收集与处理，避免了传统垃圾处理方式带来的环境问题，并在一定程度上提高了资源回收率。

（3）节能减排。通过数字化管理和智能控制，最大限度地利用能源，减少能源浪费和二氧化碳排放。智能供热、通风和空调系统（heating, ventilation and air conditioning，HVAC）旨在降低能耗。这些系统能够智能调配冷热空气，从船上较温暖的区域回收热量，加热需要供暖的区域。

（4）合规监管。采用数字管理系统，实现准确的数据记录和分析，确保符合各项环保法规的要求，并为管理部门提供便利和支持。邮轮上安装了多种传感器和仪器，以监测邮轮在环保方面的表现，如能源消耗、废水排放、废气排放等。通过这些数字监测系统可以更好地掌握邮轮的环保情况，帮助船长和船员采取相应的措施，以降低邮轮的环境影响。

智能船舶环保数字管理可以帮助现代航运业实现可持续发展目标，减少对环境的损害，提高船舶运营效率和安全性。

八、智能技术在邮轮通信中的应用

智能技术在邮轮通信中的作用主要是提高游客和船员的生活质量和工作效率。它可以为游客创造更加便利和舒适的旅行体验，帮助船员更好地处理工作和提高效率。此外，邮轮公司可以通过智能技术更好地控制成本、优化资源分配和提高管理效率，从而更好地满足客户需求并增加利润。

1. 互联网

互联网技术是智能邮轮实现数字化转型的核心技术之一。互联网技术通过物联网、大数据分析、人工智能等手段，帮助智能邮轮实现自动化运营和数字化管理，提高效率、安全性和服务水平。以下是互联网与智能邮轮的关系。

（1）互联网连接。智能邮轮通过使用互联网连接各种传感器、设备和系统，可实现对船舶运营环境和状态的实时监控和数据收集。

（2）大数据应用。互联网技术可以帮助智能邮轮采集和整合大量数据，并通过数据分析和机器学习等方式，预测并优化航线、提高船舶效率和服务质量。

（3）智能化服务。互联网技术可以支持智能舱内设施、智能排队系统、自助服务等智能化服务，为乘客提供更加便利、快捷和个性化的服务。

（4）船舶信息管理。互联网技术可以帮助智能邮轮数字化管理船舶运营相关文件、记录和信息，并实现合规监管和数据分析。

（5）安全保障。互联网技术可以帮助智能邮轮实现自动化监测和预警，降低事故和紧急情况的风险。

2. 卫星

卫星在智能邮轮中扮演着至关重要的角色，通过提供通信、导航、气象监测和其他应用方面的支持，还可帮助游客和船员享受更加安全、便利和舒适的旅行体验。卫星在智能邮轮中的作用非常重要，主要体现在以下几个方面。

（1）提供通信服务。卫星可以提供高速、稳定的互联网连接和移动电话服务，使游客和船员可以随时保持联系并享受在线娱乐服务。例如，皇家加勒比邮轮公司的海洋量子号（Quantum of the Seas）邮轮采用了"O3b Networks"卫星技术，提供快速的互联网连接和语音通信服务。

（2）实现位置追踪与导航。卫星可以通过全球定位系统（GPS）等技术实现对邮轮的位置追踪和导航，帮助船员更好地掌握船只的运行情况，确保邮轮安全地到达目的地。例如，嘉年华邮轮公司的嘉年华展望号（Carnival Vista）邮轮采用了 GPS 技术，确保了邮轮的安全航行。

（3）支持气象监测。卫星可以提供气象监测服务，帮助船员预测天气变化，并进行相应的决策，以确保游客的安全和舒适。例如，诺唯真邮轮公司的挪威欢乐号（Norwegian Bliss）邮轮配备了全球卫星通信设备，可以根据卫星数据进行气象监测。

（4）支持其他应用。卫星还可以支持其他各种智能技术应用，如智能客房、智能停车、在线预订等。通过与互联网、物联网和人工智能等技术的结合，卫星技术可以为游客提供更加便捷和舒适的服务。例如，公主邮轮公司的皇家公主号（Regal Princess）邮轮采用了"MedallionNet"无线网络技术，在全球范围内提供高速的互联网连接。

拓展阅读10.2
皇家加勒比数
字化管理

九、智能邮轮的未来展望

智能邮轮作为旅游业的一个新兴领域，具有广阔的发展前景。通过数字化、自动化和智能化等技术手段的应用，智能邮轮可以实现更加高效、安全、环保和个性化的服务，满足游客的需求，提高客户体验。

1. 未来前景

未来智能邮轮将会在以下几个方面得到进一步发展。

（1）人工智能应用。随着人工智能技术的不断发展，智能邮轮可以实现更加智能化的服务。例如，通过语音助手、机器人服务员等技术，帮助游客解决问题和提供服务。

（2）绿色航行。随着环保意识的日益增强，智能邮轮需要采用更加环保的技术和设备，如清洁能源、节能装置等，以减少对海洋环境的影响。

（3）数字化服务。通过数字化和物联网技术的应用，智能邮轮可以建立更加智能化和个性化的服务平台，为游客提供定制化的服务，如在线预订、虚拟导览等。

2. 挑战

智能邮轮的未来发展也面临着一些挑战：一是智能船舶的建造和运营成本较高，需要投入大量资金和资源；二是由于技术更新换代较快，智能邮轮的设备和系统可能会面临过时的风险。

3. 解决方案

针对这些挑战，智能邮轮公司可以加强与技术供应商、航运公司和政府等方面的合作，共同推进技术和服务的创新和发展。智能邮轮公司可以不断创新，引入新的技术和服务，以满足游客的需求，提高用户体验。通过提高运营效率、优化资源配置和降低成本等措施，还可提高智能邮轮的经济效益和竞争力。

第二节 智慧邮轮港口

一、智能邮轮港口的概念与功能价值

1. 智能邮轮港口的概念

邮轮港口是邮轮产业发展的基础设施，为邮轮提供停泊、补给、维修及游客上下船等服务。智慧邮轮港口是智慧港口与邮轮港口的有机结合体，即在邮轮港口的基础上引入现代信息技术和数字管理理念，实现邮轮港口的高效、智能、绿色运营。智能邮轮港口是指利用信息技术和物联网等先进技术，建立起数字化、智能化的邮轮港口管理系统，为邮轮旅游提供全方位的服务和支持。智慧邮轮港口具有三个特点：一是数据共享，多个港口管理部门之间实现数据共享，加强信息交流和协作；二是自动化操作，通过物联网技术，实现自动化作业和设备控制，提高运营效率和安全性；三是智能化服务，通过人工智能和大数据分析等技术手段，为船舶、货物、人员等提供定制化的服务和支持。

2. 智能邮轮港口的功能价值

智能邮轮港口集成了多项前沿科技，实现了功能的全面智能化升级，具体表现在：一是通过智能调度系统，实时分析船舶流量与泊位状态，自动规划最佳泊位方案，提高泊位利用率，减少邮轮等待时间，从而提升港口运营效率与游客满意度；二是利用物联网、自动化装卸设备等技术，实现货物的快速识别、精准装卸与智能跟踪，提高货物处理效率，降低人为错误率，同时减少劳动力成本，为邮轮提供高效、可靠的物资补给服务；三是依托大数据分析与人工智能算法，优化通关流程，实现旅客与货物的快速清关，缩短通关时间，提升旅客体验，促进邮轮旅游的便捷性；四是通过集成视频监控、传感器网络等系统，对港口区域进行全天候、全方位的实时监控，及时发现并处理安全隐患，确保邮轮及游客的安全，为港口运营提供坚实的安全保障；五是利用大数据分析游客偏好与需求，提供个性化的旅游信息咨询、行程规划、购物娱乐推荐等服务，提升游客体验，增强邮轮港口的吸引力与竞争力。

二、智慧邮轮港口技术

数字技术是智慧邮轮港口实现智能化、自动化、信息化的基础和关键。数字技术包括物联网、大数据、人工智能等各种新兴技术，均可应用于港口管理、安保监控、旅客服务等方面。利用数字技术可以实现智能码头、智能停靠、船舶自动驾驶、行李无人管理、旅

客智能导览等一系列智能化服务，提高港口的运营效率和服务质量，同时也为港口经济可持续发展提供强有力的支撑。此外，数字技术还可以为港口管理者提供更加精准的决策支持和分析，促进港口资源的优化配置和管理，进一步提高港口的效益和竞争力。数字技术与智慧邮轮港口之间存在密不可分的联系。

（1）物联网技术。物联网技术可以将港口内的设备和传感器连接起来，形成一个互相通信的网络，实现设备之间的数据共享和协同工作。例如，船舶自动对接系统就是一种基于物联网技术的智能设备，它可以使船舶无须靠岸即可完成登船的操作，提高了航运效率和安全性。

（2）云计算技术。云计算技术可以帮助港口管理部门将港口各项业务的数据集中存储到云端，实现数据共享与协同处理。通过云计算平台，港口管理部门可以快速获得大量数据，并对这些数据进行分析、预测和决策，从而提高港口的运营效率和管理水平。

（3）大数据分析。大数据分析技术可以帮助港口管理部门对港口中涉及的大量数据进行分析和处理，从而为港口决策提供依据。例如，利用大数据分析技术可以对人员流向、船只动态等数据进行预测和分析，优化港口运营和航线规划，在提高运输效率的同时降低成本。

（4）人工智能技术。人工智能技术在智慧邮轮港口中可以为工作人员和游客提供更好的服务和体验。人工智能技术可以应用于港口管理系统中，帮助工作人员实现自动化和智能化管理。例如，智能引导机器人既可以协助工作人员完成旅客引导、行李运输等任务，提高服务效率和质量；可以应用于游客服务系统中，根据游客的兴趣和偏好，提供定制化的游览和餐饮建议。又如，在游客乘船时，船上的人工智能语音助手既可以自动识别游客需求，向游客提供实时的游览建议和流程推荐；可以提供更便捷的智能支付服务，提高游客支付的效率和安全性。另外，游客还可以通过人脸识别和无线支付等方式完成支付，提高支付速度和便捷程度，同时也降低了支付过程中的风险。

三、智能技术在邮轮港口中的应用

1. 港口安保系统

港口安保系统是指通过应用现代信息技术对港口安全进行智能化管理的系统。该系统可以提高港口的安全防范水平，保护旅客、船只和货物的安全。港口安保系统涵盖人员沿岸安全、船舶安全、货物安全等方面。智能技术可以帮助港口加强安全防范，降低安全风险和事故发生概率，提高安全性和安全意识。下面将介绍智慧邮轮港口安保系统中常用的智能技术及其应用。

（1）人脸识别技术。人脸识别技术可以实现在登船、检票等场景中对旅客身份的快速识别和核验。智能相机可以快速准确地识别旅客的面部特征，并与数据库中的身份信息进行比对，从而实现自动通行和有效监控。

（2）视频监控技术。视频监控技术可以实现对港口场景的全方位监控和捕捉，为港口安全保障提供重要支持。智能视频监控系统可以自动分析摄像头图像，实现边缘识别和目标跟踪等功能，从而实现针对性的监控和预警。

（3）安全检查机器人技术。安全检查机器人技术可以实现对货物和行李的自动化检查和安全筛查。智能机器人可以对行李进行 X 射线扫描、爆炸品检测等操作，并可以利用深度学习算法来识别异常物品和危险品。

（4）智能巡逻车技术。智能巡逻车技术可以实现对港口场景的 24 小时监控和巡视，发现异常情况并及时报警。智能巡逻车配备了多种传感器和监测设备，并可以通过云端数据分析实现巡逻路径规划、目标跟踪、巡视记录管理等功能。

2. 港口管理系统

智慧邮轮港口的港口管理系统是指利用现代信息技术对港口运营和服务进行数字化、自动化、智能化管理的系统。该系统在邮轮港口中具有重要作用，可以提高整个港口的效率、安全性和客户体验，帮助港口实现数字化转型。此外，智慧邮轮港口还可以通过数字技术为游客提供在线预订、支付、导航、社交娱乐等服务，方便游客随时随地进行沟通和互动。这些数字化服务和智能化设施都是智慧邮轮港口与游客之间良好关系的重要组成部分。具体的智能应用如下。

（1）港口信息管理系统（PIMS）。一些邮轮母港采用了港口信息管理系统，以整合来自不同系统的数据，并帮助管理人员更好地掌握各种信息。这个系统可以跟踪船只到达时间、货物情况、入境旅客数量等数据，提高港口管理效率和准确性。

（2）船舶调度系统。该系统可以考虑多种因素，如航线、天气、交通等，以实现最佳方案和效益。通过采用船舶调度系统，管理人员可以更好地规划和安排邮轮的停靠时间和位置。

（3）智能语音导航系统。这个系统可以通过语音交互、智能路线规划等方式帮助人们快速找到目的地并掌握最新信息。邮轮母港通过配备智能语音导航系统，可为游客和船员提供更加便捷和高效的导航服务。

（4）数据分析系统。邮轮母港可以通过数据分析系统，帮助管理人员更好地理解游客需求和趋势，并进行相应的调整和决策。这个系统可以收集、处理和分析各种数据，如旅游景点流量、消费习惯、船只运营数据等，提高管理效率和创新能力。

（5）无人驾驶码头拖车。通过采用无人驾驶码头拖车，邮轮母港可以提高货物装卸效率和减少人为错误。这个系统可以通过激光雷达、摄像头等传感器实现自动化操作和路径规划，并确保安全性和高效性。

（6）智能预警系统。邮轮母港通过配备智能预警系统，可以帮助管理人员及时发现和处理潜在的危险与突发事件。这个系统可以通过多种传感器、网络监测等方式实现实时监测和数据分析，提高安全性和应急响应能力。

智慧邮轮港口的港口管理系统应用了多种先进的智能技术，这些技术的应用可以帮助港口管理部门实现数字化转型和自动化升级，为整个邮轮港口提供更好的服务和体验。

四、智慧邮轮港口的未来展望

1. 智慧邮轮港口前景

随着技术的不断创新和应用，智慧邮轮港口将在未来发挥越来越重要的作用，成为邮轮旅游市场发展的重要引擎和支撑。

（1）快速增长的旅游市场。随着全球旅游业的不断发展，邮轮旅游市场呈现快速增长趋势，而智慧邮轮港口作为邮轮旅游服务的重要组成部分，将迎来更多的机遇和挑战。

（2）智能技术应用的推进。随着物联网、大数据、云计算等技术的不断成熟和普及，智能技术在邮轮港口中的应用将越来越广泛和深入，这使得港口管理和服务更加高效、便捷和安全。

（3）绿色可持续发展。智慧邮轮港口将积极推广环保和可持续发展理念，采用清洁能源和节能降耗技术，降低对环境影响的同时也提升了港口的形象和品牌价值。

（4）国际化合作和交流。智慧邮轮港口将积极参与国际产业合作和交流，实现资源共享和优势互补，推动全球邮轮旅游市场的快速发展，同时也进一步提高了港口的国际影响力和竞争力。

（5）促进城市经济发展。智慧邮轮港口将促进邮轮旅游与周边产业的融合发展，推动城市经济的升级和转型，为当地居民提供更多的就业机会和收入来源。

2. 智慧邮轮港口未来的发展趋势

智慧邮轮港口未来的发展趋势主要包括以下几个方面。

（1）数字化转型加速。随着数字化技术的不断发展，智慧邮轮港口将推进数字化转型，实现物联网、云计算、大数据、人工智能等技术的应用，提升港口管理和服务的效率和水平。

（2）增强智能化特征。智慧邮轮港口将采用更多自动化和智能化技术，如自动驾驶车辆、机器人、无人机、虚拟和增强现实等，为旅客提供更好的服务和体验。

（3）加大可持续性力度。智慧邮轮港口将注重环保和可持续性发展，推广清洁能源、节能降耗等绿色技术，以减少对环境的影响，同时开展社会责任活动，促进行业健康发展。

（4）推进国际化合作。智慧邮轮港口将积极参与全球产业合作，共享先进技术和管理经验，实现优势互补，推动全球邮轮旅游市场的快速发展。

（5）提高安全防范能力。智慧邮轮港口将加强安全管理和防范措施，采用更先进的技术和手段，保障旅客和船员的安全，提高港口的安全性和稳定性。

3. 智慧邮轮港口面临的挑战

随着全球邮轮产业的迅速发展，智慧邮轮港口的建设也在不断加快。虽然智能技术可以为邮轮港口带来诸多好处，但也面临着一系列的挑战。

首先，智慧邮轮港口需要解决复杂的数据安全问题。随着信息技术的不断进步，港口管理系统中积累的大量敏感数据和个人隐私受到了越来越多的威胁。因此，必须采取有效的措施保护港口的数据安全，如建立完善的防火墙、加强数据加密等。

其次，智慧邮轮港口也需要应对新兴的网络攻击方式。由于港口管理系统涉及的设备和终端较多，并与互联网相连，因此很容易受到各种网络攻击的威胁，如恶意软件等。为此，智慧邮轮港口需要采用先进的网络安全技术和策略，提高港口网络的安全防范水平。

拓展阅读10.3
吴淞口国际邮轮港智慧港口建设

最后，智慧邮轮港口还需要应对多元化的客户需求。随着旅游消费者的个性化趋势不断加强，游客对于邮轮港口服务的要求也更加多样化。因此，邮轮港口需要实现个性化、定制化的服务，提高客户满意度和忠诚度。

4. 智慧邮轮港口应对挑战的解决方案

首先，加强数据安全防护，建立完善的数据安全体系，包括加密技术、备份技术、流量监测等，确保港口管理系统中的数据安全可靠，有效保护港口和旅客的利益。

其次，强化网络安全防御，采用防火墙、反病毒软件、入侵检测和防范等先进的网络安全技术，防卫各种网络攻击威胁，并时刻监控网络情况，及时发现并解决问题。

再次，提供个性化服务，利用智能技术和数据分析手段，对游客的兴趣爱好、消费习惯、行程需求等进行精准分析，为游客提供个性化、差异化的服务，增强客户满意度。

最后，加强人才培养，通过加强员工技能培训，提高员工的信息技术素养和安全防范意识，提高港口管理能力和服务水平，并且保障港口长期的发展与稳定。

智慧邮轮港口面临着诸多挑战，但是通过采用先进的智能技术和行业最佳实践，加强数据安全、网络安全和人才培养等方面的工作，可以为港口管理部门提供更好的保障和支持。

第三节　邮轮智慧岸上游

一、邮轮智慧岸上游简介

邮轮智慧岸上游是指通过利用现代科技手段，提升邮轮旅游岸上游环节中的数字化、智能化、个性化、专业化服务水平，提高游客旅游体验和舒适度的过程。这样的岸上游服务不仅仅包括游览参观、购物、娱乐等传统的旅游活动，还包括了智能化的在线营销、智慧导览服务、安全监测、数据共享和联动等领域。岸上游环节对于提升游客的满意度和忠诚度、增加企业竞争力和市场份额、促进邮轮业的发展和创新具有极大的意义。在邮轮智慧岸上游中，智能化技术已经得到了广泛应用，如人脸识别技术、智能导航、虚拟现实、生物特征验证系统等。此外，邮轮智慧岸上游十分注重游客的个性化需求，力求使每个游客都能够在旅行中找到自己感兴趣的活动，为游客提供更加舒适、便利、个性化的旅行体验，提高游客的满意度和忠诚度。

二、智能技术在邮轮岸上游中的应用

1. 数据采集

数据采集是邮轮智慧岸上游的重要方面，通过采集游客的行为数据、消费习惯等信

息，可对游客进行定制化精准推荐和优化服务。随着科技的不断进步和应用，邮轮公司正在利用各种智能手段，如智能手环、智能导览 App 来收集和分析游客的相关数据。

邮轮智慧岸上游中的数据采集主要涉及以下方面：

（1）个人信息采集。采集游客在购票或办理入住手续时提供的基本个人信息，如姓名、年龄、性别、出生日期、护照号码等，以便邮轮公司进行准确的客户分类和统计分析。

（2）行为数据采集。邮轮智慧岸上游通过智能设备和传感器等手段，追踪游客在邮轮上的行为，如游泳、健身、参加活动等，以帮助邮轮公司了解游客的消费行为和喜好。

（3）消费记录采集。邮轮智慧岸上游可以通过智能手环、智能卡片等设备采集游客的消费记录，如购物、用餐、娱乐等，以便邮轮公司根据消费记录进行精准定制化服务。

（4）语音识别和图像识别。邮轮智慧岸上游通过语音识别和图像识别等技术手段，识别游客说话和拍照的内容，以帮助邮轮公司了解游客的偏好和需要。

2. 在线营销

随着网络技术的发展，越来越多的人选择在网上订购旅游产品。在线营销成为邮轮行业中非常重要的一部分。邮轮智慧岸上游可通过在线营销方式提高自身的品牌知名度和影响力，主要手段包括社交媒体营销、搜索引擎营销、电子邮件营销等。例如，挪威皇家加勒比邮轮利用社交媒体平台，如 Facebook、Instagram 等，发布岸上游优惠活动和游客点评。

首先，为了吸引更多的游客，邮轮公司需要在网上开展强有力的推销活动。邮轮公司可以通过自己的官方网站、社交媒体账号、旅游门户网站等平台，发布邮轮行程推广信息、旅游产品优惠信息、旅游攻略、游客评价等相关内容，努力提升游客的关注度和认可度，增强品牌的影响力。

其次，邮轮公司需要及时了解游客的需求和反馈，及时解决游客的问题。邮轮公司可以在网页上设置即时客服窗口或者通过社交媒体平台建立客服微博、微信等，向游客提供全天候的咨询和服务，增加游客的满意度和忠诚度。

最后，邮轮公司需要通过大数据分析，精准推送邮轮旅游产品和服务。通过收集游客的历史行程、旅游偏好、订单信息等数据，来分析游客的需求和行为，进行个性化的营销推广，促进旅游产品的销售和消费者的满意度。

3. 智慧导览

智慧导览是邮轮智慧岸上游的重要服务之一，它为游客提供全面的导游服务，包括导览介绍、路线规划、游玩提示、景点讲解、交通指引、餐饮推荐等，为游客提供更加舒适优质的旅游体验。例如，"嘉年华文化号"采用的智能导览手环能够根据游客的位置和途经景点，自动播放适合游客语言的文字、音频、视频等信息，提高游客的观赏体验。

首先，邮轮智慧岸上游中的智慧导览具有多语种、多媒体的特点。智慧导览支持繁简体中文、英语、日语、韩语、法语、德语、意大利语、西班牙语等多种语言，游客可以根据自己的需求选择合适的语言进行导览。另外，智慧导览还提供音频、视频、图片等多种媒体形式的讲解，使游客能够更加生动直观地了解景点的历史与文化。

其次，智慧导览通过智能算法实现线路规划和游玩建议。游客只需要在导览界面输入旅游时间、出行人数、游玩偏好等信息，系统就能够根据游客的需求智能筛选出合适的景点和路线。

再次，智慧导览通过即时互动实现景点讲解和问题解答。游客在使用导览过程中，可以随时在导览系统中提交问题并得到即时回答，同时游客还可以通过扫描二维码或使用NFC功能实现与景点的互动。

最后，邮轮智慧岸上游中的智慧导览还提供了餐饮推荐服务。导览系统可以根据游客的口味和预算提供相应的餐饮推荐，让游客在旅游中享受到更加方便和舒适的就餐体验。

总之，智慧导览是邮轮智慧岸上游中不可或缺的一部分，它为游客提供全面的导游服务，帮助游客更方便、高效地了解游玩景点。随着技术的不断发展，智慧导览将会在邮轮业中扮演着越来越重要的角色，为游客提供更加便捷、多元化、个性化的服务。

4. 安全监测

邮轮智慧岸上游通过安全监测手段保障游客的人身和财产安全。在这样的旅游环境下，游客的身体健康和人身安全得到了较高的关注。邮轮智慧岸上游通过智能技术手段提供自动化、信息化的安全监测服务，为游客提供全方位、全天候的安全保障。例如，诺唯真邮轮引入了人脸识别技术和生物特征验证系统，提高邮轮岸上游的安全性并且为游客提供便利。邮轮岸上游的安全监测体现在以下方面。

（1）多重安全监测。邮轮智慧岸上游采用多重安全监测手段，对船舶、人员、财产等方面进行监测。首先是对船舶的监测，该项监测主要涉及船舶状态、运行状况、航行路线等方面，保障船舶的运行安全。其次是对人员的监测，通过游客的移动设备、监控摄像头等实现对人员行踪的监测，保障游客的人身安全。最后是对财产方面的监测，通过视频监控、传感器等对财产进行监测，保障游客的财产安全。

（2）智能预警。邮轮智慧岸上游通过智能技术实现船舶运行、气象、水文、地理和海洋环境的实时数据采集和分析，根据不同的预警指标，如船舶状态、恶劣天气等，在第一时间发出预警信号给相关岸上管理人员和游客，及时采取应急措施，保障游客的安全。

（3）应急救助。邮轮智慧岸上游在岸上设置了一些医疗急救点，以便为游客提供紧急医疗救助服务。此外，邮轮智慧岸上游视情况在船上安排专业医疗团队，为游客提供优质的医疗服务，并与岸上医疗资源紧密配合，保障游客生命安全。

（4）强化安全管控。在邮轮智慧岸上游中，需要在岸上进行一定的游客身份认证、安全体检等工作，以确保游客身体健康和人身安全。在岸上对游客进行游玩器材的配备和检查，可防止游客因装备不当或者危险行为带来的风险。

总之，邮轮智慧岸上游的安全监测是游客出行必不可少的重要环节，通过智能化技术手段实现船舶、人员、财产等方面的监测，以及实时预警、应急救助等服务，可确保游客的人身安全和财产安全。

5. 数据联动和共享

随着人工智能、物联网、大数据等技术的不断发展，数据共享和联动已经成为当下邮轮业中重要的发展方向之一。邮轮智慧岸上游通过数据共享和联动，与旅游局、景区企业等建立合作伙伴关系，优化邮轮岸上游行程安排和服务，提高游客满意度和旅游收益。通过建立智慧岸上游联动平台，实现多家企业、多种数据的共享与联动，为广大游客提供全方位、高品质的旅游服务。例如，挪威皇家加勒比邮轮与当地景区建立合作关系，推出以香港电影明信片为主题的岸上游项目，吸引游客前来体验。

（1）开放平台。邮轮智慧岸上游开放平台，为邮轮公司、航空公司、地面交通公司等旅游产业链上的企业提供数据共享接口，可实现数据的多元共享和联动，提高效率、降低成本、优化资源配置。

（2）多维数据共享。邮轮智慧岸上游通过智能技术手段，对邮轮航行状态、游客行踪、游客订单、满意度评价等多种数据进行采集和处理，再与共享平台的其他企业数据相融合，从而打造全方位的旅游数据共享服务体系。

（3）数据联动智能化。邮轮智慧岸上游通过人工智能和大数据技术，实现了数据的智能分析和预测，可以对游客行为、需求等方面的数据进行精准的智能化推断，并将多个数据点相结合来为游客提供个性化推荐和服务。

（4）联动增值服务。邮轮智慧岸上游的数据共享和联动服务，可在保障游客安全和舒适的基础上，为游客提供更加丰富的游玩场景和体验。例如，游客可以在银行、医院、酒店等领域的合作企业享受到优惠和便利的服务。

总之，邮轮智慧岸上游通过数据共享和联动打造了完善的旅游数据服务体系，将多个企业、多种数据点通过智能技术手段进行整合和融合，实现高效、智能的旅游服务。随着技术的不断发展，数据共享和联动将会在邮轮智慧岸上游中发挥越来越重要的作用，为广大游客带来更加便捷、舒适、个性化的旅游体验。

三、智慧邮轮目的地的未来展望

智慧邮轮目的地是一个综合性的概念，它指的是通过先进的信息技术和智能化手段，为邮轮游客提供全方位、便捷、个性化的旅游服务，并优化旅游体验的目的地。这样的目的地不仅具备完善的旅游设施和服务，还能对智慧旅游系统实现旅游信息的实时更新、智能推荐、预订支付等功能，从而极大地提升游客的旅游体验和满意度。

智慧邮轮目的地不仅关注邮轮和港口的智能化，更着眼于整个邮轮旅游区域的智慧化建设，包括景区、酒店、餐饮、交通等各个方面，为游客提供一站式的智慧旅游服务。智慧邮轮目的地通过引入 VR、AR 等高科技手段，为游客提供更加丰富多样的旅游体验，如虚拟实景旅游、互动式游戏等。通过大数据分析和人工智能技术，智慧邮轮目的地能够根据游客的喜好和需求，提供个性化的旅游推荐和服务，从而提升游客的满意度。

智慧邮轮目的地是一个综合性的智慧旅游系统，它通过运用先进的信息技术和智能化手段，为游客提供更加便捷、个性化的旅游服务，从而提升旅游体验和满意度。随着科技的不断发展，智慧邮轮目的地将会持续引入更先进的技术，邮轮目的地的智慧化建设将会进一步推进。

（1）技术持续升级与创新。5G 通信、物联网、边缘计算等技术在邮轮目的地的应用，有助于实现更快速的数据传输、更精准的信息处理和更高效的资源管理。数字孪生技术有望在智慧邮轮目的地中得到更广泛的应用，实现物理世界与数字世界的深度融合，从而为游客提供更加逼真的虚拟旅游体验。

（2）可持续性发展。环保意识的提高将推动智慧邮轮目的地朝着更加可持续的方向发展。邮轮目的地可能会采用更多的清洁能源和环保材料，减少碳排放和环境污染。通过智能化管理，邮轮目的地可以更有效地监控资源消耗和废物排放，实现绿色运营。

（3）个性化与定制化服务。利用大数据和人工智能技术，智慧邮轮目的地将能够更精准地分析游客的偏好和需求，从而提供更加个性化和定制化的服务。例如，根据游客的历史行为和喜好，为其推荐合适的旅游线路、餐饮和娱乐活动。

（4）智能安全与应急响应。智慧邮轮目的地将加强智能安全系统的建设，通过先进的监控设备和算法，实时监测旅游区域的安全状况，及时发现并处理潜在的安全隐患。在紧急情况下，智能应急响应系统能够迅速启动应急预案，通知相关部门和人员进行救援和处理。

（5）产业融合与协同发展。智慧邮轮目的地的发展将促进旅游产业与其他相关产业的融合与协同发展。例如，与文化、教育、体育等产业的结合，可以打造更加丰富多彩的旅游产品和服务。智慧邮轮目的地也有可能成为新技术和新业态的试验场，推动相关产业的发展和创新。

（6）国际合作与交流。随着全球化的深入发展，智慧邮轮目的地之间的国际合作与交流将更加频繁。不同国家和地区的目的地可以共享资源、经验和市场，共同推动智慧旅游的发展。此外，国际合作还有助于推动相关标准和规范的制定与完善，促进智慧邮轮目的地的健康发展。

【本章小结】

本章通过探讨邮轮数字管理，介绍了智能邮轮的定义、特征和技术构成。在客户服务、船舶管理、邮轮安全、环保和通信等方面，智能技术得到了广泛应用。此外，对智慧邮轮港口的定义及其应用进行了详细讨论，强调了智能技术在邮轮岸上游中的重要应用。对于邮轮目的地的未来发展，提出了相关建议。这些探讨和研究对于邮轮旅游目的地的管理和发展具有重要意义。智能邮轮的未来发展仍然需要继续研究和探索。通过深入研究智能技术的应用和发展趋势，邮轮旅游目的地可以更好地适应时代发展，提供更优质的旅游体验。

【典型案例分析】 "5G 爱达邮轮"引领中国邮轮业创新

目前，爱达邮轮（Adora Cruises）旗下首艘国产新造大型邮轮已完成全船贯通，于2023 年交付使用；第二艘国产新造大型邮轮也已正式进入设计和建造阶段。随着邮轮船队规模的扩充，爱达邮轮（Adora Cruises）将与上海电信合作部署更多"5G+"邮轮，构建中国邮轮产业的新生态体系，推动中国邮轮经济的可持续发展。

爱达邮轮（Adora Cruises）融汇多元世界及中国文化精粹，从空间、美食、娱乐、购物等多维度入手，以"一船好戏"打造邮轮产业"中国标杆"。为持续构建品牌的独特体验，爱达邮轮（Adora Cruises）将依托邮轮建造供给端能力，在与上海电信合作建设邮轮5G网络的基础上，充分运用数字化、网络化、智能化创新技术，打造海上沉浸式互动演艺、数字多媒体空间等新体验、新场景，促进邮轮服务和体验的创新升级。总吨位13.55万吨，拥有2 125间客房，可搭载5 246名乘客的首艘国产新造大型邮轮将实现5G移动网络覆盖和应用。2023年1月12日，中船嘉年华邮轮有限公司（以下简称"中船嘉年华"）旗下爱达邮轮（Adora Cruises）与中国电信股份有限公司上海分公司（以下简称"上海电信"）举行战略合作签约仪式，双方正式宣布将携手打造全球第一艘5G大型邮轮，实现首艘国产新造大型邮轮主要区域5G网络信号覆盖。

完善的网络和信息服务是提升邮轮体验的重要组成部分。爱达邮轮（Adora Cruises）与上海电信的强强联手，将实现大型邮轮的5G移动网络全覆盖和应用，开创全球首例"5G邮轮"先河。上海电信作为上海市信息化建设的主力军，全面融入创新技术手段，助力爱达邮轮（Adora Cruises）实现信息化硬件改造与软件服务升级，双方将游客需求植入精细化服务之中，打造更符合中国宾客需求的邮轮出行体验。船上搭载最先进的无线通信技术，用户船上的无线接入速率也将成倍提升，联网方式更加可靠、便捷和灵活。

中船嘉年华邮轮有限公司首席执行官陈然峰表示："在邮轮旅行过程中享受稳定、可靠、高速的网络服务对于中国游客来说非常重要。我们很高兴联手业内领先的5G运营商上海电信，通过不断的技术创新和业务模式创新，抢占邮轮5G市场，逐步提升我们宾客和船员的邮轮数字化通信体验，从网络布局、卫星通信到各种数字化应用，最终实现宾客在旅途中随时随地享受全方位多媒体实时交互，手机信号始终在线，对外沟通联络再无后顾之忧。"

中国电信股份有限公司上海分公司龚勃表示："作为上海地区新一代信息基础设施建设者和城市数字化转型国家队，公司建有遍布全市、通达全国、连接全球的光纤、4G、5G和卫星网络资源，拥有一支具备专业技术和服务能力的团队。双方首次共同合作在大型邮轮上建设5G网络，也充分体现了中国5G应用创新的全球领先地位，结合5G和卫星技术，我们将围绕网络通信、数字高清、ARVR等内容服务，进一步提升宾客体验，共同推动旅游经济的高质量发展。"未来，随着中小卫星通信技术的发展，再结合邮轮上已部署的5G网络，爱达邮轮将为游客提供与陆地上完全相同的网络体验。

（资料来源：上海国际邮轮旅游度假区，爱达邮轮携手上海电信打造首艘"5G邮轮"，https://mp.weixin.qq.com/s/UNBT32hQBR0gBtROI2u_XQ，本文由作者根据原文整理所得）

请根据该案例思考以下问题：

爱达邮轮如何通过数字化管理提升邮轮旅游的竞争力？邮轮旅游目的地的数字化管理对于推动中国邮轮经济的可持续发展有何作用？爱达邮轮与上海电信合作部署 5G 网络的意义是什么？

【复习思考题】

1. 智能技术在邮轮旅游中如何提升客户服务和体验？请举例说明。

2. 解释智慧邮轮港口对邮轮目的地管理的影响和意义。

3. 讨论邮轮智慧岸上游的优势和挑战，并分析智能技术如何应对这些挑战。

4. 研究智能邮轮在环保方面的应用，以及它对可持续发展的贡献。

5. 探讨智能技术在邮轮通信中的重要性，并提出在未来进一步改进邮轮通信的建议。

【在线测试题】扫描二维码，在线答题。

参 考 文 献

[1] Grace W.Y.Wang，Wen Huei Chang，Yue Cui. Economic impacts and significance of the cruise ports in the USA[J]. International Journal of Shipping and Transport Logistics，2020，12（5）.

[2] Sun Xiaodong，Kwortnik Robert，Xu Meihua，et al. Shore excursions of cruise destinations：Product categories，resource allocation，and regional differentiation[J]. Journal of Destination Marketing & Management，2021，22.

[3] Perea-Medina Beatriz，Rosa-Jiménez Carlos，Andrade María J.Potential of public transport in regionalisation of main cruise destinations in Mediterranean[J]. Tourism Management，2019，74.

[4] Johnson Laird P.N.，Quelhas Ana Cristina，Rasga Célia. The mental model theory of free choice permissions and paradoxical disjunctive inferences[J]. Journal of Cognitive Psychology，2021，33（8）.

[5] Robertico Croes，Jorge Ridderstaat，Valeriya Shapoval. Extending tourism competitiveness to human development[J]. Annuals of Tourism Research，2020，80（C）.

[6] Gautam Vikas. Why local residents support sustainable tourism development?[J]. Journal of Sustainable Tourism，2023，31（3）.

[7] Sezerel Hakan，Karagoz Deniz. The Challenges of Sustainable Tourism Development in Special Environmental Protected Areas：Local Resident Perceptions in Datça-Bozburun[J]. Sustainability，2023，15（4）.

[8] Tianchen Dai，Carola Hein，Tong Zhang.Understanding how Amsterdam City tourism marketing addresses cruise tourists' motivations regarding culture[J]. Tourism Management Perspectives，2019，29.

[9] Gutberlet Manuela. Cruise Tourist Dress Behaviors and Local–guest Reactions in a Muslim Country[J]. Tourism Culture & Communication，2016，16（1-2）.

[10] Hindertje H，Karin W，Julia O，et al. Cruise tourism destinations:Practices，consequences and the road to sustainability[J]. Journal of Destination Marketing & Amp; Management，2023，30.

[11] Xiaodong S，Robert K，Meihua X，et al. Shore excursions of cruise destinations：Product categories，resource allocation，and regional differentiation[J]. Journal of Destination Marketing & Amp; Management，2021，22.

[12] Casado-Díaz B A，Navarro-Ruiz S，Nicolau L J，et al. Expanding our understanding of cruise visitors' expenditure at destinations：The role of spatial patterns，onshore visit choice and cruise category[J]. Tourism Management，2021，83.

[13] Tomej K，Lund-Durlacher D. Research note:River cruise characteristics from a destination management perspective[J]. Journal of Outdoor Recreation and Tourism，2020，30（C）.

[14] Antoni D，Aaron G，Salvador C A.Cruise Passengers' Spatial Behaviour and Expenditure Levels at Destination[J]. Tourism Planning & Amp; Development，2020，17（1）.

[15] Beatriz P，Carlos R，J. M A. Potential of public transport in regionalisation of main cruise destinations in Mediterranean[J].Tourism Management，2019，74.

[16] Sanz-Blas S，Buzova D，Carvajal-Trujillo E. Familiarity and visit characteristics as determinants of tourists' experience at a cruise destination[J]. Tourism Management Perspectives，2019，30.

[17] Destination image，satisfaction and destination loyalty in cruise tourism:the case of Malaga（Spain）[J]. Tourism &Amp; Management Studies，2018，14（1）.

[18] Ferrante M，Cantis D S，Shoval N. A general framework for collecting and analysing the tracking data of cruise passengers at the destination[J]. Current Issues in Tourism，2018，21（12）.

[19] Lemmetyinen A，Dimitrovski D，Nieminen L，et al. Cruise destination brand awareness as a moderator in motivation-satisfaction relation[J]. Tourism Review，2016，71（4）.

[20] Ozturk A U，Gogtas H. Destination attributes，satisfaction，and the cruise visitor's intent to revisit and recommend[J]. Tourism Geographies，2016，18（2）.

[21] Cantis D，Stefano，Ferrante，et al. Cruise passengers' behavior at the destination：Investigation using GPS technology[J].Tourism Management，2016，52（Feb.）.

[22] Stefano C D，Mauro F，Alon K，et al. Cruise passengers behavior at the destination:Investigation using GPS technology[J].Tourism Management，2015，52.

[23] Faulkner B.Towards a framework for tourism disaster management[J]. Tourism Management,2001,22（2）: 135-147.

[24] Liu-Lastres B，Schroeder A，Pennington-Gray L.Cruise line customers' responses to risk and crisis communication messages: An application of the risk perception attitude framework[J].Journal of Travel Research，2019，58（5）：849-865.

[25] Kessous，L.，G. Castellano and G. Caridakis. Multimodal emotion recognition in speech-based interaction using facial expression，body gesture and acoustic analysis[J]. Journal on Multimodal User Interfaces 3，2010：33-48.

[26] Hang W，Zhang M，Zhang W，et al. What influences the effectiveness of green logistics policies? A grounded theory analysis[J].The Science of the Total Environment，2020，714（20）：136731.

[27] Tsiotas D，Niavis S，Sdrolias L.Operational and geographical dynamics of ports in the topology of cruise networks:The case of Mediterranean[J]. Journal of Transport Geography，2018，72：23-35.

[28] Chen J M，Nijkamp P. Itinerary planning: Modelling cruise lines' lengths of stay in ports[J]. International Journal of Hospitality Management，2018，73：55-63.

[29] Peng P，Zhang Y.Analysis of China's Cruise Economy Industry Chain Development in the Post-Epidemic Era[J]. International Journal of Management Science Research，2023，6（4）.

[30] Jingen Z，Ling S C（Wendy）W S.The concept of the cruise supply chain and its characteristics:an empirical study of China's cruise industry[J]. Maritime Business Review，2022，7（3）.

[31] Lei W，Chengyuan X，Xiaolong G.Subsidy policies and supply chain management for emerging cruise industry[J]. Maritime Policy & Amp; Management，2021，48（1）.

[32] Wang L，Xu C，Guo X.Subsidy policies and supply chain management for emerging cruise industry[J]. Maritime Policy & Amp; Management，2020，48（1）.

[33] Ling S，Li T，Di X B，et al. Research of Shanghai Cruise Industry Chain Distribution of Benefits[J]. International Journal of Smart Home，2016，10（10）.

[34] Griffin Tom，Guttentag Daniel，Lee Seung Hwan（Mark），et al. Is VR always better for destination marketing? Comparing different media and styles[J]. Journal of Vacation Marketing，2023，29（1）.

[35] Alamäki Ari，Rhee Cheul，Suomala Jyrki，et al. Creating effective visuals for destination marketing videos: Scenery vs people[J]. Journal of Vacation Marketing，2023，29（1）.

[36] Ying Tianyu，Tang Jingyi，Ye Shun，et al. Virtual Reality in Destination Marketing: Telepresence，Social Presence，and Tourists' Visit Intentions[J]. Journal of Travel Research，2022，61（8）.

[37] Francesco Parola. Shipping and port marketing: Policy and strategy[J]. Transport Policy，2019，84（C）.

[38] Lewicka，M. Place attachment: How far have we come in the last 40 years? [J]. Journal of Environmental Psychology. 2011，31（3）.

[39] 黄海明，尹卫华，林捷敏.上海邮轮旅游产业发展现状及对策研究 [J]. 海洋经济，2019，9（2）：20-27.DOI:10.19426/j.cnki.cn12-1424/p.2019.02.003.

[40] 孙晓东，侯雅婷.邮轮旅游的负效应与责任性研究综述 [J]. 地理科学进展，2017，36（5）：569-584.

[41] 勾艺超，王成金.加勒比海邮轮航运网络港口分异与网络结构 [J]. 中国生态旅游，2021，11（4）：602-614.

[42] 孙晓东，倪荣鑫.国际邮轮港口岸上产品配备与资源配置——基于产品类型的实证分析 [J]. 旅游学刊，2018，33（7）：63-78.

[43] 余文婷."地方"理论在中国的演化与发展评述 [J]. 地理与地理信息科学，2021，37（2）：100-105+113.

[44] 韩光明，黄安民.地方理论在城市休闲中的应用 [J]. 人文地理，2013，28（2）：125-130.DOI:10.13959/j.issn.1003-2398.2013.02.020.

[45] 张鹏杨，黄艳梅，郑婷.国内外旅游危机管理研究综述与展望——基于生命周期视角 [J]. 旅游论坛，2022，15（4）：101-111.DOI:10.15962/j.cnki.tourismforum.202204041.

[46] 康珂，倪鹏飞.经典文献中的国家竞争力理论：一个文献综述 [J]. 江淮论坛，2014（3）：54-61.

[47] 罗涛，张天海，甘永宏，等.中外城市竞争力理论研究综述 [J]. 国际城市规划，2015，30（S1）：7-15.

[48] 王珅晨.当代跨文化融合经典理论浅评与反思 [J]. 数据，2022（9）：92-94.

[49] 潘冰，李云鹏.科技革命和旅游可持续发展的思考 [J]. 旅游学刊，2022，37（10）：10-11.

[50] 王巽凤.基于生态旅游可持续发展的环境保护策略研究 [J]. 环境工程，2022，40（8）：284.

[51] 胡顺利，高语来.中西邮轮旅游文化差异及对策建议 [J]. 文化产业，2020，No.175（30）：4-5.

[52] 耿松涛，薛建，胡靖洲.以旅游目的地管理组织为载体的文化创意旅游发展机制研究 [J]. 山西大同大学学报（社会科学版），2020，34（3）：103-109.

[53] 衣博文，史达.文化适应与文化认同：基于中国邮轮游客的行为研究 [J]. 云南民族大学学报（哲学社会科学版），2021，38（2）：19-29.

[54] 郑刚强，王相君，罗蕾.基于中国文化底蕴的邮轮造型设计风格探索 [J]. 中国舰船研究，2020，15（5）：57-62.

[55] 司玉琢，谢忱.法律视角下的邮轮旅游文化研究 [J]. 政法论丛，2017（4）：95-102.

[56] 邱羚.邮轮文化对邮轮产业发展的影响研究 [J]. 上海企业，2014（7）：62-64.

[57] 王梓安.茶文化背景下邮轮旅游饮品的创新与发展 [J]. 产业与科技论坛，2022，21（1）：16-17.

[58] 潘宝.旅游社会建构过程中民族文化的解构与重构 [J]. 北方民族大学学报，2022（2）：88-94.

[59] 杨旸，刘宏博，李想.文化距离对旅游目的地选择的影响——以日本和中国大陆出境游为例 [J]. 旅游学刊，2016，31（10）：45-55.

[60] 李丽 . 邮轮旅游的文化价值与冲突调适 [J]. 广西民族大学学报（哲学社会科学版），2016，38（4）：91-94.

[61] 刘艳 . 邮轮旅游跨文化营销瓶颈与突破 [J]. 销售与管理，2019（11）：64-65.

[62] 徐虹，杨红艳，韩林娟 . 中外邮轮旅游研究回顾与展望——基于研究对象演变的分析 [J]. 旅游科学，2019.

[63] 孙晓东，倪荣鑫 . 中国邮轮游客的产品认知、情感表达与品牌形象感知——基于在线点评的内容分析 [J]. 地理研究，2018，37（6）：1159-1180.

[64] 孙晓东，侯雅婷 . 邮轮旅游的负效应与责任性研究综述 [J]. 地理科学进展，2017，36（5）：569-584.

[65] 孙晓东，武晓荣，冯学钢 . 邮轮航线设置的基本特征与规划要素研究 [J]. 旅游学刊，2015，30（11）：111-121.

[66] 陈岩英，谢朝武，张凌云，等 . 旅游危机中线上媒体声量信号对潜在旅游者安全沟通行为的影响机制 [J]. 南开管理评论，2020，2（1）：40-52.

[67] 孙晓东，武晓荣，冯学钢 .2015. 邮轮航线设置的基本特征与规划要素研究 [J]. 旅游学刊（11）：111-121.

[68] 孙晓东，侯雅婷，2017a. 邮轮旅游的负效应与责任性研究综述 [J]. 地理科学进展（5）：569-584.

[69] 姜鑫，王德庄，马海群 . 社会网络分析方法在图书情报学科的应用研究 [M]. 北京：知识产权出版社，2019：61-70.

[70] 约翰·艾伦 . 大型活动项目管理 [M].2 版 . 王增东，杨磊，译 . 北京：机械工业出版社，2002.

[71] 赵伯艳 . 大型活动策划与管理 [M].2 版 . 重庆：重庆大学出版社，2022.

[72] 姚丹丽，柴勤芳 . 现代邮轮休闲娱乐活动类型及发展前景探析 [J]. 世界海运，2016，39（6）：14-18.

[73] 苏兆前，肖英杰 . 邮轮运营事故 / 事件致因分析与应对措施 [J]. 航海技术，2023（2）：31-34.

[74] 陆静怡，戴明远 . 全球四大邮轮公司 2021 财年运营情况对比分析 [J]. 中国港口，2022（9）：25-30.

[75] 于立国 . 大型邮轮安全管理系统设计 [J]. 船舶标准化工程师，2022，55（1）：24-28.

[76] 黄旦妮，邱羚 . 中国游客邮轮消费行为特点调研分析 [J]. 上海企业，2014（6）：78-80.

[77] 甘胜军，许泽成 . 疫情常态化防控背景下我国邮轮产业链可持续发展研究 [J]. 交通企业管理，2022，37（2）：1-4.

[78] 曲超，孙妍 . 环南海国家邮轮产业全产业链构建机制研究综述 [J]. 科技和产业，2021，21（5）：239-243.

[79] 叶欣梁 . 打造上海邮轮经济全产业链战略思路 [J]. 科学发展，2020（8）：20-32.

[80] 滕柯，张言庆，刘波 . 产业链视角下中国邮轮业空间组织机理初探 [J]. 资源开发与市场，2020，36（7）：673-678.

[81] 高卢君，吴明远，陈琳，等 . 全产业链视角下国内邮轮产业纵向一体化研究 [J]. 智能计算机与应用，2020，10（3）：180-182.

[82] 朱晨 . 高端占据全链发展——英国豪华邮轮产业链发展现状及启示 [J]. 船舶标准化与质量，2018（5）：50-56.

[83] 刘焕杰 . 论如何打造邮轮产业运营中的物资供应链管理 [J]. 物流工程与管理，2017，39（12）：55-57.

[84] 孙妍 . 基于产业链投入产出表的邮轮经济产业关联度测算 [J]. 统计与决策，2017（19）：5-10.

[85] 胥苗苗 . 中国邮轮：从旅游向全产业链延伸 [J]. 中国船检，2016（8）：41-44+118-119.

[86] 马丽卿，王葭苇 . 基于产业链构成的我国邮轮市场金融支持体系构建 [J]. 扬州大学学报（人文社会

科学版），2016，20（1）：87-93.

[87] 李传恒.服务业价值链扩张与区域旅游产业升级：邮轮产业实证研究 [J].山东大学学报（哲学社会科学版），2007（4）：96-100.

[88] 孙园.国外旅游目的地社交媒体营销研究综述 [J].新媒体研究，2023，（4）：10-14.

[89] 汪高洁.目的地营销叙事对旅游意向的影响——以河南卫视"中国节日"系列节目为例 [J].经营与管理：1-13.

[90] 罗润，张胜武.旅游目的地抖音短视频营销的蜂窝理论模型建构 [J].旅游论坛，2022，（3）：78-86.

[91] 蔡薇，陈郑乔，胡敏，等.面向邮轮无障碍客舱配置的智能布局 [J].船舶工程，2022，44（12）15-23.

[92] 周广群.大数据驱动的智能船舶检测技术发展 [J].中国船检，2023（4）：55-58.

[93] 于立国.大型邮轮安全管理系统设计 [J].船舶标准化工程师，2022，55（1）：24-28.

[94] 张华军，刘洋，朱震宇，等.邮轮火灾动态蔓延情况下的最优疏散路径规划 [J].中国安全科学学报，2023，33（1）：183-190.

[95] 赵春林.豪华邮轮营运碳强度指标履约要求与对策 [J].世界海运，2023，46（1）：23-29.

[96] 刘晓菲，张晏瑢.低硫低碳时代邮轮污染预防的困境与法律进路 [J].大连海事大学学报（社会科学版），2021，20（1）：7-15.

[97] 姜元山，王运付，刘霞，等.卫星与5G融合多模物联网终端的实现与应用探讨 [J].物联网技术，2023，13（3）：101-103+107.

[98] 乐玉强.基于人工智能技术的邮轮智能防疫追踪系统 [J].船舶与海洋工程，2022，38（5）：68-73.

教师服务

感谢您选用清华大学出版社的教材！为了更好地服务教学，我们为授课教师提供本书的教学辅助资源，以及本学科重点教材信息。请您扫码获取。

 教辅获取

本书教辅资源，授课教师扫码获取

 清华大学出版社

E-mail: tupfuwu@163.com
电话：010-83470332 / 83470142
地址：北京市海淀区双清路学研大厦 B 座 509

网址：https://www.tup.com.cn/
传真：8610-83470107
邮编：100084